존 맥스웰 리더십 불변의 법칙

The 21 Irrefutable Laws of
LEADERSHIP

존 맥스웰

리더십
불변의 법칙

**3,400만 독자를 리더의 길로 이끈
존 맥스웰 50년 연구의 완결판!**

존 맥스웰 지음 | 박영준 옮김

JOHN C. MAXWELL

비즈니스북스

옮긴이 | 박영준

대학에서 영문학을 전공하고 대학원에서 경영학을 공부한 후 외국계 기업에서 일했다. 현재 바른 번역 소속 전문번역가로 활동 중이며 경제경영, 자기계발, 국제정치, 첨단기술 등 다양한 분야의 책을 번역하고 있다. 역서로는 《컨버전스 2030》, 《세상 모든 창업가가 묻고 싶은 질문들》, 《최고의 리더는 사람에 집중한다》, 《우버 인사이드》 등이 있다.

존 맥스웰 리더십 불변의 법칙

2판 1쇄 발행   2023년 2월 21일
2판 6쇄 발행   2024년 8월 21일

지은이 | 존 맥스웰
옮긴이 | 박영준
발행인 | 홍영태
편집인 | 김미란
발행처 | (주)비즈니스북스
등 록 | 제2000-000225호(2000년 2월 28일)
주 소 | 03991 서울시 마포구 월드컵북로6길 3 이노베이스빌딩 7층
전 화 | (02)338-9449
팩 스 | (02)338-6543
대표메일 | bb@businessbooks.co.kr
홈페이지 | http://www.businessbooks.co.kr
블로그 | http://blog.naver.com/biz_books
페이스북 | thebizbooks
ISBN 979-11-6254-328-3   03320

더 깊어지고 정교해진
존 맥스웰의 리더십 법칙들

존 맥스웰이 《존 맥스웰 리더십 불변의 법칙》에 추천의 글을 써달라고 부탁했을 때 나는 매우 기쁘게 받아들였다. 지난 수십 년 동안 그와 나는 강연과 저술 활동을 통해 비슷한 길을 걸어왔다. 오랫동안 우리는 '리더십 전문가'로 불리며 서로를 잘 알고 존경해왔다. 하지만 우리 두 사람이 전달하고자 하는 이야기가 비슷함에도 이제껏 같은 청중을 대상으로 강연을 한 적은 없었다.

　이번에 이 책의 추천의 글을 통해 독자들에게 존 맥스웰이라는 인물과 그의 리더십 이론을 알리고자 한다. 새롭게 개정된 《존 맥스웰 리더십 불변의 법칙》만큼 추천하기에 안성맞춤인 책은 없다. 이 책은 그의 삶과 그가 전하고자 하는 이야기를 요약한 일종의 '선언서'라고도 할 수 있다. 이 책을 읽으면 존 맥스웰이라는 사람뿐 아니라 그의 리더십 철학에 대해서도 잘 이해할 수 있을 것이다.

1998년 이 책이 처음 출간되자마자 나는 맥스웰이 제시한 리더십 법칙들이 현장에서 곧바로 적용할 수 있는 매우 실용적인 이론임을 알았다. 그리고 그때와 마찬가지로 이 법칙들은 지금도 여전히 유용하다.

지난 30년간 맥스웰은 커뮤니케이터Communicator로 명성을 쌓아왔다. 그는 커뮤니케이터란 '복잡한 것을 단순하게 만드는 사람'이라고 정의한다. 이 책은 '리더십'이라는 주제를 복잡하고 어렵게 설명하기보다는 기본적인 지침들만을 분명하고 간결하게 제시한다. 그리고 각 장에서 이 법칙들을 잘 따른 사람들 또는 어긴 사람들의 실제 사례를 들려준다. 가장 좋은 점은 이 법칙들을 가정, 직장, 지역사회 등에 적용할 방법을 단계별로 상세하게 알려준다는 점이다.

맥스웰은 이 책의 초판을 출간한 이후 그동안 새로이 얻은 교훈들을 이번 개정판에 더할 기회가 주어져 기쁘다고 말했는데 나는 그가 왜 그런 말을 했는지 안다. 리더십은 고정된 개념이 아니기 때문에 리더십에 관한 책도 계속 바뀌어야 한다. 그래서 이 개정판이 초판보다 사람들에게 더 강한 영향력을 미치리라 믿는다. 법칙들은 더 새로워졌고 사례들은 더 정교해졌으며 법칙을 현실에 적용하는 방법들도 더 개선되었다. 그렇다고 리더십의 본질적인 개념이 달라진 것은 아니다. 새로운 세대의 리더들을 위해 새롭게 다듬은 것으로, 그런 의미에서 초판도 훌륭했지만 이번 개정판은 더 중요하고 뛰어난 이론서라고 할 수 있다.

아직 《존 맥스웰 리더십 불변의 법칙》을 읽지 않은 독자들에게는 이 책이 큰 선물이 될 것이다. 삶의 방식, 나아가 주변과 사람들을 이끄는 리더십 방식을 바꿔줄 것이기 때문이다. 읽다 보면 새로운 힘이 샘솟고 리더십 역량이 향상될 것이다. 그리고 초판을 이미 읽은 독자들에게도 이 개정판은 또 다른 기쁨을 안겨줄 것이다. 예전에 배운 존 맥스웰의 리더십에 관한 가르침을 떠올리며 지금의 삶에 중요한 지침이 되어줄 교훈들을 새롭게 익힐 수 있고, 법칙들을 현실에 적용하는 과정을 통해 리더십 기술을 더욱 정교하게 갈고닦을 수 있을 것이다.

나와 마찬가지로 독자들도 이 책을 통해 즐거움과 여러 가지 교훈을 얻게 될 것이다.

자, 이제 놀랍고도 멋진 리더십의 세계로 들어가보자!

스티븐 코비 Stephen R. Covey[*]

---

[*] 세계적으로 존경받는 리더십 권위자이자 조직 컨설턴트 겸 저술가. 하버드대학교에서 MBA를, 브리검영대학교에서 박사학위를 받았다. 전 세계 개인과 조직이 변화하고 성장하도록 도와주는 프랭클린코비 사의 공동 설립자다. 그가 저술한 《성공하는 사람들의 7가지 습관》은 전 세계 40개국에 번역되어 3,000만 부 이상 판매되었다. 그 외의 저서로는 《원칙 중심의 리더십》, 《성공하는 사람들의 8번째 습관》, 《살고 사랑하고 업적을 남겨라》 등이 있다.
이 글은 스티븐 코비가 출간 10주년 기념 개정증보판을 위해 쓴 것으로, 25주년 기념 특별개정판에도 동일하게 수록되어 있다.

이 책을 쓰고 출판하는 데 도움을 준 찰리 웨츨Charlie Wetzel과 그의 팀원들에게 감사의 말을 전한다. 더불어 책 작업을 지원해준 우리 팀원들에게도 고마움을 표한다. 그들은 내 삶에 믿을 수 없을 만큼 큰 가치를 선물해주었고 덕분에 나도 다른 사람들의 삶에 가치를 선물할 수 있었다. 이렇게 우리가 힘을 합쳐 세상을 바꾸고 있음에 그저 놀랍고 감사할 따름이다.

리더십의 법칙은
시간이 흘러도 변하지 않는다

모든 책은 저자와 독자 사이의 대화다. 어떤 사람은 용기를 얻기 위해 책을 집어 들고, 어떤 사람은 마치 단기 강좌라도 듣는 듯 정보를 구하기 위해 열심히 책을 파고든다. 또 어떤 사람은 가르침을 얻고자 책을 읽으면서 매일, 매주, 매달 삶을 바꿔놓는 위대한 스승을 만나기도 한다.

　책을 쓰는 것은 매력적인 일이다. 개인적으로 영영 만날 일이 없는 수많은 사람과 글을 통해 대화할 수 있기 때문이다. 내가 글을 쓰기로 마음먹은 이유도 바로 그것이었다. 처음 글을 쓰기로 했던 1977년 당시 나는 책으로 사람들의 삶에 가치를 더하겠다는 열정에 사로잡혔다. 그리고 지금까지도 내 마음속에는 여전히 뜨거운 열정이 불타오르고 있다. 여행 중에 낯선 사람이 다가와서 "선생님의 책을 읽고 큰 도움을 받았습니다. 감사합니다."라고 말할 때보다 더 보람을 느끼는 순간은 없다. 그래서 나는 지금도 책을 쓴다. 앞으로도 절대 손에서 펜을 놓지 않을 것이다.

내 책이 사람들을 도왔다는 사실에 기쁘기도 하지만 글을 쓰며 느끼는 좌절감이 전혀 없는 것은 아니다. 책은 일단 출판되고 나면 그 시간 속에 영원히 갇히기 때문이다. 만일 독자 여러분과 내가 개인적으로 아는 사이여서 종종 만나 리더십에 관해 대화를 나눈다고 하자. 나는 만날 때마다 그동안 새롭게 배운 지식을 알려주려고 할 것이다. 나는 지금도 계속 성장하는 중이고 독서도 꾸준히 하고 있으며 뛰어난 리더들과 대화를 나누며 배움을 얻고 있기 때문이다. 아마도 나는 매번 이런 식으로 운을 뗄 것이다. "제가 최근에 무엇을 배웠는지 아마 상상도 못 하실 겁니다."

세미나나 행사에 강연자로 초대되면 내가 쓴 책들에서 나눈 원칙들을 이야기하기 때문에 책의 내용을 계속해서 수정하고 있다. 새로운 사례를 활용하기도 하고, 개념도 새롭게 정리한다. 청중 앞에서 강연하며 새로운 통찰을 얻을 때도 있다. 예전에 쓴 책을 다시 들여다볼 때면 그 책을 처음 썼을 때보다 나 자신이 많이 성장했다는 사실을 깨닫곤 한다. 그러나 나와 달리 이미 쓴 책은 더 이상 성장하지 않는다는 사실도 깨닫는다. 참으로 안타까운 점이다.

《존 맥스웰 리더십 불변의 법칙》 출간 10주년이 되던 해에 출판사에서 이 책의 개정판을 낼 의향이 있는지 물어왔을 때 뛸 듯이 기뻤다. 사실 이 책을 쓴 이유는 '그동안 리더십에 대해 배운 모든 것을 몇 가지 원칙으로 정리한다면 어떨까?'라는 질문에 대답하기 위해서였다. 그래서 내가 알고 있는 리더십의 핵심적인 원칙들을 글로 옮기고 이를 최대한 간결하고 명확하게 독자들에게 전달하고자 했다. 책은 출간되자마자 베스트셀러 목록에 올랐고 수많은 사람이 더 나은 리더가 되도록 도왔다. 초판이 나오고 10년이 지나는 동안 나는 새로운 법칙 2가지를 발견했다. 또한 기존의 법칙 중 2가지는 다른 법칙들의 하위 요소로 분류할 수 있다는 사실도 알게 됐다. 추가된 법칙과 변경 사항들을 포함해 책의 내용을 전반적으로 수정하고 바꿀 수 있게 되어 얼마나 반가웠는지 모른다. 책을 한 단계 더 성장시킬 기회였기 때문이다.

진화하고 성장하는 메시지

그 후 또다시 15년이라는 시간이 흘렀다. 출판사에서 이 책의 출간 25주년을 맞아 또다시 책의 내용을 추가하거나 개선할 생각이 있는지 물어왔을 때 나는 당연히 '그렇다'고 대답했다. 하지만 막상 작업을 시작하면서 그 법칙들이 현재의 나 자신에게도 적용되는지, 그중 바꿔야 할 내용이 있다면 무엇인지 물음표가 생겼다. 이제는 독자 여러분에게 기쁘게 밝힐 수 있다. 책을 다시 읽어보고 알게 된 건 여기에 담긴 법칙들이 예전과 변함없이 지금 우리에게도 유효하다는 사실이었다. 오랜 세월이 지났지만 법칙들은 여전히 옳았다. 이 리더십 법칙들을 따른다면 많은 사람을 훌륭히 이끌 수 있다.

지난 25년 동안 전 세계 수십 개국을 다니며 리더십 법칙 세미나를 열었고 수천 가지 질문에 답했다. 이런 과정을 거치면서 처음 이 책을 썼을 때와 10주년 기념 개정증보판을 펴냈을 때보다 생각의 폭이 한층 넓어졌다. 25주년 특별개정판 작업은 그동안 리더십 법칙들을 가르치고 리더들을 이끌었던 경험이 쌓여 책의 내용을 좀 더 개선하는 계기가 됐다. 예를 들면 '한계의 법칙'과 '이너서클의 법칙'을 간략히 설명하는 슬로건을 살짝 수정했는데 이는 법칙들의 의미를 더 명확하게 표현하기 위해서였다. 그리고 시대에 뒤떨어진 일부 사례를 최근 두각을 보이고 있는 훌륭한 리더들의 사례로 교체했다. 또 몇몇 법칙을 더 효과적으로 설명하는 새로운 자료들도 개발했다. 전체적으로 이 책의 30퍼센트 정도를 개정했으며 일부 내용은 간략하게 다듬었다.

오랫동안 이 책에 담은 21가지 리더십 법칙을 가르치고 2번에 걸쳐 책의 내용도 수정하면서 알게 된 2가지 사실을 정리하면 다음과 같다.

1. 리더십은 하나를 잘 해내는 것 이상이다

성공한 사람들은 하나의 일에 집중해야 목표를 달성할 수 있다는 사실을 본능적으로 알고 있다. 하지만 리더십은 그렇지 않다. 언젠가 21가지 법칙을 강의할 때 젊은 대학생 하나가 쉬는 시간에 내게 와서 이렇게 말했다. "리더십에 21가지 법칙이 있다는 건 알겠는데요. 저는 요점을 알고 싶습니다." 그는 자신의 집게손가락을 치켜들고 열정적인 어조로 이렇게 물었다. "리더십에 대해 알아야 할 가장 중요한 하나는 무엇인가요?"

나도 집게손가락을 펴고 그 청년만큼이나 열정적으로 대답했다. "자네가 리더십에 대해 반드시 알아야 할 하나는 리더십에 대해 알아야 할 것이 하나가 넘는다는 사실이네!" 훌륭한 리더십을 발휘하려면 21가지 법칙을 다 알고 다 잘 해내야 한다.

2. 어느 누구도 혼자서 21가지 법칙을 모두 다 잘할 수는 없다

훌륭한 리더가 되려면 21가지 법칙을 다 지켜야 하지만 현실적으로 모든 것을 잘 해내기란 불가능하다. 심지어 이 책을 쓴 나조차 21가지 법칙 중 5가지에서 평균 또는 평균 이하의 점수를 받았다. 그렇다면 리더들은 어떻게 해야 할까? 스스로 한계를 느끼는 법칙들은 무시하고 넘어가야 할까? 그렇지 않다. 리더십 팀을 만들어 운영하면 된다.

이 책의 부록에는 '리더십 불변의 법칙 진단표'를 수록했다. 이 진단표를 통해 각각의 법칙에 대한 본인의 능력을 가늠해보기를 권한다. 만일 어떤 법칙에서 평균이나 평균 이하의 점수를 받았다면 그 법칙에 뛰어난 역량을 지닌 팀원을 찾아야 한다. 이렇게 리더십 팀을 만들어 서로 약점을 보완하면 모두가 도움을 받고 각자의 역량을 높일 수 있다. 어떤 개인도 팀원 전체를 합한 것보다 더 뛰어날 수 없음을 기억하라.

리더십의 법칙은 불변한다

오늘날 리더십은 점점 더 복잡해지고 있다. 사람들을 이끌고 함께 일하기가 그 어느 때보다 쉽지 않은 시대다. 기업, 정부뿐 아니라 가족과 공동체 그리고 모든 조직이 리더다운 리더를 애타게 찾고 있다. 내가 25주년 특별 개정판으로 업데이트된 리더십 법칙을 차세대 리더들에게 소개하면서 특히 설레는 것도 그 때문이다. 이 법칙들을 익히면 사람들을 이끌며 리더십을 발휘할 때 큰 도움이 될 것이다.

리더십을 이루는 요소 중 일부는 매년 바뀌거나 공동체에 따라 달라지지만 그 본질은 변하지 않는다. 어디서 어떤 일을 하더라도 리더십은 여전히 리더십이다. 시대는 변하고 기술은 발전한다. 지역에 따라 문화도 달라진다. 하지만 리더십의 법칙은 영원하다. 고대 그리스의 시민이든, 구약성서에 등장하는 유대인이든, 현대의 군인, 국제 사회의 리더, 시골 교회 목사, 글로벌 기업가 그 누구를 살펴봐도 마찬가지다. 리더십의 법칙들은 성별, 나이, 경험, 리더가 처한 환경과 관계없이 누구에게나 똑같이 적용된다. 이 법칙들은 달라지지 않으며 시간이 흘러도 변함없이 유효하다. 이어지는 장들을 읽으면서 리더십 법칙에 대한 다음 5가지를 기억하기를 바란다.

1. **법칙은 학습 가능하다:** 21가지 리더십 법칙 중 이해하고 실천하기가 상대적으로 쉬운 법칙도 있고 어려운 법칙도 있다. 하지만 모든 법칙은 배워서 자기 것으로 만들 수 있다.

2. **법칙은 독립적이다:** 각 법칙은 서로 다른 법칙들을 보완해주지만 1가지 법칙을 배우지 않았다고 해서 다른 법칙을 배울 수 없는 것은 아니다. 즉 법칙들은 각각 독립적이다.

3. **법칙에는 결과가 따른다:** 21가지 법칙을 실천하면 사람들을 효과적으로 이끌 수 있다. 하지만 이 법칙들을 위반하거나 무시하면 리더십을 제대로 발휘할 수 없다.

4. **법칙은 시대를 초월한다:** 21가지 법칙은 나이 든 사람과 젊은 사람, 경험자와 무경험자를 가리지 않는다. 즉 할아버지에게 효과적인 법칙은 증손자에게도 똑같이 효과적이다.

5. **21가지 법칙은 리더십의 기반이다:** 각 법칙들을 배운 뒤에는 삶에서 꾸준히 실천해야 한다.

이제 막 리더십의 영향력을 깨닫기 시작한 사람이든 이미 많은 사람이 따르는 타고난 리더든 지금보다 더 나은 리더가 될 수 있다. 학생회나 운동부에서 또래를 이끄는 10대 청소년이든 나처럼 인생 후반기에 더 나은 삶을 살기 위해 애쓰는 70대 노인이든 누구에게나 발전의 여지는 있다. 이 책을 읽는 사람 중에는 일부 법칙을 이미 실천하고 있을지도 모른다. 또 어떤 법칙들은 그동안 몰랐던 자신의 약점을 알게 해줄지도 모른다.

각 장의 말미에는 해당 법칙을 삶에서 효과적으로 실천할 수 있도록 '실천 매뉴얼'을 실었다. 리더십의 어느 단계에 놓인 사람이든 반드시 기억하자. 이 책에서 소개하는 21가지 법칙 중 더 많은 법칙을 현실에 적용하고 익힐수록 더 나은 리더가 될 수 있다. 각각의 법칙은 자신의 꿈을 이루고 타인의 삶에 가치를 더하기 위해 언제라도 꺼내 쓸 수 있는 도구와도 같다. 21가지 법칙 중에서 단 하나만 사용하더라도 아무것도 사용하지 않는 사람에 비해 그만큼 더 뛰어난 리더가 될 수 있다. 물론 21가지 법칙을 모두 다 실행한다면 누구라도 기꺼이 뒤를 따르는 리더가 될 수 있을 것이다.

이제 함께 시작해보자!

차례

누구나 지금보다
더 나은 리더가 될 수 있다.

제1장

한계의 법칙

The Law of the Lid

리더십 역량이
성공의 한계를 결정한다

한계의 법칙The Law of The Lid은 리더십 세미나에서 21가지 법칙 중에서 가장 처음에 설명하는 법칙이다. 이 법칙이 리더십의 가치를 이해하는 데 도움이 된다고 믿기 때문이다. 한계의 법칙을 제대로 이해한다면 삶의 모든 측면에서 리더십이 얼마나 큰 영향을 미치는지 깨달을 수 있다.

한계의 법칙이란 사람들을 얼마나 잘 이끄느냐에 따라 성공의 크기도 달라진다는 것이다. 리더십은 당신의 잠재력을 결정하는 한계점이다. 리더십 역량이 낮을수록 잠재력의 한계점도 낮으며 반대로 리더십 역량이 높은 사람은 잠재력의 한계점도 높다. 예를 들어 리더십 점수가 10점 만점에 8점이라면 성공 수준은 7점을 넘을 수 없다. 리더십 점수가 4점이라면 성공 수준은 3점을 넘을 수 없다. 긍정적이든 부정적이든 리더십 역량에 따라 성공의 수준이 달라지고 팀의 잠재력이 결정된다. 한마디로 사람들을 얼마나 잘 이끄느냐에 따라 성공의 크기가 좌우되는 것이다.

새로운 기회를 찾아 떠난 형제

한계의 법칙을 잘 보여주는 사례를 하나 소개한다. 1930년 딕Dick과 모리스Maurice라는 두 형제가 아메리칸 드림을 실현하기 위해 뉴햄프셔에서 캘리포니아로 이주했다. 고등학교를 막 졸업한 형제는 엔터테인먼트 산업에 관심이 많았지만 고향에서는 성공의 기회를 잡기가 어려웠다. 그들은 고향을 떠나 할리우드로 갔고 영화 스튜디오 세트와 관련된 일자리를 얻었다. 얼마 후 그들은 할리우드에서 북동쪽으로 8킬로미터 떨어진 글렌데일Glendale이란 곳에 극장을 열었다. 하지만 온갖 노력을 쏟아부었음에도 사업은 순조롭지 못했다.

창업에 대한 꿈과 야망으로 가득했던 형제는 또 다른 사업 기회를 계속 찾아다녔다. 1930년대 초에는 자동차에 대한 사람들의 의존도가 커지면서 '드라이브인'drive-in 식당이 생겨났다. 손님들은 식당 안에서 식사하지 않고 카홉carhop(드라이브인 식당에서 일하는 종업원 — 옮긴이)을 통해 음식을 주문했으며 쟁반 위에 담겨 나오는 음식을 차 안에서 먹었다. 당시만 해도 모든 음식이 정찬용 접시에 담겨 나오고 유리컵, 금속 포크와 나이프가 함께 제공되던 시절이었다.

1937년 딕과 모리스는 패서디나Pasadena에 작은 드라이브인 식당을 열어 크게 성공했다. 1940년에는 로스앤젤레스에서 동쪽으로 80킬로미터 떨어진 샌버너디노San Bernardino라는 노동자 인구가 많은 신도시로 옮겼다. 식당의 시설을 크게 확장했고 핫도그, 감자튀김, 셰이크, 바비큐 소고기와 돼지고기, 샌드위치, 햄버거 등 메뉴도 대폭 늘렸다. 사업은 번창했다. 연간 매출이 20만 달러에 이르렀고 형제는 매년 5만 달러의 수익금을 나눠 가졌다.

1948년 형제는 시대가 변하고 있다는 사실을 직감했다. 그래서 카홉을 없애고 매장 안으로 직접 들어와 주문하는 손님에게만 음식을 판매하기 시작했다. 그리고 모든 것을 간소화해 비용을 줄였고 음식값도 낮췄다. 메뉴를 축소하고 햄버거 판매에 집중했으며 정찬용 접시, 유리컵, 금속 포크와 나이프도 모두 종이 제품으로 바꿨다.

또한 그들은 '스피디 서비스 시스템'Speedy Service System 을 도입했다. 즉 공장의 조립라인처럼 주방의 구조를 바꾸고 손님에게 빠른 서비스를 제공하는 시스템을 구축한 것이다. 목표는 모든 손님의 주문을 30초 안에 처리하는 것이었다. 그 결과 형제는 크게 성공했다. 1950년대 중반에 회사의 연매출은 35만 달러를 넘어섰고 딕과 모리스는 매년 10만 달러의 이익금을 나눠 가질 수 있었다.

대체 이 형제가 누굴까? 독자들은 이미 눈치챘을지도 모른다. 바로 맥도날드 형제다. 딕 맥도날드와 모리스 맥도날드는 말 그대로 잭팟을 터뜨렸다. 두 사람의 신화는 그 뒤로도 계속 이어졌을까? 안타깝지만 맥도날드 형제의 성공은 거기까지였다. 그들의 리더십이 성공의 역량에 한계로 작용했기 때문이다.

성공에 브레이크가 걸린 이유

맥도날드 형제가 금전적으로 성공을 거둔 것은 분명했다. 그들은 미국에서 가장 수익성 높은 요식업체를 세웠고 평생 다 쓰기도 어려울 만큼 큰 돈을 벌어들였다. 고객 서비스를 개선하고 주방 시스템을 구축하는 데 천재적인 능력을 발휘한 두 사람에 대한 소문이 요식업계에 파다했다. 그들에 대해 글을 쓰려는 사람도 있었고 맥도날드를 방문해 성공의 비결을 배우려는 이들이 전국 각지에서 몰려들 정도였다. 한때 그들은 매달 300통이 넘는 전화와 편지를 받기도 했다.

그즈음 그들은 맥도날드라는 콘셉트를 다른 사람들에게 판매하면 어떨까 생각했다. 물론 당시에도 식당 프랜차이즈 사업이 전혀 새로운 개념은 아니었으며 이미 수십 년 전에 세상에 등장한 바 있었다. 하지만 맥도날드 형제는 이 사업이야말로 다른 식당을 직접 개업하는 수고를 들이지 않고도 더 많은 돈을 벌 방법이라고 여겼다.

1952년 형제는 프랜차이즈 사업에 뛰어들었다. 하지만 결과는 처참했다. 이유는 간단했다. 더 큰 회사를 효과적으로 운영하는 리더십이 부족했기 때문이었다. 딕과 모리스는 훌륭한 식당 주인이었다. 사업을 운영하는 방법을 잘 알았고 효율적인 시스템을 만들었으며, 비용을 절약하고 이익을 끌어올렸다. 그러나 훌륭한 관리자가 훌륭한 리더인 것은 아니다. 관리와 운영에 치우친 그들의 사고방식은 그들 자신의 능력과 성장을 끌어올리는 데 걸림돌이 되었다. 성공의 정점에 있었던 그들은 한계의 법칙 앞에서 무릎을 꿇어야 했다.

리더십 역량이 한계로 작용하다

1954년 맥도날드 형제는 밀크셰이크 기계를 판매하던 작은 회사의 대표 레이 크록Ray Kroc을 만났다. 크록은 가장 큰 고객인 맥도날드 형제와 전부터 잘 알고 지내던 사이였다. 그는 맥도날드의 매장을 방문한 뒤에 이 식당의 잠재력을 알아보고 큰 비전을 품었다. 그의 머릿속에는 이 식당이 전국의 수백 개 도시로 진출하는 모습이 그려졌다. 크록은 곧바로 형제와 계약을 맺고 1955년에 맥도날드 시스템McDonald's System Inc.(나중에 현재의 맥도날드 코퍼레이션McDonald's Corporation으로 바뀌었다)을 세웠다.

딕과 모리스 형제는 그전에도 맥도날드의 음식 서비스 시스템을 프랜차이즈로 만들려고 시도했지만 고작 15명의 가맹주를 확보했을 뿐이었다. 심지어 그중에서도 실제 식당을 개업한 사람은 10명뿐이었다. 형제에게 리더십과 비전이 부족했기 때문이었다. 예를 들어 처음 프랜차이즈 계약을 맺은 피닉스 출신의 닐 폭스Neil Fox 라는 사람이 '맥도날드'라는 상호를 사용하고 싶다는 의사를 밝히자 딕은 이렇게 대답했다. "굳이 그럴 필요가 있을까요? 맥도날드는 피닉스에서 아무런 의미가 없는 이름일 텐데요."

하지만 크록은 형제와 다르게 생각하고 다르게 사업을 운영했다. 그는 맥도날드 매장을 방문하자마자 프랜차이즈 1곳에 대한 권리를 사들였다. 나중에 사람들에게 프랜차이즈 사업권을 팔 때 모델 또는 시제품으로 활용하기 위해서였다. 그는 승승장구해서 1955~1959년 사이에 100개의 식당을 개업했고 이후 4년 동안 맥도날드 매장의 수는 500개로 늘었다.

크록은 맥도날드에서 일하는 첫 8년 동안은 급여를 받지 않았다. 오히려 그가 영입한 몇몇 핵심 리더의 월급을 마련하기 위해 은행과 생명 보험회사에서 돈을 빌렸다. 그의 비전은 맥도날드가 전국적인 명성을 갖춘 기업으로 성장하는 것이었다. 1961년 크록은 맥도날드 형제에게 270만 달러를 지불하고 맥도날드와 관련된 모든 독점적 권리를 사들였으며 이 미국 회사를 세계적인 기업으로 키워냈다.

오늘날 맥도날드는 120개국에 걸쳐 3만 8,000여 개의 매장을 운영 중이다.[1] 2019년 순이익은 61억 달러를 넘어섰고 순자산은 1,700억 달러에 이르렀다. 심지어 맥도날드는 지금 이 순간에도 계속 성장하고 있다. 레이

크록이 아니었다면 불가능한 일이었다. 맥도날드 형제는 리더십 역량이 부족했기에 비즈니스에서 한계를 드러냈지만 크록은 그들을 넘어 성공의 한계를 지워버렸다.

성공 수준은 리더십 수준을 넘지 못한다

나는 성공의 문이 누구에게나 열려 있다고 믿는다. 그리고 사람들을 잘 이끄는 사람은 더 크게 성공할 수 있다고 생각한다. 높이 올라가고자 할수록 리더십의 필요성은 더욱 커진다. 더 큰 성과를 내기 위해서는 더 큰 영향력이 필요하다. 어떤 일을 시도하든 한계를 결정하는 것은 사람들을 이끄는 능력이다.

높이 올라가고자 할수록 리더십의 필요성은 더욱 커진다. 더 큰 성과를 내기 위해서는 더 큰 영향력이 필요하다.

이 이야기를 좀 더 쉽게 이해하기 위해 지금부터 내가 말하는 대로 몸을 움직여보자. 먼저 손바닥을 아래로 향한 채 왼팔을 앞으로 쭉 뻗어보자. 뻗은 왼팔의 높이가 당신의 리더십 수준이라고 하자. 스스로 생각하기에 리더십 수준이 낮다면 손을 허리 높이로 내리고, 리더십 수준이 보통이라면 손을 가슴까지 올리면 된다. 이제 오른손을 왼손 바로 아래에 가져다 대보자. 오른손은 당신의 성공 수준을 의미한다. 당신이 뻗은 '성공 수준의 손'은 '리더십 수준의 손'을 절대 넘어설 수 없다. 오른손을 아무리 위로 올려도 그 위에는 항상 왼손이 있기 때문이다.

또 다른 방식으로도 생각해보자. 예를 들어 성공하기 위해 쏟는 노력의 정도를 1점에서 10점까지라고 했을 때 당신의 점수는 8점이라고 가정하자. 이 정도면 꽤 높은 점수다. 내 생각에는 아마 맥도날드 형제도 비슷한

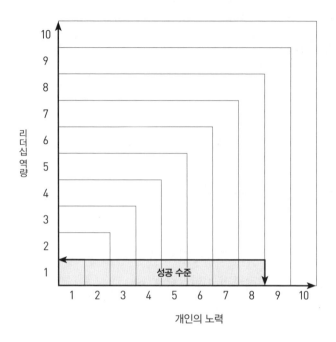

점수를 받았을 것이다. 하지만 당신이 리더십을 전혀 생각하지 않는 사람, 즉 리더십에 관심이 없고 리더로서 자신을 계발하려는 노력도 하지 않는 사람이라고 하자. 당신의 리더십 역량은 1점이다. 그러면 당신의 성공 수준은 위 그림과 같다.

성공 수준을 높이기 위해 몇 가지 방법을 시도해볼 수 있다. 그중 하나는 노력 점수가 10점이 될 때까지 더 열심히 일하는 것이다. 그러면 목표를 달성하기가 아예 불가능하지는 않겠지만 '수확 체감의 법칙'Law of Diminishing Returns Definition에 따르면 먼저 8점을 얻기 위해 쏟은 에너지 이상을 투입해야 2점도 따낼 수 있다. 어쨌든 죽을힘을 다해 노력한다면 성공 수준을 지금보다 25퍼센트 높일 수 있다.

또 다른 방법은 바로 리더십 역량을 높이는 것이다. 예를 들어 당신이 똑

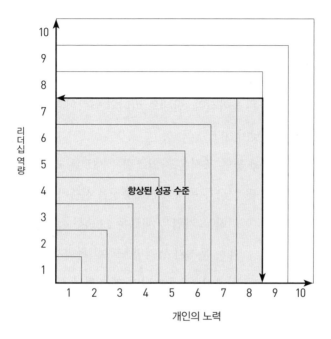

| 리더십을 갖춘 성공 |

같은 노력 수준(8점)에 타고난 리더십 역량이 평균보다 살짝 낮은 4점이라고 가정하자. 당신의 재능이 무엇이든 이 수치만으로도 당신은 성공 수준을 4배 올릴 수 있다. 만일 리더십을 학습하고 잠재력을 극대화해서 역량을 7점까지 끌어올렸다면 위 그림과 같은 결과를 얻는다.

다시 말해 노력의 양을 늘리지 않고 리더십 역량만을 높이는 것만으로도 원래의 성공 수준을 700퍼센트 높일 수 있는 것이다. 리더십은 '곱하기 효과'를 발휘한다. 나는 온갖 기업과 비영리 조직들에서 그런 효과를 목격했다. 바로 그것이 지난 50년이 넘는 세월 동안 내가 리더십을 가르쳐온 이유다.

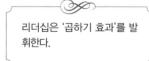

리더십은 '곱하기 효과'를 발휘한다.

조직을 구하려면 리더를 바꿔라

개인과 조직 모두에서 성공의 한계는 성공하기 위해 쏟는 노력이 아닌 리더십 역량으로 결정된다. 한 개인의 리더십 역량이 뛰어나면 그가 이끄는 팀과 조직의 한계점은 높아진다. 반대로 리더의 역량이 부족한 팀이나 조직의 성공 한계점은 낮아진다.

그래서 어려운 상황에 놓인 조직은 자연스럽게 새로운 리더를 구하려 애쓴다. 시련의 시기를 맞은 국가는 새로운 대통령을 선출하고, 수익이 하락하는 기업은 새로운 CEO를 채용한다. 교회에서 문제가 생기면 노련한 목회자를 새롭게 영입하고, 스포츠팀이 계속해서 성적이 좋지 않으면 새로운 감독을 찾는다.

개인과 조직 모두에서 성공의 한계는 리더십 역량으로 결정된다.

아마 리더십과 성공 수준의 관계가 가장 분명하게 드러나는 분야는 결과가 즉각적이고 명확하게 나타나는 스포츠일 것이다. 프로 스포츠팀의 가장 큰 고민거리는 재능 있는 선수가 아니라 리더십이다. 스포츠팀은 구단주부터 코칭 스태프와 핵심 선수들이 뛰어난 리더십을 지녔는지 여부가 매우 중요한 분야다. 모든 면에서 우수한 리더들을 보유한 팀은 챔피언 타이틀을 차지할 확률이 높지만 리더십이 부실한 팀은 성공 가능성이 매우 낮다.

주위를 둘러보면 똑똑하고 재주 있고 우수한 사람들이 리더십의 한계로 더 이상 발전하지 못하는 경우가 흔하다. 1970년대 애플을 공동 설립한 스티브 워즈니악Steve Wozniak은 애플 컴퓨터를 만들어낸 브레인이었지만 안타깝게도 리더십 역량이 낮았다. 반면에 그의 사업 파트너인 스티브 잡스는 그렇지 않았다. 잡스는 엄청난 리더십 역량을 바탕으로 세계 최고 수준의 조직을 구축했고 애플을 세계에서 가장 가치 있는 기업으로 키워냈다. 이것이 한계의 법칙이 발휘하는 힘이다.

샌디에이고에 살 때 환대산업Hospitality Industry (숙박, 관광, 외식 등의 서비스 상품을 제공하는 산업—옮긴이) 분야의 세계적인 컨설팅 기업인 글로벌 호스피털리티 리소스Global Hospitality Resources Inc. 의 돈 스티븐슨Don Stephenson 회장을 만난 적이 있었다. 나는 그와 점심을 먹으며 회사에 대해 이것저것 물었다. 당시 그의 회사는 재무적으로 어려운 호텔이나 리조트들의 운영권을 넘겨받아 관리하고 있었는데, 운영 중인 업체 중에는 남부 캘리포니아의 라 코스타La Costa 리조트 같은 훌륭한 시설들도 많았다.

> 똑똑하고 재주 있고 우수한 사람들이 리더십의 한계로 더 이상 발전하지 못하는 경우가 흔하다.

돈의 직원들은 어떤 업체의 운영권을 인수하러 가면 항상 2가지 일부터 시작한다고 한다. 첫째, 그곳 직원들을 훈련해서 고객 서비스를 개선한다. 둘째, 리더를 해고한다. 돈이 리더를 해고한다는 얘기를 했을 때 나는 깜짝 놀라 물었다.

"매번 리더를 해고하십니까?"

"그렇습니다. 매번 그렇게 하지요."

"당사자와 먼저 얘기를 나눠봐야 하는 것 아닐까요? 그가 훌륭한 리더일 수도 있잖아요?"

그러자 그는 이렇게 말했다.

"그렇지 않습니다. 훌륭한 리더였다면 조직이 그렇게까지 엉망이 되지는 않았겠죠."

그 말을 들으며 나는 생각했다. '물론 그렇지. 그게 바로 한계의 법칙이니까.'

그러나 리더를 해고한다고 해서 무조건 성공할 수 있는 건 아니다. 정말로 성공을 거두고 싶다면 어떻게든 리더십 역량을 높여야 한다. 성공의 한계는 분명 존재하지만 리더십 역량을 높여 누구나 성공 수준을 높일 수 있다. 그 방법은 다른 리더십 법칙 편에서 다룰 것이다.

한계의 법칙 실천 매뉴얼

1. 중요한 목표를 몇 가지 적는다(1년 이상의 시간이 필요한 중요한 목표를 정리한다. 목표는 5개 이상 10개 이하로 한다). 그중 다른 사람들의 참여나 협조가 필요한 목표가 무엇인지 파악해보자. 이 목표들을 이루기 위한 리더십 역량은 각각의 성공 수준에 큰 영향을 끼친다.

2. 자신의 리더십 역량을 1점(낮음)부터 10점(높음)까지 점수를 매겨보자. 그런 다음 이 책의 부록에 수록된 '리더십 불변의 법칙 진단표'로 테스트한다. 처음에 자신에게 직접 매긴 점수와 테스트에서 받은 점수를 비교해보자.

3. 사람들에게 당신의 리더십 역량을 평가해달라고 요청하자. 상사, 배우자, 동료 2명, 부하직원 3명에게 다음 4가지 영역들에서 1점(낮음)부터 10점(높음)까지 점수를 매겨달라고 부탁한다.

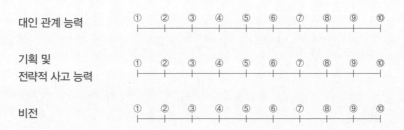

성과　　　　　① ② ③ ④ ⑤ ⑥ ⑦ ⑧ ⑨ ⑩

사람들이 평가한 4가지 점수의 평균을 내서 앞서 테스트한 '리더십 불변의 법칙 진단표' 점수와 비교해보고, 자신이 직접 매긴 점수와도 비교해보자. 스스로 평가한 점수는 남들이 평가한 점수보다 높은가, 낮은가? 아니면 같은가? 만일 스스로 평가한 점수나 진단표 점수가 사람들이 평가한 점수와 크게 다르다면 원인을 분석해보자. 당신은 리더십 역량을 키우기 위해 얼마나 노력할 수 있는가?

제 2 장

영향력의 법칙

The Law of Influence

리더십의 진정한 척도는
영향력이다

리더란 어떤 사람일까? 힘이 세거나 인상이 강하거나 카리스마 넘치는 사람일까? 리더의 능력은 어떻게 측정할까? 평범해 보이는 두 사람 중에 누가 더 뛰어난 리더인지 곧바로 알아볼 수 있을까? 사람들은 수백 년 동안 이런 질문들을 던져왔다.

20세기 후반에 가장 뛰어난 리더 한 사람은 겉으로 보기에 그다지 인상적이지 않은 모습으로 대중 앞에 등장했다. 사람들은 테레사 수녀를 생각할 때 가난한 사람들을 위해 일생을 바친 작고 가녀린 여성의 이미지를 떠올린다. 물론 그 말도 맞다. 하지만 그녀는 전 세계 대중에게 막강한 영향력을 미친 훌륭한 리더였다. 영향력이 없는 사람은 절대로 남을 이끌 수 없다.

> 영향력이 없는 사람은 절대로 남을 이끌 수 없다.

왜 테레사 수녀는 진정한 '리더'인가

테레사 수녀가《마더 테레사의 단순한 길》A Simple Path 을 출간하는 걸 도왔던 루신다 바르디Lucina Vardey는 그녀를 가리켜 이렇게 표현했다.

"테레사 수녀는 뭔가 필요하다 싶으면 곧바로 행동에 돌입하고, 어떤 어려움에도 굴하지 않고 조직을 만들고, 세계 각지로 조직을 확장하는 철두철미하고 에너지 넘치는 기업가였다."

테레사 수녀가 설립하고 이끌었던 조직은 '사랑의 선교 수녀회'Missionaries of Charity 다. 당시 다른 가톨릭 단체들은 대부분 쇠퇴하고 있었지만 이 단체는 급속도로 성장해서 그녀의 생전에 회원 수가 4,000명을 넘었다. 물론 전 세계의 수많은 자원봉사자를 제외한 숫자다. 이 회원들은 테레사 수녀의 지휘 아래 5대륙 25개 국가에서 봉사활동을 펼쳤다. 인도의 캘커타 1곳에서만도 어린이들을 위한 보호시설, 한센병 환자를 위한 센터, 극빈자와 임종을 앞둔 사람들을 위한 요양원, 결핵이나 정신질환을 앓는 환자들을 위한 시설 등 수많은 기관 설립과 구호 활동을 펼쳤다. 테레사 수녀가 뛰어난 리더가 아니었다면 이런 조직을 만들어내는 일은 불가능했을 것이다.

그녀의 영향력은 전 세계로 확대되었으며 어떤 문화나 계급에 속해 있든지 모두가 그녀를 존경했다. 그녀가 말하면 사람들은 귀를 기울였다. 작가이자 대통령 연설문 작성자인 페기 누난Peggy Noonan 은 1994년 미국 국가 조찬기도회National Prayer Breakfast 에서 테레사 수녀가 한 연설에 대해 다음과 같은 글을 썼다.

워싱턴의 거물들이 한자리에 모였다. 개신교인, 가톨릭교인, 유대인

수천 명이 자리에 있었다. 테레사 수녀는 신과 사랑 그리고 가족에 대해 이야기했다. 우리가 서로를 아끼고 사랑해야 한다고 힘주어 말했고 청중은 모두 깊이 공감했다.

그러나 연설이 이어지면서 테레사 수녀의 어조는 점점 날카로워졌다. 그녀는 청중에게 이렇게 물었다. "여러분은 양로원에 계시는 부모님께 사랑을 충분히 전하고 있나요? 그분들에게 매일 기쁨과 보살핌을 드리고 있나요?" 그러자 객석에 앉은 베이비부머 세대들이 자세를 고쳐 앉기 시작했다. "제 생각에 오늘날 가장 큰 평화의 파괴자는 낙태입니다." 그녀는 이렇게 말하고 나서 왜 그렇게 생각하는지 단호한 어조로 설명했다.

1.3초 정도 침묵이 흘렀다. 그리고 곧 박수가 터져 나왔다. 하지만 모든 사람이 박수를 보내진 않았다. 빌 클린턴 대통령과 힐러리 클린턴 그리고 고어 부통령 내외는 마치 마담 투소Madame Tussaud's(당대 유명 인사들의 밀랍 인형을 전시하는 것으로 유명한 박물관 — 옮긴이)에 전시된 밀랍 인형처럼 꼼짝도 하지 않았다. 그렇지만 테레사 수녀는 연설을 멈추지 않았다. 그녀가 연설을 모두 마쳤을 때 기분이 상하지 않은 사람을 찾아보기가 어려울 정도였다.[1]

만일 다른 사람이 그런 연설을 했다면 청중은 노골적으로 적대적인 반응을 보였을 것이다. 어쩌면 연설자에게 야유를 보내거나 조롱하거나 서둘러 자리를 떴을지도 모른다. 하지만 앞에서 연설한 사람은 다름 아닌 테레사 수녀였다. 그녀는 세계에서 가장 큰 존경을 받는 인물이었다. 많은 사람이 그녀의 의견에 반감이 있었을지라도 끝까지 연설을 경청할 수밖에 없었다. 실제로 그녀가 말할 때마다 사람들은 귀를 기울였다. 왜 그랬을까? 그녀가 진정한 리더였기 때문이다. 진정한 리더가 말하면 사람들은 듣게 되어 있다. 리더십은 영향력이다. 그 이상도 이하도 아닌 영향력 그 자체다.

우리는 리더십을 오해하고 있다

사람들은 종종 리더십을 오해한다. 1970년대에 처음 리더십 세미나를 열기 시작했을 때 내가 가장 애를 먹었던 일은 참가자를 모으는 것이었다. 그만큼 리더십에 대한 이해가 부족하던 시절이었다.

당시 리더라고 불리는 사람들은 흔히 이렇게 말하거나 생각했다. "나는 리더십을 배울 필요가 없어. 이미 리더니까." 즉 이미 리더십의 목표를 달성했다고 믿었다. 반면 리더가 아닌 사람들은 "나는 리더가 아니니 배울 필요가 없어."라고 말했다. 사람들은 리더십이 모든 사람이 추구해야 할 과정이라는 사실을 이해하지 못했다(이는 제3장에서 '과정의 법칙'을 다룰 때 더 자세히 설명할 예정이다).

나는 이런 사고방식을 깨기 위해 '리더십의 5단계'5 Levels of Leadership(70년 대 당시에는 '영향력의 5단계'5 Levels of Influence라고 불렀다)를 가르치기 시작했다. 그리고 지위position는 리더십의 가장 낮은 단계에 불과하다는 사실을 알리기 위해 노력했다. 진정한 리더십은 상으로 주어지거나 임명되거나 부과되는 게 아니다. 리더십은 오직 영향력을 계발하는 데서 나오며 영향력은 강제로 **빼앗을** 수 없다. 즉 직접 노력해서 얻어내야 한다.

리더십의 5단계는 바로 그 과정을 안내하는 이정표다. 우리가 리더라는 지위에서 얻어낼 수 있는 유일한 혜택은 '시간', 즉 남들에게 미치는 영향력의 수준을 높이거나 낮출 수 있는 약간의 시간이다. 이를 제대로 알고 있는 사람들은 리더십이 실제로 어떻게 움직이는지 이해하고 열린 마음으로 받아들인다.

오늘날 사람들은 리더십을 여러모로 오해하고 있다. '리더십이 곧 영향력'이라는 내 말에 영향력과 유명세를 혼동하는 것이다. 누구나 텔레비전, 음악, 영화 등을 통해 유명인이 될 수 있다. 소셜미디어에서 팔로워 수백만 명을 끌어모으거나 게시물에 수천 개의 '좋아요'가 달리게도 할 수 있다. 하지만 그렇다고 해서 리더가 되는 건 아니다. 유명해지는 일과 리더가 되는 일은 다르다.

사람들은 사회적 영향력을 지닌 인사들에게 깊은 흥미를 보인다. 하지만 그 인사들의 영향을 받은 사람들이 실제로 행동을 바꾸거나 실천하지 않는다면 그런 영향력은 리더십이라고 부를 수 없다. 다시 한번 강조하지만 리더십은 영향력이다. 그 이상도 이하도 아니다.

> 사람들이 실제로 행동을 바꾸거나 실천하지 않는다면 그런 영향력은 리더십이라고 부를 수 없다.

리더십에 대한 잘못된 인식

오랫동안 리더십을 연구해오면서 사람들이 얼마나 리더와 리더십에 대해 잘못 알고 있는지 알게 되었다. 그중 대표적인 5가지를 소개한다.

1. 리더십은 관리다

리더십에 대해 잘못 이해하고 있는 대표적인 인식 중 하나가 사람들을 이끄는 일이 곧 '관리'를 의미한다는 것이다. 수십 년 전까지만 해도 리더십에 대해 썼다고 주장한 책이 실제로는 관리를 다룬 책이었던 경우가 종종 있었다. 분명하게 말하지만 리더십은 사람들에게 영향력을 발휘해 리더를 따르게 만드는 힘이다. 하지만 관리는 시스템과 프로세스를 유지하는 일이다. 크라이슬러의 회장이자 CEO였던 리 아이아코카 Lee Iacocca 는 이런 냉소적인 말을 남겼다. "때로는 최고의 관리자조차 큰 개를 끌고 가는 어린아이

리더라는 지위에서 얻어낼 수 있는 유일한 혜택은 시간. 즉 남들에게 미치는 영향력의 수준을 높이거나 낮출 수 있는 약간의 시간이다.

처럼 행동한다. 개가 어디로 가고 싶어 하는지 알 때까지 기다리다가 비로소 데려가는 것이다."

어떤 사람이 리더인지 관리자인지 파악하려면 먼저 그 사람에게 변화를 주도할 능력이 있는지 알아야 한다. 관리자는 기존의 방향을 유지할 수 있지만 바꾸지는 못한다. 시스템과 프로세스로 할 수 있는 일은 거기까지다. 사람들을 새로운 방향으로 움직이려면 영향력이 필요하다.

2. 리더는 기업가다

사람들은 기업가는 모두 리더라고 생각한다. 하지만 모두가 그렇지는 않다. 기업가들은 사업의 기회를 찾고 발굴하는 일에 능하다. 사람들의 욕구를 파악하고 거기에서 수익을 내는 방법을 잘 알고 있다. 하지만 모든 기업가가 사람들을 잘 이끌고 관계에 능숙한 건 아니다. 그래서 많은 기업가가 그런 능력이 뛰어난 사람들과 파트너를 맺으려고 한다. 사람들에게 영향을 미치지 못한다면 이끌 수도 없기 때문이다.

3. 리더십은 지식이다

프랜시스 베이컨Francis Bacon은 "아는 것이 힘이다."라는 말을 남겼다. 리더십의 본질이 '힘'이라고 믿는 사람들은 풍부한 지식과 높은 지적 능력을 지닌 이가 리더라고 생각한다. 하지만 꼭 그렇지는 않다. 유명 대학을 방문해서 우수한 두뇌의 과학자나 철학자들을 만나보라. 지적 수준과 능력은 말할 수도 없이 뛰어나지만 사람들을 이끄는 능력은 극히 형편없는 경우가 대부분이다. 지적 능력이나 교육 수준이 리더십과 동의어는 아니다.

4. 리더는 개척가다

또 다른 오해는 대중 앞에 먼저 나서는 사람이 리더라는 생각이다. 하지만 어떤 일을 최초로 해냈다고 해서 남들을 이끌 수는 없다. 에드먼드 힐러리Edmund Hillary는 인류 역사상 처음으로 에베레스트산의 정상에 올랐다. 그가 역사적 등정에 성공한 1953년 이후 수많은 사람이 그의 뒤를 따라 똑같은 위업을 이루기 위해 길을 나섰다. 그렇지만 힐러리는 리더가 아니었다. 심지어 에베레스트산 정상에 올랐을 때도 그는 등반대의 공식 대장이 아니었다. 등반대장은 존 헌트John Hunt였다. 힐러리가 1958년 영연방 남극 탐험대의 일원으로 남극을 탐사했을 때도 탐험대의 리더는 비비언 푹스Vivian Fuchs였다.

리더는 사람들 앞에 나서기만 해서는 될 수 없다. 사람들이 자발적으로 그 뒤를 따라 조직의 비전에 동참하도록 해야 한다. 사회적 트렌드를 선도하는 일과 사람들을 선도하는 일은 같지 않다.

5. 리더십은 지위다

앞서도 말했지만 리더십에 관한 가장 큰 오해는 리더십이 '지위'에 근거

한다는 생각이다. 분명히 말하자면 사실이 아니다. 혹시 나쁜 상사를 따르기를 거부한 적이 있는가? 팀이나 위원회에서 리더의 역할을 맡았을 때 사람들이 따르지 않은 적이 있는가? 그런 경험이 있다면 지위가 사람을 리더로 만들어주지 않는다는 사실을 잘 알 것이다. 지위는 리더가 될 기회를 제공할 뿐이다. 스탠리 허프티Stanley Huffty 는 이렇게 말했다. "지위가 리더를 만드는 것이 아니라 리더가 지위를 만든다."

> 지위가 리더를 만드는 것이 아니라 리더가 지위를 만든다. 스탠리 허프티

영향력이 리더십의 증거다

〈진실을 말해요〉To Tell the Truth 는 오랫동안 사랑받아온 TV 게임쇼다. 게임 진행 방식은 이렇다. 쇼가 시작되면 3명이 등장해서 서로 자신이 진짜라고 주장한다. 사실 그중 하나만이 진짜고, 둘은 가짜다. 유명인으로 구성된 패널이 돌아가며 3명에게 질문을 하고 질문 시간이 지나면 누가 진실을 말하는지 알아맞히는 것이다. 배우들이 연기를 잘하는 탓에 패널과 관객들은 종종 속아 넘어간다.

진정한 리더를 골라내는 일은 이보다 훨씬 쉽다. 자신이 리더라고 주장하는 사람의 말에 귀를 기울이지 마라. 자격증이나 지위에 신경 쓸 필요도 없다. 오직 그들이 발휘하는 영향력에만 주의를 기울여라. 리더십의 증거는 그를 '따르는 사람들'Followers 에게서 찾아야 한다.

> 리더십의 증거는 그를 따르는 사람들에게서 찾아야 한다.

나는 대학을 졸업하고 첫 직장에 입사했을 때 바로 이 영향력의 법칙The

Law of Influence을 배웠다. 당시 나는 각종 자격증과 대학 졸업장을 갖고 있었다. 아버지에게 관련 일을 배운 덕분에 업무에 대한 지식도 충분했고 모임이나 단체에서 리더로 활약한 적도 있었다. 겉으로는 꽤 훌륭한 이력서처럼 보였다. 하지만 그렇다고 해서 그 경험들이 내가 진정한 리더라는 증명서는 아니었다.

처음 참석한 이사회에서 나는 이 회사의 진짜 리더가 누군지 곧바로 알아챘다. 클로드라는 이름의 농부였다. 그가 말하면 사람들은 귀를 기울였고 그가 뭔가를 제안하면 사람들은 그 제안을 존중했다. 그가 이끌면 사람들은 따랐다. 내가 사람들에게 영향을 미치고 싶다면 먼저 클로드에게 영향을 미쳐야 했다. 그러면 그가 사람들에게 영향을 주었다. 이것이 현실에서 영향력이 적용되는 방식이다.

영향력을 만드는 7가지 요소

리더십의 진정한 척도는 영향력이다. 사람들 사이에서 일어나는 다양한 일들을 살펴보면 누군가는 항상 이끌고 누군가는 항상 따른다는 사실을 알 수 있다. 리더십을 공부하는 사람은 리더를 알아보는 눈을 갖추기 시작한다. 리더는 금방 눈에 띈다. 지위나 경력이 있는 사람이 아니라 상황을 책임지는 사람이다.

그렇다면 왜 어떤 사람은 리더로 불리고 어떤 사람은 아무리 노력해도 영향력을 발휘하지 못하는 걸까? 사람들에게 진정으로 영향을 미치려면 다음과 같은 요인들을 고려해야 한다.

1. 성품 – 당신은 어떤 사람인가

진정한 리더십은 리더의 내적 성품에서 시작된다. 세계적인 전도사 빌리 그레이엄Billy Graham 목사에게 수많은 추종자가 몰려든 이유도 그의 성품에서 진정성과 깊이를 느낄 수 있었기 때문이다. 영향력은 그가 어떤 사람인가에서 출발한다.

2. 관계 – 당신은 어떤 사람들과 관계를 맺고 있는가

따르는 사람이 있어야 리더다. 따라서 리더는 항상 사람들과 관계를 맺고 유지해야 한다. 인간관계가 튼튼할수록 리더십의 잠재력도 커진다. 나는 어느 조직에서든 리더를 맡게 되면 곧바로 인간관계를 쌓는 일부터 시작했다. 적절한 사람들과 적절한 관계를 형성하면 조직과 사람들에게 영향을 미치는 리더가 될 수 있다.

3. 지식 – 당신은 얼마나 알고 있는가

정보는 리더에게 필수적인 요소다. 리더는 어떤 일의 사실관계를 정확히 알고 다양한 변수들을 파악하며, 타이밍을 이해하고 미래에 대한 비전을 품어야 한다. 지식만으로 리더가 될 순 없지만 지식이 없다면 리더가 되기는 불가능하다. 나는 새로운 조직을 맡을 때마다 사람들을 이끌기 전에 조직에 대한 지식을 쌓는 데 많은 시간을 투자했다.

4. 직관 – 당신은 무엇을 느끼는가

리더가 되려면 단순히 눈에 보이는 수치를 파악해 결정하는 것 이상의 능력이 필요하다. 즉 리더는 눈에 보이지 않는 수많은 문제를 직관적으로 해결하는 능력이 있어야 한다. 사실 관리자와 리더를 구분하는 가장 큰 차이도 직관이다. 리더는 조직의 활기, 직원들의 사기, 타이밍, 추진력 같은 눈에 보이지 않는 요인들도 파악하고 여기에 영향력을 발휘할 방법을 찾는다.

5. 경험 – 당신은 어떤 경험을 했는가

과거 어려운 일을 겪고 해결했던 경험이 많을수록 리더가 될 기회가 더 많이 주어진다. 많이 경험했다고 해서 사람들이 무조건 믿고 따르는 것은 아니지만 사람들은 더 많이 경험한 사람에게 능력을 입증할 기회를 준다.

6. 과거의 성공 – 당신은 무엇을 성취했는가

리더로서 지금까지 거둔 성과처럼 사람들을 잘 설득할 수 있는 건 없다. 처음 리더의 자리를 맡았을 때 나 역시도 아무런 성과가 없었다. 사람들 앞에 내세울 만한 성공 경력이 없었던 것이다. 하지만 2번째로 리더가 되었을 때는 어느 정도 성과가 쌓여 있었다. 매번 도전에 맞서고 성장하고 성공을 거둘 때마다 사람들은 당신의 리더십 역량을 믿고 당신의 말에 귀를 기울인다는 사실을 기억하자.

7. 능력 – 당신은 무엇을 해낼 수 있는가

사람들은 리더가 무엇을 해낼 수 있으며 어떻게 조직을 성공의 길로 이끌 것인지 궁금해한다. 그래서 리더의 말에 귀를 기울이고 능력이 있다고 여겨지면 리더로 인정하는 것이다. 사람들은 자기들이 원하는 성공을 안겨줄 능력이 없다면 리더의 말을 듣지도 따르지도 않을 것이다.

강제력 없는 리더십

순수한 영향력만으로 남들을 이끌 능력이 있는지 테스트하고 싶다면 자원봉사자들로 구성된 조직을 이끌어보자. 그 이유는 이런 조직에서는 누구도 강제력을 행사할 수 없기 때문이다. 여기서는 다른 사람들을 통제할 수 있는 직급이나 지위가 없다. 급여뿐 아니라 어떤 혜택이나 특전도 주어지지 않는다. 기업의 직원들이 회사에 협조적인 이유는 그 일에 자신의 생계가 걸려 있기 때문이다. 반면 자원봉사자 조직에서는 리더십이 '영향력'이라는 가장 순수한 형태로 작동한다.

심리학자 해리 오버스트리트Harry A. Overstreet는 이렇게 말했다. "영향력을 발휘하는 모든 힘의 핵심은 사람들의 참여를 끌어내는 데 있다." 자원봉사자들을 어떤 일에 강제로 참여시키기는 불가능하다. 만일 리더가 영향력을 발휘하지 못한다면 그들은 리더를 따르지 않을 것이다.

영향력을 발휘하는 모든 힘의 핵심은 사람들의 참여를 끌어내는 데 있다. 해리 오버스트리트

최근에 기업의 오너와 CEO들이 모인 자리에서 연설했을 때 한 참석자가 회사에서 최고의 리더를 찾아내는 방법을 물었다. 나는 리더 후보자들을 자원봉사자 조직에 보내서 6개월간 리더십을 발휘하게 하라고 조언했다. 만일 그중 어떤 리더가 아무런 강제력 없이 자원봉사자들의 참여를 끌어냈다면 사람들에게 영향력을 발휘했다는 증거다. 이것이 바로 진정한 리더십 역량의 징표다.

영향력이 없다면 리더가 아니다

영향력의 법칙을 잘 보여주는 사례 중에서 내가 가장 좋아하는 이야기는 에이브러햄 링컨 대통령의 일화다. 링컨이 대통령으로 당선되기 수십 년 전인 1832년, 그는 사람들을 모아 블랙호크 전쟁Black Hawk War에 참전했다. 당시는 자원병들을 모아 민병대를 조직한 사람이 부대의 리더나 지휘관이 되는 경우가 많았다. 링컨도 자신이 모은 그 부대의 지휘관이 되었고 대위라는 계급을 부여받았다. 하지만 그는 병사를 지휘하는 일에 대해 아는 바가 없었다. 군대에서 복무한 경험이 없었고 전술에 대해서도 알시 못했다. 그렇다 보니 간단한 군사적 절차를 익히기도 쉽지 않았다.

하루는 링컨이 10여 명의 부대원을 인솔해서 들판을 가로질러 행군하고 있었다. 행군 도중 병사들에게 어떤 관문을 거쳐 들판의 다른 쪽으로 나가도록 명령해야 했는데 링컨은 어떻게 명령해야 할지 몰랐다. 링컨은 당시를 이렇게 회상했다. "횡대로 행진하고 있던 부대원들을 종대 행렬로 만들어 관문을 통과해야 했는데, 아무리 생각해도 적당한 명령어가 떠오르지 않았다. 결국 관문 근처에 다가갔을 때 '2분간 부대를 해산한다. 그리고 문 반대쪽으로 다시 집합하라!'라고 외쳤다."[2]

이후 군대에서 그의 영향력은 날이 갈수록 줄어들었다. 다른 장교들은 실력을 증명해 보이면서 점점 높은 계급으로 진급했지만 링컨은 정반대였다. 대위로 복무를 시작했음에도 지위는 리더십에 아무런 도움이 되지 못했다. 즉 그는 영향력의 법칙을 극복하지 못했다. 나중에 군 생활을 마감할 무렵 링컨은 자신에게 꼭 맞는 지위를 찾아냈다. 바로 이등병이 되는 것이었다.

하지만 그 자신과 미국을 위해서는 천만다행으로, 링컨은 영향력 문제를 결국은 극복해냈다. 군대 복무를 마친 뒤에 링컨은 일리노이주 의회와 연방 하원에 진출했지만 처음부터 두각을 드러내지는 못했다. 그러나 시간이 흐르며 수많은 경험을 쌓은 끝에 사람들에게 커다란 영향력을 발휘하는 인물이자 미국 역사상 가장 훌륭한 대통령이 되었다.

　리더십에 관해 내가 좋아하는 격언이 있다. 바로 "남들을 이끈다고 생각하지만 따르는 자가 아무도 없다면 그저 산책일 뿐이다."라는 말이다. 영향력을 발휘하지 못하면 사람들은 당신을 따르지 않는다. 사람들이 따르지 않으면 리더가 아니다. 이것이 영향력의 법칙이다. 리더십은 곧 영향력이다. 그 이상도 이하도 아니다.

남들을 이끈다고 생각하지만 따르는 자가 아무도 없다면 그저 산책일 뿐이다.

영향력의 법칙 실천 매뉴얼

1. 리더십에 관해 사람들이 잘못 인식하고 있는 5가지 사실(40~43쪽 참고) 중에 자신도 그렇게 생각했던 것이 있는가? 왜 그렇게 생각했는가? 지금까지 리더십에 대해 갖고 있던 생각 중에서 앞으로 리더십을 향상시키기 위해 바꿔야 할 것은 무엇인가?

2. 리더십과 관련해 아래 7가지 요소 중에서 당신은 주로 어떤 요소에 의존하는가? 자신의 점수를 1점에서 10점까지 매겨보자. 1점은 당신이 의존할 수 없는 요소이며 10점은 앞으로도 계속 의존해야 할 요소라는 뜻이다.

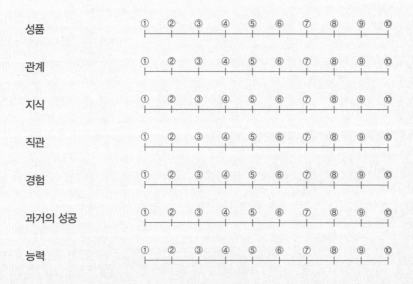

점수가 낮은 요소가 있는가? 이를 어떻게 발전시키거나 효과적으로 활용할 수 있을까?

3. 관심 있는 자원봉사 조직을 찾아 활동해보자. 사람들과 관계를 맺고 그들을 이끌기 위해 노력하자. 이런 경험을 통해 영향력을 발휘하고 사람들을 이끄는 법을 배울 수 있을 것이다.

리더십은 영향력이다.
그 이상도 이하도 아니다.

제 3 장

과정의 법칙

The Law of Process

리더십은
하루아침에 계발되지 않는다

1995년 앤 셰이버Anne Scheiber가 세상을 떠났을 때 그녀의 나이는 101세였다. 그녀는 맨해튼의 작고 낡아빠진 월세 아파트에서 수십 년을 살았다. 집의 페인트는 거의 다 벗겨졌고 벽을 따라 설치된 낡은 책장들은 먼지로 뒤덮여 있었다. 집세는 한 달에 400달러였다. 셰이버는 국가에서 지급하는 사회보장 보조금과 1943년부터 수령하기 시작한 소액의 퇴직연금으로 생활했다. 국세청에서 회계 감사관으로 근무하다 퇴직한 그녀는 재직할 당시에는 그다지 눈에 띄는 직원이 아니었다. 더 정확히 말하면 국세청에서 그녀를 제대로 대우하지 않았다. 그녀는 법학 분야의 학위가 있었고 업무 능력도 뛰어났지만 승진과는 거리가 멀었기에 급여도 많지 않았다. 셰이버가 51세로 퇴직했을 때 그녀의 연봉은 3,150달러에 불과했다.

매일 조금씩 부자가 된 노인

　뉴욕 예시바대학교Yeshiva University의 노먼 램Norman Lamm 총장은 소스라치게 놀랐다. 총장으로 있으면서 이름을 전혀 들어보지 못했고 이 학교에 다닌 적도 없는 앤 셰이버라는 자그마한 체구의 할머니가 전 재산을 학교에 기증했기 때문이다. 그는 이렇게 말했다. "그녀의 유언장을 본 순간 너무 놀라서 정신이 나갈 지경이었습니다. 생각지도 못한 횡재를 한 셈이었죠. 그녀는 하루아침에 전설적인 인물이 되었습니다."

　셰이버가 예시바대학교에 기증한 재산은 무려 2,200만 달러였다![1] 도대체 은퇴한 지 50년이나 된 독신 여성이 어떻게 그런 엄청난 재산을 모았을까? 비결은 그녀가 부를 조금씩 늘려간 데 있었다.

　셰이버는 국세청을 그만둔 1943년까지 5,000달러를 저축했다. 퇴직 후 그녀는 이 돈을 주식에 투자했다. 1950년에는 주식 투자에서 얻은 수익금으로 셰링플라우 코퍼레이션Schering-Plough Corporation의 주식 1,000주를 1만 달러에 사들였다. 그리고 값이 오르기를 끈질기게 기다렸다. 셰이버가 세상을 떠날 때까지 여러 차례 액면분할을 거친 원래의 1,000주는 그녀의 사망 당시 12만 8,000주까지 불어나 있었고 주식의 가치는 750만 달러로 늘어났다.[2]

　셰이버가 성공한 비결은 평생에 걸쳐 차곡차곡 부를 쌓아 올리는 것이었다. 그녀는 주가가 오르든 내리든 '이제 값이 오를 만큼 올랐으니 팔아서 현금화할 때가 됐어'라며 주식을 팔지 않았다. 애초에 그녀가 계획한 것은 길고 긴 장기전이었다. 다른 노인들이 죽기 전에 재산이 다 떨어질지도 모른다고 걱정할 때 그녀는 더욱 부자가 되어갔다. 이를 통해 알 수 있는 것은 셰이버가 경제적인 면에서 과정의 법칙The Law of Process을 이해하고 있었고 이 법칙을 삶에 충실히 적용했다는 사실이다.

리더십은 '복리'로 증가한다

리더가 되는 일은 주식 투자로 성공하는 일과 매우 비슷하다. 하루아침에 큰돈을 벌어들이려 한다면 대체로 실패한다. 리더십 계발 분야에서 성공한 데이 트레이더Day Trader(초단타 매매를 전문으로 하는 투자자 — 옮긴이)는 없다. 핵심은 장기적으로 매일 무슨 일을 하느냐다.

에너지 회사의 시스템 운영자인 내 친구 태그 쇼트Tag Short는 이렇게 말했다. "우리의 성공 비결은 매일의 일과에 담겨 있다." 리더십 계발에 꾸준히 투자해서 자산을 '복리'로 늘려간다면 시간이 흘러 성장한 자신을 볼 수 있을 것이다. 일과, 즉 매일 반복해서 꾸준히 하는 일은 그 사람의 우선순위, 능력, 관계, 태도, 자기규율Self-Discipline, 비전, 영향력 등을 보여준다. 즉 어떤 사람의 일과를 살펴보면 그가 현재 어떤 사람이고 앞으로 어떤 사람으로 성장할지 알 수 있다.

세미나에서 리더십을 가르칠 때마다 사람들이 꼭 하는 질문이 있다. 리더가 원래부터 리더로 태어나느냐는 것이다. 그럴 때마다 나는 이렇게 대답한다. "물론이죠. 리더는 태어납니다. 태어나지 않은 리더는 본 적이 없어요! 그렇지 않으면 그들이 어떻게 세상에 나왔을까요?" 그러면 사람들은 모두 웃는다. 그리고 나는 진짜 답을 한다. 질문의 뜻은 리더십이 타고나서 갖게 된 특성이냐, 타고나거나 소유하는 것과는 관계없는 능력이냐를 묻는 것이다. 나는 이렇게 말한다.

> 리더가 되는 일은 주식 투자로 성공하는 일과 비슷하다. 하루아침에 큰돈을 벌어들이려 한다면 실패한다.

"리더십은 학습할 수 있는 기술입니다."

어느 날 램프의 요정이 나타나 소원을 하나 들어주겠다고 말한다면 나는 내가 가르치는 사람들에게 50년 전의 내 모습을 보여달라고 부탁할 것이다. 그때만 해도 나는 좋은 리더가 아니었다. 리더십의 진짜 의미를 알지 못했기 때문이다. 처음으로 리더의 지위에 올랐을 때는 유명세를 이용해서 사람들을 이끌었다. 나는 카리스마와 에너지가 넘쳤고 사람들을 재미있게 해주는 법을 알았다. 덕분에 사람들은 몰려들었지만 나는 그들 중 누구에게도 진정한 방향을 제시해주지 못했다. 내가 떠나자 조직은 쇠퇴했고 사람들도 뿔뿔이 흩어졌다. 사람들을 끌어모은 것이 바로 나였기 때문이다.

도대체 무슨 일이 생긴 건지, 내가 무엇을 잘못했는지 깨닫는 데 6개월이 걸렸다. 결론은 내가 '과정'을 거치지 않고 '인간적 매력'을 동원해서 사람들을 이끌려고 애썼다는 것이었다. 인간적 매력이라는 무기는 늘 지름길을 택한다. 나는 사람들이 나를 좋아해주기를 바랐지만 사람들이 행동을 바꾸고 생각을 실천하고 승리하기 위해 도움이 될 만한 일을 아무것도 하지 못했다. 좋은 리더십은 좋은 한 사람보다 훨씬 크고 훌륭하다.

재능을 타고나거나 타고나지 않거나는 중요하지 않다. 리더십 역량이란 다양한 기술의 집합이며 그 기술의 대부분은 배우고 향상시킬 수 있기 때문이다. 아무리 수많은 재능이 있다고 한들 제대로 계발하지 않는다면 타고난 재능은 부족하더라도 과정의 법칙에 헌신한 사람만큼 훌륭한 리더가 될 수 없다.

리더는 하루아침에 만들어지지 않는다. 리더십은 복잡하다. 존경, 경험, 정서적 강인함, 대인관계 기술, 자기규율, 비전, 모멘텀, 타이밍 등 수많은 요인이 작용하기 때문이다. 그리고 대부분은 눈에 잘 띄지 않는 무형의 요인들이다. 훌륭한 리더에게 원숙함이 필요한 이유는 바로 그 때문이다.

과정을 견디는 리더가 성장한다

리더십 전문가 워런 베니스Warren Bennis 와 버트 나누스Burt Nanus 는 다양한
분야에서 최고로 손꼽히는 리더 90명을 조사해 성장과 리더십의 관계를
밝혀냈다. "리더와 따르는 사람들을 나누는 가장 큰 차이점은 자신의 기술
을 개발하고 향상시키는 능력이다."

성공한 리더들은 학습하는 사람들이다. 그들의 학습 과정은 영원히 계
속된다. 이는 엄격한 자기규율과 끈질긴 노력
의 산물이다. 리더는 매일, 어제의 자신보다 조
금 더 나은 사람이 되도록 목표를 세워야 한다.

리더와 따르는 사람들을 나누
는 가장 큰 차이점은 자신의
기술을 개발하고 향상시키는
능력이다. 워런 베니스, 버트 나
누스

문제는 사람들 대부분이 특정한 '사건'event 의
중요성만을 과장해서 받아들이고 '과정'process 의
힘을 과소평가한다는 것이다. 우리는 언제나 빠른 결과를 원한다. 앤 셰이
버가 50년이 넘는 세월 동안 쌓아 올린 복리 효과를 단 50분 만에 얻고자
한다.

오해는 하지 않기를 바란다. 나 역시 사건의 중요성을 인정한다. 사건은
효과적으로 동기를 부여하는 계기가 될 수 있다. 하지만 지속적인 발전을
추구하고 더 큰 힘을 쌓고자 하는 사람은 과정에 의지해야 한다. 사건과
과정의 차이점이 무엇인지 생각해보자.

요컨대 한 걸음 전진하기 위해 '동기부여'가 필요한 사람은 특정한 '사건'
에 관여해야 하지만 진정으로 '성장'하기를 원하는 사람은 '과정'을 꾸준히

사건Event	과정Process
결정을 장려한다encourages decisions	계발을 장려한다encourages development
구성원들을 동기부여한다motivates people	구성원들을 성장시킨다matures people
특정한 날의 이슈calendar issue	조직문화의 이슈culture issue
도전이 된다challenges people	변화시킨다changes people
쉽다is easy	어렵다is difficult

밟아나가야 한다. 위의 표를 보면 사건과 과정의 차이점을 알 수 있다.

내일 리더가 되려면 오늘 배워야 한다

나는 비교적 일찍 리더가 되면서 과정의 법칙을 발견했다. 훌륭한 리더가 되려면 계속해서 성장해야 한다는 중요한 교훈을 배운 것이다. 그로부터 50년이 넘는 세월 동안 나는 꾸준함이 복리 효과를 낳는다는 사실을 알게 되었다. 매일 조금씩 성장하기 위해 들인 노력이 오랜 시간이 흐르자 커다란 성장으로 돌아왔음을 깨달았다.

작은 것들이 모여 큰 것이 되려면 시간이 필요하다. 우리는 더 빠르게 성장하지 못한다는 이유로 종종 좌절하지만 대부분의 변화는 서서히 진행된다는 사실을 기억해야 한다. 마치 물을 얼리는 과정과도 비슷하다. 추운 겨울날 밖에 내놓은 물의 온도는 섭씨 20도에서 시작해 19도, 18도, 17도로 조금씩 내려가기 시작한다. 하지만 겉으로는 아무런 변화가 없는 듯이 보인다. 물의 온도는 계속 내려가 15도, 10도, 5도까지 떨어진다. 여전히 아무 일도 일어나지 않는 것 같다. 다시 4도, 3도, 2도, 1도까지 내려간다.

시간이 너무 오래 걸리다 보니 그만 관찰하고 싶을 지경이다. 그러다 갑자기 온도가 0도가 되고 물에 큰 변화가 일어난다.

리더십도 마찬가지다. 겉으로 보기에는 아무런 보상이 없는 것처럼 느껴지더라도 꾸준히 학습하고 성장해야 한다. 많은 사람이 복리 효과의 결실이 가까이 왔을 때조차 그 사실을 모르고 넘어가기도 한다. 변화가 눈에 보이지 않기에 포기하는 것이다. 하지만 그러면 기회를 놓치고 만다. 일관성과 꾸준함은 복리 효과라는 보상을 가져온다. 무술가이자 영화배우인 브루스 리Bruce Lee는 이렇게 말했다. "꾸준함은 순간의 집중력보다 우월하다."

리더십은 하루아침에 얻어지지 않으며 매일매일 계발되어야 한다. 이것이 과정의 법칙이다. 영국의 정치가 벤저민 디즈레일리Benjamin Disraeli는 이렇게 말했다. "성공의 비결은 기회가 찾아올 때를 미리 준비하는 태도다." 일관적인 태도로 꾸준히 실천한다면 목표가 무엇이든 언제나 준비되어 있을 것이다.

> 성공의 비결은 기회가 찾아올 때를 미리 준비하는 태도다.
> 벤저민 디즈레일리

링 위의 승패는 링 밖에서 이미 결정된다

오래된 격언 중에 "챔피언은 링에서 탄생하지 않는다. 단지 링에서 챔피언임을 인정받을 뿐이다."라는 말이 있다. 한 선수가 위대한 챔피언으로 탄생하는 과정이 궁금하다면 링에서의 모습이 아닌 그 선수의 일상을 들여다보면 된다. 프로복싱 헤비급 세계 챔피언이었던 조 프레이저Joe Frazier는 이렇게 말했다.

"당신은 상대방과 대결할 계획을 세울 수도, 인생의 계획을 세울 수도 있다. 그러나 막상 싸움이 시작됐을 때 중요한 것은 계획이 아니라 반사적인 능력이다. 당신이 얼마나 많은 로드워크Road Work(체력 증진을 위한 달리기 훈련)를 소화했는지가 선명하게 드러나는 순간이다. 어두컴컴한 새벽에 연습하지 않은 선수는 링 위 밝은 조명 아래에서 그 대가를 치를 것이다."[3]

리더십을 설명할 때 복싱을 예로 들기 좋은 이유는 복싱은 하루하루의 준비 과정이 모든 것을 결정하기 때문이다. 뛰어난 재능을 타고난 사람도 끊임없이 준비하고 훈련해야만 그가 바라는 성공을 이룰 수 있다.

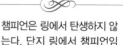

챔피언은 링에서 탄생하지 않는다. 단지 링에서 챔피언임을 인정받을 뿐이다.

미국을 이끈 위대한 리더인 시어도어 루스벨트Theodore Roosevelt 대통령도 복싱 팬이었다. 그가 남긴 가장 유명한 연설에서도 복싱에 대한 언급을 볼 수 있다.

강한 선수가 왜 패배했는지, 어떻게 하면 좀 더 나은 경기를 할 수 있었을지 지적하는 해설자의 말이 중요한 게 아닙니다. 찬사를 받을 사람은 사각의 경기장 안으로 뛰어든 선수입니다. 그는 먼지와 땀과 피로 범벅이 된 얼굴을 하고 용감히 싸웁니다. 거듭되는 실수와 좌절 속에서도 위대한 열정과 헌신을 바탕으로 값진 목표를 위해 자신을 불사릅니다. 그렇게 해서 마지막에 성공한다면 눈부신 승리를 거머쥐겠지만 비록 실패하더라도 담대하게 실패하고자 합니다. 이런 삶의 방식은 승리도, 패배도 알지 못한 채 냉담하고 소극적으로 살아가는 사람들의 태도와 비교할 수조차 없습니다.

실제 권투선수이기도 했던 루스벨트는 누구보다도 대단한 행동파였다. 그는 우수한 리더였을 뿐만 아니라 미국의 여러 대통령 중에서도 단연 돋보이는 인물이었다. 영국의 역사학자 휴 브로건Hugh Brogan은 루스벨트를 "그는 링컨 이후 가장 유능하고, 잭슨 이후 가장 열정적이며, 존 퀸시 애덤스 이후 가장 학구적인 대통령이다."라고 평가했다.

행동파 대통령, 루스벨트

사람들은 루스벨트를 거침없는 행동과 열정적인 삶을 추구한 인물로 기억한다. 루스벨트는 대통령이 되어 백악관에 머무는 동안에도 규칙적으로 복싱과 유도 연습을 하고, 말을 타고, 길고 힘든 도보 여행에 도전했다. 루스벨트를 방문했던 어느 프랑스 대사는 그와 함께 숲속을 산책했던 일이 매우 인상적이었다고 회고했다. 그들은 산책하다가 개울가에 도착했는데 걸어서는 건널 수 없을 정도로 개울이 깊었다. 그러자 루스벨트는 그 자리에서 바로 옷을 벗더니 옆에 있던 프랑스 대사도 옷을 벗기를 기다렸다. 헤엄을 쳐서 개울을 건널 생각이었던 것이다. 그 어떤 것도 그를 막을 수 없음을 보여주는 일화다.

대통령이 아니었을 때 루스벨트는 거친 서부를 주름잡은 카우보이였다. 또 탐험가이자 사냥꾼이었으며 미국—스페인 전쟁에서 말을 타고 전장을 누빈 기병대 장교이기도 했다. 그의 열정과 활력에는 한계가 없었다. 그는 1900년 부통령 후보로 출마했을 때 윌리엄 매킨리 주니어William McKinley, Jr. 대통령의 선거 유세를 돕기 위해 3만 2,000킬로미터를 여행하며 673회의 연설을 소화했다. 그리고 대통령이 되고 나서 몇 년 뒤 밀워키에서 연설을 준비하던 도중 괴한이 쏜 총에 맞았다. 하지만 그는 갈비뼈가 부러지고 총알이 가슴에 박힌 상황에서도 1시간 동안 연설을 했고 연설이 끝난 뒤에야 비로소 병원으로 향했다.

리더는 천천히 조금씩 완성된다

루스벨트는 신체적으로도, 정신적으로도 매우 강인했던 사람이었다. 하지만 처음부터 그랬던 것은 아니었다. 맨해튼에서도 부자로 소문난 집안에서 태어난 그는 어렸을 때는 몸집이 작고 병약했다. 천식에 시달렸고 시력도 나빴으며 지나치게 마르기까지 했다. 루스벨트의 부모조차 그가 무사히 성인이 될지 확신할 수 없었다.

그가 12살이 됐을 때 아버지는 이렇게 말했다고 한다. "너는 정신력은 강하지만 몸은 약해. 그런데 몸이 돕지 않으면 정신도 제 능력을 발휘할 수 없단다. 먼저 몸을 단련하도록 해라." 어린 루스벨트는 아버지의 말대로 매일 운동하며 몸을 단련하기 시작했다. 그리고 과정의 법칙에 따라 삶을 살아갔다.

그는 매일같이 몸과 마음을 단련했고 그런 삶의 자세를 평생 유지했다. 역기를 들어 올리고 등산을 다니고 배를 탔으며 스케이트, 사냥, 승마, 복싱을 했다. 그는 이렇게 말했다. "나는 두려움 없이 세상에 맞서 자신의 삶을 꿋꿋이 개척한 사람들을 존경했다. 나도 그들을 닮고 싶었다."[4] 대학을 졸업할 무렵이 되자 그는 이미 자신이 닮고 싶어 하던 사람이 되어 있었고 정치라는 세계에 도전장을 던질 준비도 되어 있었다.

바로 내일 리더가 되는 사람은 없다

루스벨트 역시 하루아침에 위대한 리더가 된 것은 아니었다. 대통령이라는 자리를 향해 그가 걸어간 길은 느리고 지속적인 성장의 여정이었다. 뉴욕시 경찰국장에서부터 대통령에 이르기까지 그는 수많은 자리를 거치면서 배우고 성장했으며 어느덧 강력한 리더로 변신했다.

미국은 루스벨트의 리더십 아래 세계적인 강대국으로 올라섰다. 그는 최강의 해군을 만들었으며 파나마 운하를 건설했다. 러일전쟁 종식을 위한 평화조약을 주도했고 그 공을 인정받아 노벨평화상을 수상하기도 했다. 사람들은 암살당한 매킨리의 뒤를 이어 대통령이 된 루스벨트의 리더십에 의문을 표하기도 했지만 그는 나중에 대통령에 재출마해서 그때까지의 대통령 선거 역사상 가장 많은 표를 얻으며 재선에 성공했다.

1919년 1월 6일 루스벨트는 뉴욕의 자택에서 잠을 자던 도중 사망했다. 당시 부통령이었던 토머스 마셜Thomas Riley Marshall은 이렇게 말했다. "죽음의 신은 그가 잠을 잘 때 데려가야 했을 겁니다. 루스벨트가 깨어 있었다면 순순히 따라가지 않고 싸웠을 테니까요." 잠자듯 세상을 떠난 그를 침대에서 옮길 때 베개 밑에서 책이 발견됐다. 그는 삶의 마지막 순간까지도 배우고 노력하는 과정의 법칙을 실천하고 있었다.

누구나 원한다면 리더가 될 수 있다. 모든 사람에게는 그럴 만한 잠재력이 있다. 하지만 리더는 하루아침에 만들어지지 않는다. 수많은 노력과 인내의 시간이 필요하다. 리더십은 단기간에 계발되지 않으며 때로는 평생이 걸리기도 한다.

과정의 법칙 실천 매뉴얼

1. 어떻게 리더로 성장할 것인가? 정해둔 계획이 있는가? 그렇지 않다면 먼저 계획을 세워라. 매달 책 1권을 읽고, 일주일에 적어도 팟캐스트 하나를 듣고, 1년에 1번은 세미나에 참석하길 권한다. 지금 당장 학습할 교재를 선정하고 다이어리에 성장을 위한 일정을 적어라. 아무것도 없는 상태에서 계획을 짜기가 어렵다면 내가 쓴 책《오늘을 사는 원칙》Today Matters 을 참고하길 바란다. 이 책에는 내가 오랫동안 활용했던 '개인적 성장을 위한 계획 세우는 법'이 담겨 있다.

2. 위대한 리더와 좋은 리더의 차이점은 자신을 따르는 사람들에게 어떤 방식으로 투자하느냐에 있다. 나 자신을 성장시킬 때 계획이 필요한 것처럼, 나를 위해 일하는 사람들에게 투자할 때도 세심한 계획이 있어야 한다. 직원들에게 좋은 책을 소개하고, 강사를 초빙하고, 일대일로 조언을 제공하는 등 효과가 있는 일이라면 무엇이든 시도해보자. 그들에게 성장의 기회를 제공하는 것은 리더의 책임이자 의무다.

3. 회사, 조직, 부서의 리더라면 성장을 장려하는 조직문화를 구축해야 한다. 리더가 개인적 성장과 리더십 계발을 가치 있게 생각하고 지원과 보상을 제공한다는 사실을 구성원들이 알게 되는 순간 성장은 폭발적으로 일어난다. 그리고 그렇게 형성된 환경은 뛰어난 인재들을 끌어들이기 시작할 것이다.

뛰어난 재능을 타고난 사람도
끊임없이 준비하고 훈련해야만
그가 바라는 성공을 이룰 수 있다.

제 4 장

항해의 법칙

The Law of Navigation

오직 리더만이
항로를 정할 수 있다

1911년 2개의 탐험대가 엄청난 목표를 달성하기 위한 여정을 시작했다. 그들이 택한 전략과 경로는 서로 달랐지만 이루려는 목표는 같았다. 바로 인류 최초로 남극점에 도달하는 것이었다. 그들의 이야기는 리더의 능력에 따라 살아남을 수도 있고 죽을 수도 있는 항해의 법칙The Law of Navigation 을 잘 보여주는 사례다.

한 탐험대의 리더는 노르웨이의 탐험가 로알 아문센Roald Amundsen 이었다. 아이러니하게도 그가 원래 탐사를 계획했던 지역은 남극대륙이 아니었다. 사실 그는 인류 최초로 북극점을 밟고 싶어 했다. 하지만 미국의 탐험가 로버트 피어리Robert Peary 가 먼저 북극점에 도달했다는 소식이 전해지자 아문센은 목표를 바꿔 지구의 반대쪽 끝을 향했다. 그는 북극이든 남극이든 자신이 치밀하게 세운 계획이 좋은 결과로 이어지리라고 믿었다.

아문센의 철저한 탐험 준비

아문센은 대원들을 이끌고 출발하기 전에 철저히 계획하고 준비했다. 그는 남극점까지 가는 멀고도 험난한 여정에서 맞닥뜨릴 수 있는 문제들을 세심히 살펴보면서 매우 공들여 탐사를 계획했다. 먼저 그는 북극지역에서 살아가는 원주민이나 혹한의 날씨에 탐사 활동을 벌인 여행가들의 노하우를 샅샅이 찾아봤다. 그 결과 가장 좋은 탐사 방법은 개썰매를 이용해 장비와 보급품을 운반하는 것이라는 결론을 내렸다.

그는 대원을 모집할 때 스키 전문가와 개를 잘 다루는 사람들을 뽑았다. 그의 전략은 간단했다. 썰매를 끄는 개들에게 힘든 일 대부분을 맡기고 대원들은 매일 6시간 동안 24킬로미터에서 32킬로미터를 이동한다는 것이었다. 그러면 개와 사람들 모두에게 충분한 휴식 시간을 줄 수 있고 다음날의 여정을 대비할 수 있었다.

아문센의 사전 준비는 놀라울 만큼 섬세하고 치밀했다. 그는 계획한 탐사 경로 전체에 걸쳐 여러 개의 보급품 창고를 설치하고 필요한 물품들을 미리 채워두었다. 덕분에 대원들은 탐사 기간 내내 보급품을 일일이 운반하지 않아도 되었다. 또 그는 대원들에게 최고의 장비를 지급했다. 이렇게 탐험에 나서기 전부터 여정의 전 과정을 마음속으로 설계하고, 도중에 발생할 가능성이 있는 일들을 세심하게 따져보고, 오랫동안 심사숙고해서 알맞은 계획을 수립한 결과 그와 대원들은 남극점에 성공적으로 도달할 수 있었다. 그들이 탐사 과정에서 겪었던 가장 큰 문제는 한 대원의 치아에 염증이 생겨 이를 뽑아야 했던 것이었다.

'항해의 법칙'을 거스른 스콧

또 다른 팀의 리더는 로버트 스콧Robert Scott 이었다. 영국 해군 장교 출신인 스콧은 이전에 남극 지역을 몇 차례 탐험한 적이 있었다. 그의 탐사 방식은 아문센과 판이했다. 그는 개썰매 대신 엔진이 달린 썰매와 조랑말을 활용하기로 했다. 하지만 그와 대원들이 출발한 지 닷새 만에 엔진이 얼어붙어 썰매가 작동을 멈췄다. 조랑말 역시 혹독한 추위에 제 역할을 하지 못했다. 탐사대가 남극횡단산지transantarctic mountains 기슭에 도착했을 때 그들은 더 이상 움직일 수 없는 조랑말들을 모두 죽일 수밖에 없었다. 결국 대원들은 90킬로그램이 넘는 썰매를 직접 끌고 이동해야 했다.

스콧은 대원들이 사용할 다른 장비들에 대해서도 주의를 기울이지 않았다. 의복이나 고글을 충분히 지급받지 못한 대원들은 모두가 동상에 걸렸고 내내 설맹雪盲 현상으로 고생했다. 음식과 물도 부족했다. 탐사 코스 중간에 마련해둔 보급 창고들에는 물품이 충분히 채워져 있지 않았다. 심지어 창고 간 거리도 너무 멀었다. 표시마저 제대로 해두지 않아 찾기도 매우 어려웠다. 하는 수 없이 눈을 녹여 식수로 만들고자 했으나 연료가 부족했다. 모두가 탈수 증세에 시달렸다. 결정적으로 탐험 중 보급품이 4명분밖에 남지 않은 상태에서 스콧은 갑자기 5번째 대원을 합류시켰다. 상황은 점점 더 나빠질 수밖에 없었다.

1912년 1월 17일 스콧의 팀은 10주에 1,200킬로미터를 이동하는 극도의 강행군 끝에 남극점에 도착했다. 기진맥진해서 도착한 그들의 눈에 들어온 것은 바람에 펄럭이는 노르웨이 국기와 아문센이 남기고 간 편지였다. 훌륭한 리더가 이끈 다른 탐사대가 무려 한 달 전에 먼저 남극점을 밟았던 것이다!

잘못된 항로를 택한 리더의 결말

스콧의 남극 탐험은 사람들을 제대로 인도하지 못하는 리더의 전형적인 사례다. 이후의 이야기를 하자면 남극점에 도달하기까지도 험난했지만 집으로 돌아오는 과정은 더 끔찍했다. 스콧은 대원들에게 15킬로그램에 이르는 지질학 표본을 수집해서 가져가도록 지시했다. 이미 지칠 대로 지친 대원들에게 더 무거운 짐을 나르게 한 것이다.

탐사대의 이동 속도는 갈수록 느려졌다. 급기야 대원 하나가 혼수상태에 빠져 목숨을 잃었다. 심한 동상에 시달리던 다른 대원은 동료들에게 짐이 되지 않기 위해 눈보라가 몰아치는 텐트 밖으로 일부러 걸어 나갔다. 그는 텐트를 떠나기 전 이렇게 말했다고 한다. "잠시 나갔다 올게. 조금 시간이 걸릴지도 몰라."

스콧과 남은 대원 2명은 북쪽으로 얼마 이동하지 못하고 결국 포기했다. 그들은 베이스캠프로부터 240킬로미터 떨어진 곳에서 사망했다. 우리가 그들의 이야기를 알고 있는 이유는 그들이 최후의 순간을 몇 시간 앞둔 상황에서 일기를 쓰고 편지를 남겼기 때문이다. 스콧이 마지막으로 남긴 글은 이렇다. "우리는 극점에 도달했으며 이제 신사답게 죽어갈 것이다. 나는 어려움을 이겨내는 용기와 힘의 정신이 우리의 여정에서 사라지지 않았다고 믿는다. 목표에 매우 가깝게 다가갔지만 마무리까지 하지 못한 것은 유감이다. 그런데 지금은 우리의 계획에 실수가 있었다고 생각된다."[1]

스콧은 매우 용기 있는 인물이었지만 삶의 마지막 순간에 이르러서야 비로소 자신의 부족함을 깨달았다. 누구나 배를 조종할 수 있으나 항로를 정하는 일은 리더의 역할이라는 사실을 알게 된 것이다. 이것이

> 누구나 배를 조종할 수 있으나 항로를 정하는 일은 리더의 역할이다.

항해의 법칙이다. 스콧은 항해의 법칙을 따르지 않은 탓에 자신과 동료들을 죽음으로 이끌었다.

리더는 항해 과정을 미리 내다본다

리더는 남보다 더 많이 그리고 더 일찍 앞을 내다볼 수 있는 능력이 있다. 리더가 다른 사람보다 더 많은 것을 볼 수 있는 이유는 큰 그림을 보기 때문이다. 그러나 리더를 따르는 모든 사람이 그 그림을 이해할 수 있는 건 아니다. 따라서 리더는 자신이 그리는 미래를 분명히 제시하고 사람들을 설득해야 한다.

리더는 앞으로 닥칠 일을 남들보다 먼저 예상한다. 이런 능력은 사람들을 이끌고 목표를 향해 나아갈 때 큰 장점으로 작용한다. 삶의 속도가 갈수록 빨라지는 오늘날에는 특히 더 중요하다. 그래야만 팀을 갑작스런 곤경에 빠뜨리지 않기 때문이다.

큰 조직의 리더일수록 더 분명하게 앞길을 예측해야 한다. 조직의 규모가 클수록 진행 도중에 방향을 바꾸기가 매우 어렵기 때문이다. 항해 과정에서 실수라도 하게 되면 혼자 또는 몇몇 동료와 함께 여행할 때보다 훨씬 많은 사람에게 피해를 줄 수 있다. 대표적인 사례가 1912년 타이타닉호 참사였다. 이 배의 선원 중에 저 멀리 나타난 빙산을 피해야 한다는 사실을 알아차린 사람은 아무도 없었다. 그들이 막상 장애물을 발견했을 때는 배가 너무 큰 탓에 바로 항로를 바꿀 수 없었다. 그 결과 1,000명이 넘는 사람이 목숨을 잃었다.

항해를 시작하는 마음가짐

일류 항해사는 배에 탄 사람들이 자신에게 의지한다는 사실을 잘 알고 있다. 작가이자 경영 컨설턴트인 제임스 오트리James A. Autry는 《삶과 일: 경영인의 삶의 의미》Life and Work: A Manager's Search for Meaning 에서 항해의 법칙과 관련된 사례를 소개했다.

그는 최근에 4대의 전투기가 편대를 이루어 비행하다 서로 충돌했다는 소식이 심심치 않게 들려온다고 했다. 4대가 한꺼번에 추락하는 이유는 무엇일까? 전투기들이 편대비행을 할 때는 1명의 조종사, 즉 리더가 팀의 이동 방향을 결정한다. 나머지 3대는 리더의 양옆과 뒤쪽에서 비행하며 리더가 이동하는 곳을 따라 방향을 바꾼다. 리더가 어디로 날아가든 나머지 대원들도 그와 함께 움직인다. 그가 구름 속으로 솟구치든, 산꼭대기에 부딪히든 모두가 리더를 따르는 것이다.

현명한 리더는 여정을 시작하기 전에 성공 가능성을 최대한 높이기 위해 다음과 같은 사항을 염두에 둔다.

1. 리더는 감정을 내세워 비전을 흐리지 않는다

얼마 전 작가이자 철학 교수였던 C. S. 루이스C. S. Lewis가 1948년에 발표한 글이 우연히 내 눈에 띄었다. 그가 이 글을 쓴 이유는 당시 사람들이 핵폭탄으로 목숨을 잃을지 모른다고 걱정했기 때문이다. 나는 그 글을 보고 최근 코로나19로 사람들이 겪었던 공포심이 떠올랐다. 루이스는 이렇게 썼다.

사람들은 핵폭탄을 두고 너무 많은 생각을 한다. "우리는 이 핵무기의 시대를 어떻게 살아가야 할까?" 나는 그 질문에 이렇게 대답하고 싶다. "당신은 매년 흑사병이 돌던 16세기 런던에서 살았을 수도 있고, 어느 날 밤 강도들이 쳐들어와 당신의 목을 자를지도 모르는 바이킹 시대의 스칸디나비아반도에서 태어났을 수도 있다. 사실 당신은 이미 암, 매독, 심신마비 같은 질병의 시대를 살고 있으며 적기의 공습, 열차 사고, 자동차 사고의 시대를 살아가고 있다."

다시 말해 우리가 처한 상황의 특수성을 너무 과장해서 받아들이지 말자는 이야기다. 신사 숙녀 여러분, 믿거나 말거나 당신과 당신이 사랑하는 사람들은 핵폭탄이 발명되기도 전에 이미 사형선고를 받아놓은 상태다. 당신이 고통스러운 죽음을 조금 일찍 맞을지 모르는 가능성이 과학자들 때문에 하나 더 생겼다고 해서 불평하거나 실망한다면 웃기는 얘기다. 이 세상은 애초에 그런 가능성으로 넘쳐나며 죽음이란 것자체가 가능성이 아니라 확정된 사실이다.

이것이 우리가 첫 번째로 기억해야 할 점이다. 이제 우리가 첫 번째로 해야 할 일은 모두가 냉정해지는 것이다.[2]

어떤 환경에 놓이든 리더는 공포에 빠져 허둥지둥해서는 안 된다. 현재 상황 때문에 앞날을 내다보지 못하거나 사람들을 인도하지 못하는 일이 없도록 해야 한다.

글로벌 기업과 리더들에게 실용 철학을 전하는 톰 모리스Tom Morris 는 《플라톤의 레모네이드 가판대》Plato's Lemonade Stand 에서 리더들이 순간의 감정에 사로잡혀 판단력이 마비되지 않도록 비유를 들어 이야기했다. "삶이 커다란 수레바퀴라고 상상해보자. 바퀴의 가장자리에서 늘 감정적으로 살아가는 사람은 바퀴가 돌아갈 때마다 자신도 함께 돌아가며 극단적인 감정의 기복을 겪을 것이다. 하지만 바퀴의 중심을 향해 다가가는 법을 배운다면 삶의 중심에 훨씬 가깝게 자리 잡을 수 있다. 바퀴는 여전히 돌아가지만 적어도 그 움직임에 휘둘려 격렬한 감정의 파도에 휩싸이지는 않을 것이다. 그곳이 바로 당신이 힘을 발휘할 수 있는 장소다."[3]

최고의 항해사는 많은 사람이 따르고 의지하는 걸 알기에 감정을 드러내는 일을 미루고 문제를 처리하는 데 집중한다. 그렇게 할 수 있는 비결은 무엇일까? 첫째, 성공의 정의를 명확히 내리고 충실히 지키는 것이다. 예를 들어 나는 성공을 내적, 외적 2가지 측면에서 정의한다. 내적 성공은 나와 가장 가까운 사람들이 나를 사랑하고 존중하는 것이다. 나는 이를 통해 안정감과 신뢰감을 느낄 수 있다. 그리고 외적 성공은 삶의 목표를 깨닫고 내 잠재력에 걸맞은 수준으로 성장해서 사람들을 돕는 것이다. 이 2가지 정의는 내가 어떤 문제에 부딪힐 때마다 균형 있게 사고할 수 있도록 해준다.

최고의 항해사는 많은 사람이 따르고 의지하는 걸 알기에 감정을 드러내는 일을 미루고 문제를 처리하는 데 집중한다.

둘째, 좋은 항해사가 어려운 환경 속에서도 침착함을 잃지 않는 이유는 외적인 성공보다 내적으로 숭고한 목표에 헌신하기 때문이다. 이는 공포보다는 믿음을 바탕으로 훌륭한 가치를 포용하는 마음가짐에서 나온다. 가치는 어려운 시기가 닥쳤을 때 우리가 길을 잃거나 포기하지 않도록 붙잡아주는 역할을 한다.

2. 리더는 과거의 경험을 활용한다

과거에 경험한 성공과 실패는 모두 가치 있는 정보와 지혜의 원천이 될 수 있다. 우리는 성공한 경험을 통해 자신에게 어떤 능력이 있는지 알고 자신감을 얻는다. 하지만 실패는 훨씬 커다란 교훈을 안겨준다. 우리의 잘못된 생각, 성격적 결함, 판단의 착오, 좋지 못한 업무 방식 등을 그대로 보여주기 때문이다. 그러나 많은 사람이 실패를 부끄럽게 생각해서 이를 분석하거나 학습하기보다는 서둘러 덮으려 한다. 나의 책《전진에 실패한다는 것》Failing Forward 에서도 설명했지만 실수를 통해 배우지 못한다면 앞으로도 같은 실패를 반복할 수밖에 없다.

어떻게 보면 너무나 당연한 이야기다. 하지만 굳이 강조하는 이유는 타고난 리더 대부분이 행동파이기 때문이다. 그들은 뒤를 돌아보는 대신 앞만 바라보고, 빨리 결정하고, 곧바로 행동한다. 실은 나도 그런 성향이 있으며 유능한 항해사라 할 수 없다. 내 약점 중 하나가 바로 이 부분이다.

훌륭한 항해사들은 일부러 시간을 할애해서 과거를 반성하고 경험을 통해 배운다. 내 책《성공한 사람들의 사고방식》How Successful People Think 에는 이와 관련된 내용이 있는데 그중 '자기성찰적 사고'Reflective Thinking 의 장점 몇 가지를 소개한다.[4]

- 올바른 관점을 갖게 해준다
- 정서적 안정감을 제공한다
- 의사결정을 할 때 자신감을 높여준다
- 큰 그림을 볼 수 있게 해준다
- 경험에 가치를 부여한다

자기성찰적 사고의 이 5가지 장점은 팀과 조직을 위해 무엇을 할 것인지 계획을 세울 때 큰 도움이 될 것이다.

3. 리더는 결정을 내리기 전에 상황을 점검한다

과거의 경험을 활용한다는 건 자신의 내면을 들여다본다는 의미다. 그리고 리더가 상황을 점검한다는 말은 외부의 조건을 살펴본다는 뜻이다. 훌륭한 리더는 현재 상황을 세심하게 검토하지 않고서는 어떤 계획도 세우지 않는다. 거센 조류에 맞서 배를 띄우거나 태풍 속으로 항로를 정하는 것 같은 무모한 행위이기 때문이다. 좋은 항해사는 자신과 팀을 위해 결정을 내리기 전에 현재 상황을 점검하고 미래를 예측함으로써 앞으로 치를 비용을 미리 계산한다. 그들은 돈, 자원, 인재 같은 측정 가능한 요인들뿐 아니라 타이밍, 사기, 모멘텀, 문화 등을 포함한 무형적 요인들도 함께 검토한다(무형적 요인은 제8장 '직관의 법칙'과 제19장 '타이밍의 법칙'에서 더 자세히 다룰 것이다).

4. 리더는 다른 사람들의 이야기를 듣는다

과거를 통해 아무리 많이 배웠다고 해도 현재 필요한 지식 전부를 알 순 없다. 아무리 훌륭한 리더라도 사람들을 이끌고 목표를 달성하는 데 필요한 지식을 전부 갖고 있지는 않다. 최고의 항해사들이 다양한 곳에서 정보를 수집하는 이유는 바로 이 때문이다. 아문센은 남극을 탐험하기 전 캐나다에 사는 아메리카 원주민들에게 방한 의복의 힌트를 얻었고 북극에서의 생존 기술을 배웠다. 그렇게 익힌 생존 기술과 행동 지침들은 그의 팀이 성공하는 데 중요한 역할을 했다.

항해를 이끄는 리더는 많은 곳에서 아이디어를 얻는다. 그들은 동료 리더들에게 귀를 기울이고 현장을 파악하기 위해 조직의 다양한 구성원들과 대화를 나눈다. 또 조언해줄 만한 조직

과거를 통해 아무리 많이 배웠다고 해도 현재 필요한 지식 전부를 알 순 없다.

외부의 리더들과 시간을 보낸다. 그리고 늘 자신과 팀원들을 믿고 의지해야 한다고 생각한다.

5. 리더는 믿음과 사실 2가지 모두를 고려해 결론을 내린다

사람들을 이끌고 항해하는 리더에게는 긍정적인 태도가 필요하다. 반드시 목적지에 도달할 수 있다는 신념을 가져야 한다. 항해에 대한 자신감이 부족한 리더는 현실에서도 목표를 이룰 수 없다.

동시에 리더는 현실을 냉정하게 판단할 수 있어야 한다. 앞으로 맞닥뜨릴 수 있는 장애물을 과소평가하거나 문제를 합리화하면 효과적으로 항해할 수 없다. 장애물이 존재하지 않는 것처럼 행동하는 것은 아무런 도움이 되지 않는다. 눈을 크게 뜨고 상황을 똑바로 지켜보지 않으면 사각지대를 놓치고 만다.

짐 콜린스Jim Collins 는 《좋은 기업을 넘어 위대한 기업으로》에서 현실과 믿음 사이에서 균형을 잡는 일이 얼마나 중요한지 이야기했다. 그는 이런 사고방식을 '스톡데일 패러독스'Stockdale Paradox 라고 불렀는데 이는 베트남 전쟁 당시 포로수용소에서 8년의 세월을 버텼던 미 해군 장교 짐 스톡데일Jim Stockdale 의 이름에서 따온 말이다. 콜린스는 이렇게 썼다. "리더는 결국은 승리할 것이라는 믿음을 가져야 한다. 동시에 눈앞의 가장 냉혹한 현실과 맞서야 한다."[5]

낙관주의와 비관주의, 직관과 계획, 믿음과 현실 사이에서 균형을 잡기는 매우 어렵다. 하지만 균형을 잡고 목표를 향해 나아가는 것은 훌륭한 리더가 되기 위해 반드시 갖춰야 할 자질이다.

낙관주의와 비관주의, 직관과 계획, 믿음과 현실 사이에서 균형을 잡기는 매우 어렵다. 하지만 균형을 잡고 목표를 향해 나아가는 것은 훌륭한 리더가 되기 위해 반드시 갖춰야 할 자질이다.

전략이 없는 배는 침몰한다

항해의 법칙이 왜 중요한지 깨달았던 최초의 순간을 기억한다. 당시 28살이었던 나는 그때까지 경험해보지 않은 방식으로 조직을 이끌고 어려운 도전을 헤쳐나가고 싶었다. 하지만 나는 항해사로서 역량이 부족했고 그런 나 자신을 잘 알고 있었다. 나는 세부 사항들을 시시콜콜하게 따지는 일을 좋아하지 않았고 참을성도 없었다. 그래서 고민한 결과 내게 도움이 되는 전략을 하나 개발해서 계속 활용했다. 나는 이 전략의 내용을 쉽게 기억할 수 있도록 다음과 같이 요약했다. 각 문장의 맨 앞 글자를 모으면 'PLAN AHEAD', 즉 '미리 계획하라'라는 말이 된다.

Predetermine a course of action(행동의 경로를 미리 정한다)

Lay out your goals(목표를 세운다)

Adjust your priorities(우선순위를 조정한다)

Notify key personnel(핵심 인력들에게 알린다)

Allow time for acceptance(받아들일 수 있도록 시간을 준다)

Head into action(행동으로 옮긴다)

Expect problems(발생할 수 있는 문제가 무엇인지 생각한다)

Always point to the successes(항상 성공을 확인시킨다)

Daily review your plan(매일 계획을 점검한다)

좋은 항해사의 자질을 갖춘 리더들은 미리 계획한다. 그들은 남들보다 더 일찍 내다보고 더 일찍 준비한다. 이로써 사람들에게 자신감을 안겨주고 신뢰를 얻고 앞길을 개척하는 능력을 쌓는다. 훌륭한 리더들은 이 모든 일을 다 해낼 뿐만 아니라 항해 계획을 적절히 조율함으로써 필요하다면 이동 중에도 수시로 항로를 변경한다.

스콧에게는 중도에 계획을 바꿔 대원들의 목숨을 건질 기회가 적어도 1번 이상 있었다. 엔진이 달린 썰매들이 고장 났을 때 탐험을 포기하고 돌아갈 수도 있었다. 조랑말들이 산을 넘어가지 못할 거라는 사실을 알았을 때도 계획을 수정해야 했다. 하지만 스콧은 대원들을 살리는 일보다 남극점에 도달하는 일을 더 가치 있게 여겼다. 융통성이 부족한 리더는 좋은 의사결정을 내릴 수 없다는 사실을 입증한 셈이다.

결과적으로 프로젝트의 성공을 결정하는 요인은 프로젝트의 크기가 아니라 리더의 크기다.

결과직으로 프로젝트의 성공을 결정하는 요인은 프로젝트의 크기가 아니라 리더의 크기다. 누구나 배를 조종할 수 있지만 항로를 결정하는 것은 리더의 임무다.

항해의 법칙은 위기에 빛을 발한다

최고의 리더가 되려면 리더의 법칙 21가지 전부를 지켜야 한다. 하지만 21가지 법칙을 모두 완벽하게 지키는 사람은 아무도 없다. 나 역시 다르지 않다. 내가 가장 자신 없는 법칙은 아마 항해의 법칙일 것이다. 다행히 우리 조직을 이끄는 리더 중에는 항해사로서의 역량이 나보다 훨씬 뛰어난 마크 콜Mark Cole이라는 인재가 있다. 2020년 봄 코로나19의 혼란 속에서 그가 보여준 능력은 항해의 법칙을 증명하는 것이었다.

2020년 2월 마크와 나는 이스라엘에서 투어 그룹을 이끌고 성지순례 여행을 하고 있었다. 투어가 끝날 때까지 열흘 정도가 남은 상태에서 우리의 귀에 코로나19가 발생했다는 소식이 들려오기 시작했다. 몇몇 국가의 관료들은 이미 여행 금지 조치를 논의 중이었다. 우리는 투어 그룹의 모든 사람을 이스라엘에서 집으로 무사히 돌려보낼 수 있을지 그리고 우리도 집에 돌아갈 수 있을지 걱정하기 시작했다.

하지만 시급히 해결해야 할 어려운 문제가 또 하나 있었다. 그 시점으로부터 4주 뒤 1년에 두 차례 개최되는 '국제 맥스웰 리더십 인증'International Maxwell Certification(이하 IMC) 행사가 열릴 예정이었다. 우리 회사가 매년 개최하는 가장 큰 규모의 세미나였다. 당시 전 세계 64개국에서 3,000여 명이 넘는 지원자가 등록을 마치고 참가를 준비하고 있었다. 우리는 세미나를 예정대로 개최할지 취소할지를 결정해야 했다.

그 결정에는 많은 것이 걸려 있었다. 행사를 취소한다면 그 손해가 수백만 달러에 이를 것이었다. 세미나 장소인 올랜도의 호텔에는 이미 돈을 지불했고 미리 예약해둔 수많은 객실도 사용 여부와 관계없이 숙박비를 책임져야 했기 때문이다. 게다가 100만 달러에 이르는 음식 비용도 며칠 안에 지불해야 했다.

결정을 내려야 했다. 물론 세미나를 강행할 수도 있었다. 그때만 해도 미국의 모든 비즈니스가 중단되지 않은 상태였고 비행기들도 아직 운항 중이었다. 그러므로 행사에 등록한 모든 사람에게 세미나에 참석하라고 통보할 수도 있었다. 그러면 우리는 경제적 곤경에서 벗어날 것이다. 하지만 그 사람들에게는 어떤 일이 벌어질까?

마크는 이 의사결정을 내리는 과정에서 책임자의 역할을 맡았다. 그가 가장 중요시한 원칙은 바로 '가치'였다.

"우리의 최우선 가치는 사람을 가치 있게 여기는 것입니다. 이스라엘에 있을 때 우리는 앞으로 어떤 일이 벌어질지, 무사히 집으로 돌아갈 수 있을지 알지 못해 상당한 스트레스를 받았습니다. 행사에 참가하겠다고 신청한 사람들도 똑같은 스트레스를 받을 겁니다. 우리는 최대한 늦게까지 상황을 지켜본 뒤에 이 문제를 결정하기로 했고 결국 모든 사람을 위해 가장 옳은 일을 했습니다. 행사를 취소해 신청자들이 여행 계획을 수정하고 지불한 돈을 속히 돌려받을 수 있도록 한 것입니다."

쉽지는 않았지만 명확한 의사결정이었다. 마크는 또 이렇게 말했다.

"사람을 우선시하려면 때로 돈이 들기도 하는 법입니다."

마크의 결정은 옳았지만 우리는 그로 인한 금전적 손실을 단단히 각오해야 했다. 그런데 2주 뒤에 예상치 못한 일이 생겼다. 월트 디즈니 월드가 문을 닫은 데 이어 올랜도의 호텔들이 모두 폐쇄된 것이다. 덕분에 우리 회사는 객실 비용을 부담하지 않아도 되었다. 마크는 이때를 틈타 그 호텔과 훗날의 IMC 행사에 관한 조건을 재협상했다.

하지만 존 맥스웰이 인증하는 리더십 코치가 되려는 지원자 수천 명을 어떻게 할 것인지 문제가 남아 있었다. 마크는 직원들의 도움을 받아 그 난관도 무사히 헤쳐나갔다. 2020년 8월 마크의 팀은 온라인으로 행사를 개최해서 6,000명이 넘는 코치를 훈련하고 인증서를 배부했다. 그때까지 우리가 실시한 가장 큰 규모의 훈련이었다. 이후 마크는 그때그때 상황에 따라 최대한 많은 수의 참석자를 대상으로 대면 훈련 시스템을 개발했으며 올랜도까지 여행할 형편이 되지 않는 사람들도 온라인에서 훈련받을 수 있도록 했다. 결국 승리한 것이다!

훌륭한 리더는 단지 배를 조종하는 데 그치지 않고 배가 나아갈 방향을 정한다. 항해의 법칙을 실천하면서 팀과 조직 그리고 사랑하는 모든 사람을 위해 승리를 만들어낸다. 이보다 훌륭한 일이 또 있을까?

항해의 법칙 실천 매뉴얼

1. 과거에 겪은 긍정적·부정적 경험을 주기적으로 돌아보고 반성하는가? 만일 그렇지 않다면 그 경험들에서 교훈을 얻을 수 없을 것이다. 다음 2가지 중하나는 꼭 실천하자. 하나는 매주 일정 시간을 할애해서 지난 일정표나 일기를 살펴보고 기억을 돌이켜보는 것이다. 다른 하나는 큰 성공을 거뒀거나 실패를 겪은 직후 일정표에 돌아볼 시간을 예약하는 것이다. 무엇을 하든 그 과정에서 무엇을 배웠는지 글로 적도록 한다.

2. 항해를 시작하기 전에 다음과 같은 과제를 완료해야 한다. 프로젝트를 수행하거나 목표를 달성하기 위해 노력했던 지난 경험을 참고하고, 전문가나 팀원들과 대화를 나누며 정보를 모으고, 현재 상황을 검토해서 항해 계획에 반영하라. 이 단계들을 완료했다면 행동 계획을 세우고 실천하라.

3. 당신은 현실과 믿음 중 어느 쪽에 의존하는 편인가? 무엇이든 가능하다고 믿고 원대한 비전과 낙관주의를 추구하는가? 아니면 눈에 보이지 않는 요소들에 신경 쓰지 않고 냉정하게 현실에만 초점을 맞추는가? 사실 항해의 법칙을 성공적으로 실천하려면 이 2가지 성향이 모두 필요하다. 자신과 생각이 다른 팀원들을 찾아서 당신을 지원하게 하자. 그들과 함께 일하면서 성공을 향해 항해하라.

누구나 배를 조종할 수 있다.
그러나 항로를 정하는 일은
리더의 역할이다.

제 5 장

덧셈의 법칙

The Law of Addition

리더는 봉사로
사람들에게 가치를 더한다

수많은 정치가가 권력과 특혜를 누리고 대기업 CEO들은 천문학적인 돈을 벌어들이며 호화로운 생활과 눈앞의 이익에 정신이 팔린 세상에서 짐 시네갈Jim Sinegal은 매우 예외적인 인물처럼 보였다.

시네갈은 코스트코Costco의 공동 설립자 겸 CEO로 그의 회사는 세계에서 가장 크고 훌륭한 소매기업이자 최고의 브랜드, 가장 가고 싶은 회사로 꼽혀왔다.¹ 2012년까지 시네갈은 CEO로 있으면서 리더에게 주어지는 특권 따위에는 별 관심이 없었다. 그는 접이식 테이블과 의자가 놓인 수수한 사무실에서 일했다. 손님이 그를 만나기 위해 회사를 방문하면 로비까지 내려가 맞이하곤 했으며 자신에게 걸려오는 전화도 직접 받았다. 심지어 그는 급여도 적게 받았다. 그가 재임 기간에 수령한 급여는 CEO들이 받는 평균 연봉의 3분의 1밖에 되지 않았다.²

시네갈이 대기업의 리더가 된 과정도 남달랐다. 그는 아이비리그의 명문 대학 출신이 아니었고 변호사나 공인회계사 자격증도 없었다. 10대 때는 의사가 되고 싶었지만 고등학교 때 성적으로는 무리였다. 그는 지금은 대학교가 된 샌디에이고 주립대학San Diego State College에 진학해서 준학사 학위를 받았다. 학교에 다닐 당시에 친구 하나가 새로 생긴 지역 소매업체인 페드마트Fed-Mart에 근무하며 차에서 매트리스를 내리는 일을 하고 있었다. 어느 날 그는 우연히 친구의 일을 거들게 됐고, 그렇게 하루만 하고 그만둘 생각이었던 일이 그의 직업이 되었다. 회사에서 승진한 후 그는 학교를 그만두었다.

시네갈은 마트에서 일하며 진로를 찾았을 뿐만 아니라 멘토도 만났는데 바로 페드마트의 회장 솔 프라이스Sol Price였다. 프라이스의 지도에 힘입어 그는 구매담당 부사장 자리에까지 올랐다. 나중에 그는 프라이스가 프라이스 클럽Price Club을 설립하는 과정을 도왔으며 1983년에는 제프리 브로트먼Jeffrey H. Brotman과 함께 코스트코를 세웠다. 코스트코는 급속히 성장했고 10년 뒤 프라이스 클럽을 사들여 회사를 합쳤다.

사람에게 더한 가치는 이익으로 돌아온다

소매업계의 전문가들은 시네갈의 성공 공식에 관심이 많다. 그는 상품의 가짓수를 제한하고 대량 판매에 초점을 맞췄으며, 비용을 최대한 줄이고 광고에 돈을 쓰지 않았다. 하지만 비슷한 전략을 취했던 경쟁자들과 그의 가장 큰 차이점은 바로 직원들을 대하는 태도였다. 그는 직원들에게 높은 급여와 훌륭한 복지 혜택을 제공하는 일을 매우 중요하게 여겼다. 직원들에게 후한 급여를 지급하면 훌륭한 인재와 훌륭한 생산성을 확보할 수 있다고 믿었으며 충성도도 높일 수 있다고 생각했다.[3] 코스트코는 소매업계 전체를 통틀어 직원 이직률이 가장 낮은 회사로 꼽힌다.

하지만 사람들에게 가치를 더해야 한다고 믿는 그의 리더십은 단순히 직원들에 대한 보상으로 끝나지 않았다. 그는 모든 직원을 대상으로 오픈 도어 정책Open Door Policy(조직의 리더들이 사무실 문을 개방해두고 현장 직원들과 기탄없이 대화를 나누는 정책—옮긴이)을 실시했고 직원용 이름표를 달고 다니면서 직원들이 그의 이름을 부르도록 했다. 또한 적어도 1년에 1번은 미국의 모든 코스트코 매장을 직접 방문했다. 그는 이렇게 말했다. "CEO가 관리자나 직원들을 만나러 매장을 직접 찾지 않는다면 기분이 좋을 사람은 없을 겁니다. 직원들은 내가 그들을 좋아하고 만나고 싶어서 매장에 온다는 걸 잘 알아요."[4]

시네갈을 유일하게 비판한 곳은 월스트리트였다. 애널리스트들은 그가 직원들을 너무 친절하고 관대하게 대한다고 생각했다. 직원들의 급여를 낮추고 더 많은 일을 하도록 그들을 몰아붙여야 한다면서 말이다. 하지만 시네갈의 생각은 달랐다. 그는 회사가 직원과 고객을 올바르게 대하면 수익은 자연히 따라온다고 믿었다.

성공적인 조직을 만들기 위해서는 수많은 사람의 노력이 필요합니다. 그런데도 한 사람이 모든 혜택을 독차지하는 것은 적절하지 않습니다. 짐 시네갈

"월스트리트의 비즈니스 방식은 오늘부터 다음 주 목요일 사이에 돈을 버는 겁니다. 그게 잘못됐다는 말은 아니지만 우리의 생각은 다릅니다. 우리는 50년이나 60년이 지나도 꿋꿋이 살아남을 회사를 만들고 싶습니다."[5]

시네갈은 이익을 따지기보다 직원들에게 봉사함으로써 그들의 삶에 가치를 더하는 데 집중했다. "성공적인 조직을 만들기 위해서는 수많은 사람의 노력이 필요합니다. 그런데도 한 사람이 모

든 혜택을 독차지하는 것은 적절하지 않습니다."[6] 그는 덧셈의 법칙 The Law of Addition 에 충실한 사람이었다. "한 푼이라도 비용을 줄이기 위해 안간힘을 쓰는 조직이 그렇게 불공평해서는 안 됩니다. 현장에서 일하는 직원들보다 100배, 200배, 300배 더 많은 돈을 버는 사람이 있다면 그 회사는 뭔가 잘못된 겁니다."[7] 그는 자신의 생각을 이렇게 정리했다. "직원들을 우대하는 건 단순히 이타적 행위가 아니라 훌륭한 비즈니스 전략입니다." 이 또한 훌륭한 리더십이라고 부를 수 있지 않을까?

리더에게 가장 중요한 것은 무엇인가

리더는 왜 조직을 이끄는 걸까? 세상의 모든 리더에게 이 질문을 던지면 아마 다양한 대답이 돌아올 것이다. 그들이 생각하는 리더의 역할을 몇 가지 소개하면 다음과 같다.

- 책임을 맡는다
- 조직을 유연하게 움직인다
- 주주들에게 돈을 벌어준다
- 훌륭한 회사를 만든다
- 경쟁에서 우위를 확보한다
- 승리한다

리더에게는 동기부여가 중요할까, 주어진 일을 완수하는 게 중요할까? 그들에게 가장 중요한 일은 무엇일까?

지난 25년간 나는 동기부여에 그다지 관심을 기울이지 않았다. 몇 년 전한 개발도상국에서 정부 관료들을 대상으로 리더십을 강의했던 일이 생생히 기억난다. 나는 그들에게 리더란 남들에게 봉사함으로써 이 세상에 가치를 더하는 사람이라고 강조했다. 그런데 내 말을 듣는 사람들의 표정이 영 좋지 않았다. 강의를 마친 뒤 행사를 주관한 사람에게 그 얘기를 했더니 그는 이렇게 말했다. "그들이 불편하게 느끼는 건 당연하죠. 절반 이상이 지금의 권력을 얻기 위해 누군가를 죽였을 테니까요."

그때까지 세상을 돌아다니며 많은 것을 보고 들었지만 그 말에는 꽤 충격을 받았다. 그리고 이때 일을 계기로 리더들이 사람들을 이끄는 이유와 그 방법에 대한 기존의 관점을 당연하게 받아들이면 안 된다는 사실을 깨달았다.

덧셈의 리더와 뺄셈의 리더

많은 사람이 리더십을 성공과 비슷하게 생각한다. 조금이라도 더 많은 실적을 올리고, 신분 상승의 사다리를 오르고, 재능을 살려 최대한 높은 자리에 앉는 것이 리더십의 목표라는 것이다. 하지만 이런 일반적인 사고 방식과 달리 나는 리더십이란 자신이 얼마나 발전하느냐가 아니라 다른 사람의 발전을 얼마나 돕느냐에 본질이 있다고 생각한다. 이 본질적인 목표는 사람들에게 봉사하고 그들의 삶에 가치를 더할 때 비로소 달성된다.

> 리더십이란 자신이 얼마나 발전하느냐가 아니라 다른 사람의 발전을 얼마나 돕느냐에 본질이 있다.

리더와 그를 따르는 사람들 사이에서 일어나는 모든 상호작용은 일종의

'관계'다. 그리고 모든 관계는 상대방의 삶에 뭔가를 더하거나 빼는 형태로 이뤄진다. 만일 당신이 리더라면 자신을 따르는 사람들에게 긍정적인 영향 또는 부정적인 영향을 미치고 있을 것이다. 자신이 긍정적인 영향을 미치고 있는지, 부정적인 영향을 미치고 있는지 궁금하다면 스스로 이렇게 질문해보자.

"당신은 자신을 따르는 사람들의 삶을 더 낫게 만들고 있는가?"

이게 전부다. 만일 이 질문에 주저 없이 '그렇다'라고 대답했지만 확실한 증거를 제시할 수 없다면 당신은 '뺄셈의 리더'다.

뺄셈의 리더는 사람들의 삶에서 뭔가를 빼앗고 있다는 사실을 깨닫지 못한다. 타인에게 주는 것보다 더 많은 것을 빼앗는 사람의 90퍼센트가 무의식적으로 그런 행동을 한다. 그들은 자신이 사람들에게 얼마나 부정적인 영향을 끼치고 있는지 알지 못한다. 만일 그런 리더들이 잘못된 점을 고치지 않는다면 그들의 부정적인 영향력은 얼마 가지 않아 '빼기'에서 '나누기'로 악화된다.

반면 사람들의 삶에 가치를 더하는 사람의 90퍼센트는 의도적으로 그렇게 행동한다. 왜 그럴까? 인간은 원래 이기적이기 때문이다. 나도 마찬가지다. '덧셈의 리더'가 되려면 매일 나의 안전지대Comfort Zone를 벗어나 사람들에게 가치를 더할 방법을 궁리해야 한다. 사람들이 따르고 싶은 리더가 되려면 반드시 그런 덕목을 갖춰야 한다. 그리고 오랜 시간에 걸쳐 사람들의 삶에 가치를 더한다면 결국 그 가치는 '곱하기'로 늘어날 것이다.

세상을 바꾼 위인들은 이 셈법을 잘 이해하고 있는 듯하다. 알베르트 슈바이처, 마틴 루터 킹, 테레사 수녀, 말랄라 유사프자이 같은 노벨평화상 수상자들을 떠올려보자. 이들은 자신의 지위보다는 사람들에게 긍정적인 영향력을 발휘하는 데 가치를 두고 모든 것을 쏟아부었다. 이들의 삶을 기록한 글이나 연구 자료들을 읽어보면 모두가 타인의 삶이 더 나아지기를 간절히 원했음을 알 수 있다.

이들은 노벨평화상을 받겠다고 작정하고 나서지 않았다. 오직 인류를 위한 숭고한 봉사의 대열에 참여하길 원했을 뿐이다. 그들의 사고방식을 지배했던 건 '봉사자'의 마음가짐이었다. 1921년에 노벨물리학상을 받은 아인슈타인은 이렇게 말했다. "오직 타인에게 봉사하는 삶만이 가치가 있다." 그는 위대한 리더십이란 곧 위대한 봉사를 의미한다는 사실을 잘 알고 있었다.

그렇다면 리너는 사람들에게 어떤 식으로 봉사해야 할까? 짐 시네갈은 직원들의 급여를 올리고 그들을 존중했다. 마틴 루터 킹은 시민들의 권리를 주장하는 행진을 이끌었다. 테레사 수녀는 몸이 아픈 사람들을 보살폈고 다른 사람들도 봉사할 수 있도록 환자들을 위한 시설을 마련했다. 리더에게 최고의 장소는 사람들에게 가장 훌륭히 봉사할 수 있는 곳이다. 봉사의 형태는 비전, 재능, 기회, 조직 등에 따라 달라지지만 그 안에 담긴 의도는 한결같다. 사람들의 삶에 가치를 더하는 것이다.

가치를 더한다는 건 사람들을 바닥에서 일으켜 세우고, 성장하도록 돕고, 그들 자신보다 더 큰 가치를 위해 일하게 하고, 스스로 원하는 삶을 살도록 지원한다는 뜻이다. 이런 일을 할 수 있는 사람은 리더밖에 없다.

소중한 이에게 소중한 것을 내밀어라

그동안 나는 덧셈의 법칙에 따라 살기 위해 노력하면서 남들에게 가치를 더하는 일에 도움이 되는 4가지 지침을 꾸준히 지켜왔다. 만일 리더로서 사람들의 삶에 가치를 더하고자 한다면 다음 사항들을 숙지하고 실천해야 한다.

1. 구성원들을 진정으로 소중하게 대하라

리더가 된다는 건 자신을 먼저 생각할 권리를 내려놓고 타인을 먼저 생각한다는 뜻이다. 사람들을 소중히 대할 뿐 아니라 그들이 인지할 수 있는 방식으로 마음을 전해야 한다.

미국식 수화手話에서 '봉사'를 표현하는 동작은 손바닥을 위로 해서 양손을 내밀어 말하는 사람과 듣는 사람 사이에서 손을 앞뒤로 움직이는 것이라고 한다. 이는 '서번트 리더'Servant Leader가 지녀야 할 마음가짐을 잘 나타내는 동작이 아닌가 싶다. 서번트 리더는 열린 마음과 신뢰, 관심을 바탕으로 사람들을 돕고 위험을 감수한다. 봉사를 통해 가치를 더하는 리더는 사람들이 자신을 믿기 전에 먼저 사람들을 믿고, 사람들이 자신에게 봉사하기 전에 먼저 사람들에게 봉사한다.

2. 자신이 더 가치 있는 사람이 되어라

사람들의 삶에 가치를 더하려면 그들에게 나눠 줄 만한 가치가 있어야 한다. 내게 없는 것을 남에게 줄 수는 없다. 당신은 사람들에게 무엇을 주고자 하는가? 기술을 가르칠 수 있는가? 기회를 제공할 수 있는가? 자신의 경험을 통해 얻은 통찰이나 관점을 알려줄 수 있는가? 이런 재능들은 공짜로 주어지지 않는다.

당신이 쌓은 기술은 오랜 연구와 실천의 결과물이다. 그리고 그 기술을 사람들에게 제공할 기회는 힘겨운 노력을 바탕으로 얻어낸 것이다. 또한 당신의 지혜는 과거의 경험에 대한 깊은 성찰의 산물이다. 개인적 성장을 추구하고자 하는 의지가 강할수록 남에게 나눠 줄 수 있는 가치는 더 늘어난다. 꾸준히, 계속해서 성장할수록 사람들에게 더 많은 가치를 제공할 수 있는 것이다.

3. 구성원들이 소중히 여기는 것을 파악하라

경험이 부족한 리더는 자신을 따르는 사람들을 파악하기도 전에 서둘러 이끌려고 한다. 하지만 경험 많은 리더는 먼저 사람들의 이야기를 듣고 배우려고 한다. 그들의 이야기를 귀담아듣고 희망과 꿈이 무엇인지 알아내며 그들의 포부를 이해한다. 또한 그들의 감정과 정서에도 관심을 기울인다. 노련한 리더는 이 모든 과정을 통해 자신을 따르는 사람들이 누구인지, 그들에게 소중한 것이 무엇인지 배운다. 그런 뒤에 비로소 자신이 배운 내용을 바탕으로 사람들을 이끈다. 그래야만 조직, 리더, 구성원들을 포함한 모두에게 승리를 안겨줄 수 있기 때문이다.

> 경험이 부족한 리더는 자신을 따르는 사람들을 파악하기도 전에 서둘러 이끌려고 한다. 하지만 경험 많은 리더는 먼저 사람들의 이야기를 듣고 배우려고 한다.

4. 신이 소중히 여기는 일을 하라

종교적 관점에서 이 마지막 가치는 당신과 무관할지도 모른다. 그렇다면 그냥 무시해도 좋다. 하지만 나로서는 절대 양보할 수 없는 항목이다. 대부분의 종교는 우리에게 타인을 존중하고 적극적으로 손을 내밀어 봉사하라고 권장한다. 나는 그렇게 믿는다. 예를 들어 성경은 우리가 어떻게 행동해야 하는지 알려주기 위해 다양한 예를 제시하는데 나는 그중에서도 유진 피터슨Eugene Peterson의 《메시지 신약》에 나오는 다음 구절을 가장 좋아한다.

사람의 아들이 영광을 떨치며 모든 천사를 거느리고 마침내 눈부시게 아름다운 왕좌에 앉을 것이다. 그러면 그는 마치 목자가 그의 오른편에 양을, 왼편에 염소를 자리하게 했듯이 모든 민족을 나눠 세울 것이다. 그때 왕은 자기 오른편에 있는 사람들에게 말할 것이다. "너희는 내 아버지의 축복을 받은 사람들이니 와서 세상 창조 때부터 너희를 위하여 준비한 이 나라를 차지하여라. 그것은 바로 이런 이유 때문이다.

너희는 내가 굶주렸을 때 먹을 것을 주었고
목말랐을 때 마실 것을 주었으며
집이 없을 때 묵을 곳을 주었다.
추워서 떨고 있을 때 입을 것을 주었으며
병들었을 때 돌봐주었고
감옥에 갇혔을 때 찾아주었다."

이 말을 듣고 의인들은 이렇게 말할 것이다. "주님, 저희가 언제 주님께서 주리신 것을 보고 잡수실 것을 드렸으며 목마르신 것을 보고 마실 것을 드렸습니까? 또 언제 주님께서 나그네 되신 것을 보고 따뜻이 맞아들였으며 헐벗으신 것을 보고 입을 것을 드렸습니까? 언제 주님께서 병드셨거나 감옥에 갇히신 것을 보고 저희가 찾아가 뵈었습니까?" 그러면 왕은 이렇게 말할 것이다. "나는 엄숙하게 진실을 말한다. 너희가 여기 있는 형제 중에 가장 보잘것없는 사람에게 해준 것이 바로 나에게 해준 것이다."[8]

리더가 정한 기준은 그가 하는 모든 일에 영향을 미친다. 꼭 리더십에서만 그런 건 아니지만 그 영향이 특히 두드러지는 곳이 리더십 영역이다. 더 많은 힘이 생길수록 사람들에게 미치는 영향력이 좋든 나쁘든 더 커지기 때문이다. 리더는 사람들에게서 가치를 빼앗는 게 아니라 사람들의 삶에 가치를 더하는 사람이 되어야 한다. 사람들의 삶에 가치를 더할 때 신은 당신을 더욱 가치 있게 여길 것이며 그것이 바로 신의 '사적인' 뜻이다!

셈과 어긋나는 계산

덧셈의 법칙을 따라 사람들에게 봉사하고 그들의 삶에 가치를 더하는 리더가 된다면 결국 처음에 예상했던 셈은 어긋날 것이다. 이게 무슨 말일까? 사람들에게 뭔가를 주면 훨씬 큰 것을 얻는다는 뜻이다. 우리가 타인의 삶에 더해준 가치는 몇 곱절로 되돌아온다! 이는 타인을 위해 봉사하는 사람들만이 받는 깜짝 선물이다. 덧셈의 법칙과 관련해 내 경험을 몇 가지 소개하고자 한다.

처음에 나는 사람들에게 가치를 더하는 일이 의무라고 생각했다. 하지만 얼마 안 가 그들을 진정으로 가치 있게 만드는 게 무엇인지 깨달았다. 흔히 사람들을 도울 때 우리는 도움받는 사람을 약자로 생각한다. 누군가의 고충을 해결해주면서 그를 문제가 있는 사람처럼 대한다. 이런 태도가 일종의 우월감을 안겨주기 때문이다. 하지만 사람들을 진심으로 섬긴다면 그들을 가치 있는 존재로 받아들이게 된다. 그럼으로써 우리 자신도 변화하고 삶도 변화한다.

나는 사람들을 가치 있게 여기는 것이야말로 내 정체성의 중요한 일부라고 생각한다. 언젠가는 나도 리더의 지위를 내려놓겠지만 사람들을 섬기는 일을 멈추지는 않을 것이다. 그것이 나의 삶이고 내게 주어진 소명이다.

또한 나는 누군가의 삶에 가치를 더해 성공하도록 돕는 것이 개인적인 일이라고 생각했다. 사람들의 삶에 가치를 더하기로 한 것은 내 개인적인 결정이었다. 내 안에서 우러나온 생각이며 매일 실천하기로 혼자 마음먹은 일이었다. 하지만 놀랍게도 다른 사람들도 나를 따라 속속 그 대열에 참여하기 시작했다. 타인을 도움으로써 어떤 기쁨을 얻게 되는지 알게 된 사람들은 너도나도 봉사에 동참했다. 우리 조직의 구성원들은 오로지 타인에게 가치를 더하기 위해 살아가는 사람들이다.

한편 나는 봉사의 보람을 삶의 후반에 가서야 느낄 거라고 생각했다. 하지만 보람은 너무나 일찍 찾아왔다. 사회에 나온 지 얼마 안 되어 나는 사람들을 교육하고 자원을 제공하는 방식으로 타인의 삶에 가치를 더하기로 마음먹었다. 그러기 위해서는 '창의성'과 '꾸준함'이라는 2가지 덕목을 계발해야 했다. 즉 끝없이 새로운 아이디어를 생각해내는 한편 뭔가를 계속 생산해내야 했다. 그때는 이 2가지가 복리 효과를 내서 나의 성공에 그토록 크게 기여할지 전혀 몰랐다.

그리고 나는 사람들에게 가치를 더하는 일은 보상이 적을 것이라고 생각했다. 하지만 보상은 깜짝 놀랄 만큼 컸다. 미국의 육군 장군 노먼 슈워츠코프Norman Schwarzkopf는 이렇게 말했다. "다른 사람을 언덕 위로 끌어올리려면 나 자신이 정상 가까이 올라가야 한다." 나는 타인의 삶에 가치를 더하기 시작했을 때 그 일이 내게 얼마나 큰 도움이 되고 얼마나 큰 기쁨을 안겨줄지 생각하지 못했다. 그동안 나는 남에게 준 것보다 훨씬 많은 것을 돌려받았다. 사람들에게 안겨준 성공은 나의 성공이 되었다.

다른 사람을 언덕 위로 끌어올리려면 나 자신이 정상 가까이 올라가야 한다. 노먼 슈워츠코프

더한 가치는 곱절로 돌아온다

우리는 타인의 삶에 가치를 더하는 행동을 하면서 그 일이 당사자에게 어느 정도 도움이 될 거라고 어렴풋이 짐작한다. 하지만 정말 어떤 일이 벌어질지, 그들에게 얼마나 큰 도움이 될지는 상상도 하지 못한다.

2016년의 어느 날 나는 앨라배마주 버밍엄에서 목사이자 공동체 리더로 활동하고 있는 크리스 호지스Chris Hodges와 골프를 치러 갔다. 크리스는 내가 운영하는 비영리재단의 이사회 회원으로 오랫동안 봉사하고 있었다. 훌륭한 사람이었고 좋은 친구였다. 나는 다음 홀로 이동하면서 그에게 뭔가 도와줄 것이 없느냐고 물었다. 그는 겸손하게 당장은 생각나는 게 없다고 말했다. 나는 요즘 어떤 일에 가장 열중하고 있느냐고 다시 물었다. 그러자 그는 설립을 준비하고 있는 하이랜드 칼리지Highlands College라는 학교에 대해 말하기 시작했다. 나는 주저하지 않고 물었다.

"제가 도울 만한 일이 없을까요? 가장 필요한 게 뭔가요?"

그는 기부금을 모집하고 있다고 말했다. 그 돈으로 학생들이 학비를 내지 않고 학교에 다닐 수 있도록 매년 1,000명에게 장학금을 지급하려는 계획이었다. 나는 그에게 제안을 하나 했다. 내가 직접 경비를 내고 버밍엄으로 날아가 그에게 가장 많은 돈을 기부한 기부자들과 조찬 모임을 갖겠다고 한 것이다. 그리고 하루 동안 진행되는 행사를 개최해서 나는 연설을 하고 그는 행사의 입장권을 판매하자고 했다. 크리스는 내 제안을 받아들였고 우리는 계획을 추진하기로 했다.

그리고 정말로 놀라운 일이 생겼다. 우리는 계획했던 행사 당일에 적지 않은 기금을 모았다. 행사가 매우 성공적으로 진행되었기에 다음 해에도 다시 행사를 열기로 했다. 그리고 지금까지도 매년 행사를 개최하고 있다.

더 놀라운 일은 여기에 자극받은 사람들이 속속 기부의 대열에 동참했다는 사실이었다. 크리스와 함께 골프장에서 이 행사에 관해 처음 이야기한 때부터 2020년까지 총 1억 달러의 장학금이 적립됐다. 내가 그에게 더해준 작은 가치가 몇 곱절로 불어난 것이다. 바로 덧셈의 법칙이다. 사람들의 삶에 가치를 더하면 원래의 계산과 셈이 다른 결과가 나온다. 모든 사람이 자기가 준 것보다 훨씬 더 많은 것을 돌려받는다.

　사람들에게 봉사함으로써 그들의 삶에 가치를 더하고자 하는 사람은 더 나은 리더가 될 수 있다. 당신을 따르는 사람들은 더 많은 것을 이루고 조직을 신뢰하게 되어 당신이 가능하다고 믿었던 성과 그 이상을 달성할 것이다. 덧셈의 법칙은 그 누구에게도, 어떤 손해도 끼치지 않는다.

덧셈의 법칙 실천 매뉴얼

1. 리더로서 사람들에게 봉사하겠다는 마음가짐을 갖고 있는가? 너무 서둘러 그렇다고 답하지 말고 이런 식으로 생각해보자. 당신은 사람들에게 봉사할 필요가 생겼을 때 어떻게 반응하는가? 쉽게 받아들이지 못하는가? 그런 상황이 불쾌하게 느껴지는가? 당신의 지위를 고려했을 때 그런 일은 직접 처리하기에 너무 하찮다고 생각되는가?

만일 이런 질문 중 어느 하나에라도 '그렇다'라는 답이 나온다면 당신의 태도는 바람직하지 않다. 사람들의 칭찬이나 인정을 염두에 두지 말고 작은 행동들로 사람들에게 봉사하는 습관을 들이도록 하자. 봉사가 불쾌하게 느껴지지 않을 때까지 반복하라.

2. 당신은 가까운 사람들이 소중하게 여기는 일을 가치 있게 생각하는가? 자신에게 가장 중요한 사람들의 명단을 만들어보자. 개인적 삶과 관련된 사람이든, 업무와 관련된 사람이든 마찬가지다. 각자의 이름 옆에 그 사람이 가장 소중하게 여기는 것들을 적어보자. 그리고 당신이 각각의 항목에서 얼마나 적극적이고 의도적으로 그 사람을 돕는지 1점(낮음)부터 10점(높음)까지 점수를 매겨보라.

3. 사람들에게 가치를 더하는 행위를 삶의 일부로 정착시켜라. 일단 자신과 가장 가까운 사람부터 시작해보자. 위에서 작성한 명단에 있는 사람들이 무엇을

가장 소중하게 여기는지 파악했는가? 그들의 삶에 가치를 더할 방법은 무엇인가? 그 방법을 실천하라. 그리고 당신이 이끄는 모든 사람에게 똑같이 실천하라. 당신을 따르는 사람들의 숫자가 적다면 각자의 삶에 개인적으로 가치를 더하라. 당신을 따르는 사람들의 숫자가 크다면 집단을 대상으로 봉사할 방법을 생각해봐야 한다.

사람들에게 봉사함으로써 그들의 삶에
가치를 더하고자 하는 사람은
더 나은 리더가 될 수 있다.

제**6**장

신뢰의 법칙

The Law of Solid Ground

리더십의 기본 토대는
신뢰다

리더에게 신뢰는 얼마나 중요할까? 가장 중요하다! 신뢰는 리더십의 토대이며 팀과 조직뿐 아니라 한 나라를 결속시키는 단단한 밧줄과도 같다. 사람들의 신뢰를 거듭해서 깨뜨리는 리더는 더 이상 영향력을 발휘할 수 없다. 정부, 교육, 기업, 종교, 미디어, 예술, 스포츠, 의료 등을 포함해 우리 사회의 어떤 영역에서도 마찬가지다. 훼손된 신뢰는 리더의 영향력을 떨어뜨리고 조직을 무너뜨린다.

신뢰를 상실하기 시작할 때

나는 우리 사회의 신뢰, 특히 리더들에 대한 신뢰가 날이 갈수록 무너져 가는 모습을 지금까지 지켜봤다. 1950년대에서 1960년대 초까지만 해도 사람들은 미국의 정치 지도자들과 연방정부를 믿었다. 당시 미국인의 약 80퍼센트는 연방정부가 대체로 올바른 일을 하고 있다고 생각했다.[1] 하지만 오늘날 정부를 신뢰하는 미국인은 24퍼센트에 불과하다.[2]

2020년 갤럽이 실시한 여론조사에 따르면 미국인들은 이 나라의 모든 직업군을 통틀어 가장 신뢰도가 낮고 윤리적으로 결함이 많은 사람으로 국회의원을 꼽았다. 응답자 중 국회의원에 대한 신뢰도를 묻는 질문에 '높음' 또는 '매우 높음'이라고 답한 사람은 9퍼센트에 불과했다.[3] 정부를 이끄는 리더들에 대한 국민의 신뢰가 언제부터 이렇게 무너졌을까? 나는 1960년대 중반부터 후반, 즉 베트남 전쟁 때부터라고 생각한다.

존 케네디John F. Kennedy 대통령은 재임 첫해인 1961년에 미국이 남베트남을 지원함으로써 공산주의자들과 맞서 싸우고 그들의 확산을 막아야 한다는 뜻을 밝혔다. 당시 미국인들은 대부분 케네디를 지지했다. 원래 그는 베트남에 비군사적 원조만을 제공할 계획이었지만 그해 400여 명의 그린 베레Green Berets 특공대원들을 군사고문단 명목으로 파병했다.[4] 케네디는 다음 해에도 1만 2,000명의 '고문단'을 베트남에 추가로 파병하고 300대의 군용 헬기와 조종사들도 보냈다.[5]

케네디가 암살당한 뒤 대통령이 된 린든 존슨Lyndon B. Johnson은 미국의 베트남 참전을 대대적으로 확대했다. 그는 1965년 베트남에 무려 15만 병력을 파견했다.[6] 1966년까지 베트남에 파병된 총 병력 규모는 20만이 넘었다. 군인들의 피해가 급증하고 있다는 보도에도 불구하고 당시 여론조사 기관 루이스 해리스Louis Harris에 따르면 미국인의 3분의 2는 '공산주의에 맞서 싸워야 한다'고 생각했다. 사람들은 대부분 미국이 전쟁 종료 때까지 베트남을 떠나서는 안 된다고 믿었다.

신뢰를 잃은 리더는 빠르게 무너진다

1960년대 역사에 대해 조금이라도 지식이 있는 사람들은 당시 베트남 전쟁이 미국을 양쪽으로 갈라놓았다는 사실을 잘 알고 있다. 이 전쟁은 국민의 격렬한 저항을 초래했고 대대적인 반전시위를 불러왔으며 급격한 사회적 변화를 야기했다. 전쟁에 대한 국민의 압도적인 지지는 어쩌다 그토록 강력한 반대로 이어졌을까? 그 이유는 지도자들에 대한 국민의 신뢰가 무너진 데 있었다.

존슨 대통령과 국방부 장관 로버트 맥나마라Robert McNamara는 베트남 전쟁의 전황을 미국인들에게 솔직히 털어놓지 않았다. 심지어 1962년부터 미국이 전쟁에서 승리하는 중이라고 공공연히 발언하고 다녔다.[7] 맥나마라는 저서 《회고록》In Retrospect에서 당시 미군의 손실을 거듭 줄여서 발표했으며 전쟁의 실상에 대해 절반의 진실밖에 말하지 않았다고 고백했다.

"1963년 12월 21일 사이공에서 워싱턴으로 돌아온 뒤에 나는 언론에 솔직하게 전황을 보고하지 않았다. 당시 나는 이렇게 말했다. '우리는 베트콩의 군사적 활동이 크게 확대되는 모습을 예의주시하고 있었습니다.' (진실)하지만 그 뒤에 이렇게 덧붙였다. '우리는 남베트남 정부의 작전 계획을 검토한 결과 그들이 전쟁에서 승리할 것이라고 확신했습니다.' (과장 또는 거짓)"[8]

그때는 그의 말에 누구도 의문을 제기하지 않았다. 한 나라를 이끄는 정치 지도자들을 불신해야 할 아무런 이유가 없었기 때문이었다. 하지만 시간이 지날수록 미국인들은 그의 말과 현실이 앞뒤가 맞지 않는다는 사실을 알게 됐다. 날이 갈수록 더 많은 젊은이가 징집되어 베트남으로 떠났지만 그들은 연전연패했다. 사람들은 정부를 믿지 않기 시작했다. 맥나마라는 오랜 시간이 지난 뒤에야 잘못을 인정했다. "베트남 전쟁에 참전을 결정한 케네디와 존슨 행정부 인사들은 이 나라의 전통과 원칙에 따라 행동했다. 그 가치를 바탕으로 의사결정을 내린 것이다. 하지만 우리는 잘못된 행동을 했다. 정말로 큰 잘못이었다."[9] 케네디 대통령이 문을 연 희망과 이상주의의 시대는 리처드 닉슨Richard Nixon 대통령이 워터게이트 스캔들로 사임하는 혼란 속에서 불신과 냉소주의로 마감됐다.

리더는 신뢰의 법칙The Law of Solid Ground을 깨뜨릴 때마다 대가를 치른다. 또한 리더를 따르던 사람들도 함께 고통을 겪는다. 1960년대 미국에 생겨난 사회적 불신의 분위기는 오늘날까지도 이어지고 있다. 정치 지도자들뿐만 아니라 기업, 종교, 엔터테인먼트 분야에 이르기까지 그 여파가 미치지 않는 곳이 없다. 왜 그럴까? 리더들이 신뢰를 깼기 때문이다.

성품, 신뢰의 문을 여는 열쇠

세상의 모든 것은 리더십에 따라 상승하거나 추락하는 법이다. 나는 그렇게 믿는다. 리더가 우수한 능력과 훌륭한 가치관을 입증하면 모든 것은 상승한다. 반면 리더가 능력이 없고 가치관이 부실하면 모든 것은 추락한다. 왜일까? 능력이 부족한 리더는 아무것도 이룰 수 없기 때문이다.

가치관에 문제가 있는 리더는 사람들의 신뢰를 얻지 못한다. 그의 성품이 부족하다는 뜻이기 때문이다. 우수한 능력과 훌륭한 가치관을 갖추지 못한 리더는 아무도 따르지 않는다. 조직의 비전이 '머리'이고 조직의 사명이 '심장'이라면 조직의 가치관은 '영혼'과도 같다. 누가 영혼 없는 조직의 구성원이 되고 싶어 할까?

신뢰는 눈에 잘 띄지 않기 때문에 자칫 무시하고 넘어가기 쉽다. 주머니에 든 동전을 생각하면 이해하기 쉽다. 리더가 우수한 능력이나 훌륭한 가치관을 바탕으로 좋은 결정을 내릴 때마다 그의 주머니에 더 많은 동전이 쌓인다고 하자. 반대로 리더가 나쁜 결정을 때릴 때는 자신을 따르는 사람들에게 그 동전을 나눠 주어야 한다.

모든 리더는 주머니에 어느 정도의 동전이 들어 있는 상태에서 새로운 자리를 맡는다. 그들이 어떤 일을 하느냐에 따라 동전의 개수는 늘어나거나 줄어든다. 리더가 계속해서 나쁜 결정을 내리면 동전은 계속해서 주머니에서 빠져나간다. 그러던 어느 날 그는 또 나쁜 결정을 내리고 나서는 주머니에 아무것도 남아 있지 않다는 사실을 깨닫는다. 동전은 모두 떨어지고 없다. 마지막으로 저지른 실수가 크든 작든 관계없다. 때는 이미 늦었다. 동전이 소진되면 리더로서의 수명도 끝이다.

펩시콜라의 설립자로 회장과 CEO를 역임했던 크레이그 웨더럽Craig Weatherup은 이렇게 말했다. "사람들은 정직한 실수에 대해서는 참고 넘어간다. 하지만 리더가 한 순간이라도 신뢰를 깨뜨리면 되돌리기 어렵다. 신뢰를 가장 소중한 자산으로 생각해야 하는 이유다. 상사를 속여 넘길 수는 있어도 동료나 부하직원들을 속이기는 절대 불가능하다."

성품과 능력은 항상 밀접하게 연관되어 있다. 미 상공협의회US Business and Industrial Council 위원장을 지낸 언론인 앤서니 해리건Anthony Harrigan은 이렇게 말했다.

성품은 나라의 흥망성쇠를 좌우하는 핵심 요인 중 하나다. 이 원칙 앞에서는 미국의 역사도 예외가 될 수 없다. 앞으로 미국이 국가로서 살아남는다면 그 이유는 다른 나라보다 더 똑똑하거나 수준이 높아서가 아니라 내적으로 강인하기(또는 그러기를 바라기) 때문이다. 국가의 분열이나 붕괴를 초래하는 내적·외적 세력을 막아낼 수 있는 것은 성품 밖에 없다.

좋은 성품과 훌륭한 가치관은 신뢰를 낳고, 신뢰는 리더십의 바탕이 된다. 이것이 신뢰의 법칙이다.

당신의 성품이 비추는 것

리더십은 비유하면 사람들을 여행에 데려가는 것과 같다. 즉 리더의 성품이 어떤가에 따라 앞으로 펼쳐질 여행의 내용이 결정된다. 리더의 성품이 훌륭하다면 여행이 길어질수록 모두

> 좋은 성품과 훌륭한 가치관은 신뢰를 낳고, 신뢰는 리더십의 바탕이 된다. 이것이 신뢰의 법칙이다.

가 즐거워하겠지만, 리더의 성품에 문제가 있다면 사람들은 여행이 길어질수록 끔찍한 경험이라고 생각할 것이다. 왜 그럴까? 신뢰할 수 없는 리더와 시간을 보내고 싶어 하는 사람은 아무도 없기 때문이다.

리더의 성품은 사람들에게 짧은 시간 안에 많은 것을 보여준다. 그중에서도 가장 중요한 몇 가지를 꼽으면 다음과 같다.

1. 성품은 일관성을 보여준다

내적으로 유약한 리더는 시간이 지날수록 사람들의 신뢰를 잃어버린다. 지속적인 변화를 주도할 뒷심이 부족한 탓이다. 미국 프로농구 영웅 제리 웨스트 Jerry West 는 이렇게 말했다. "컨디션이 좋은 날에만 일하는 사람은 인

생에서 많은 일을 이룰 수 없다." 사람들은 리더에게 무엇을 기대해야 할지 잘 모른다면 어느 순간부터는 그를 리더로 여기지 않을 것이다.

성품의 일관성을 잘 보여주는 리더 중에서도 내 머릿속에 가장 먼저 떠오르는 사람은 빌리 그레이엄Billy Graham 목사다. 모든 사람이 종교와 관계없이 그를 신뢰했다. 왜일까? 그가 50년이 넘는 세월 동안 고결한 성품의 모범을 보였기 때문이다. 그레이엄 목사는 자신이 추구하는 가치관에 따라 하루하루를 살았다. 지키지 못할 약속은 절대 하지 않았으며 평생 고결함을 실천하는 데 모든 것을 바쳤다.

2. 성품은 잠재력을 보여준다

영국의 정치가이자 작가인 존 몰리John Morley는 "누구도 성품의 한계를 뛰어넘을 수 없다."라고 말했다. 나쁜 성품은 사람의 잠재력을 제한한다. 정직하고 절제하며 열심히 일하는 사람과 남을 속이고 충동적이고 게으른

누구도 성품의 한계를 뛰어넘을 수 없다. 존 몰리

사람 중에 누가 꿈을 이루고 타인에게 긍정적인 영향력을 미칠까? 답은 너무나 명확하다.

나쁜 성품은 째깍거리며 돌아가는 시한폭탄과도 같다. 리더의 실행 능력과 지도력이 붕괴되는 것은 시간문제다. 왜 그럴까? 성품이 나쁜 리더는 사람들의 신뢰를 얻지 못하기 때문이다. 신뢰는 리더십의 출발점이다. 크레이그 웨더럽은 "신뢰는 말로 얻을 수 있는 게 아니다. 항상 진실하고 인간적인 자세로 함께 일하는 사람들을 대하고 성과를 내야만 신뢰를 쌓을 수 있다."라고 말했다.[10]

리더의 성품이 훌륭하면 사람들은 그를 신뢰한다. 리더가 자신의 잠재력을 발휘하게 해줄 거라고 믿으며 미래에 대한 희망을 품는다. 또한 자신과 조직에 대해서도 강한 믿음을 갖는다.

3. 성품은 존경을 보여준다

내적인 성품이 부족한 리더는 외적인 존경을 받지 못한다. 존경은 리더십을 유지하는 데 필수적인 요소다. 사람들에게 존경을 받으려면 합리적인 결정을 내리고 실수를 솔직히 인정하며 자신을 따르는 사람들과 조직의 이익을 최우선으로 생각해야 한다. 존경심은 고난과 역경 속에서 생겨나는 법이다.

사람들에게 존경을 받으려면 합리적인 결정을 내리고 실수를 솔직히 인정하며 자신을 따르는 사람들과 조직의 이익을 최우선으로 생각해야 한다. 존경심은 고난과 역경 속에서 생겨나는 법이다.

오래전에 남북전쟁에서 매사추세츠 54연대의 연대장이었던 로버트 굴드 쇼Robert Gould Shaw 대령을 주인공으로 한 영화가 제작된 적이 있었다. 비록 줄거리 일부가 각색되기는 했지만 〈영광의 깃발〉이라는 제목의 이 영화는 쇼 대령이 부대원들을 이끌고 남북전쟁에서 싸웠던 실제 이야기를 다루었다.

이 영화는 북군이 사상 최초로 흑인 병사들로 구성된 부대를 설립하는 과정을 그리고 있다. 백인 장교였던 쇼 대령은 지휘관으로 부임해 흑인 병사를 뽑고 백인 장교를 선발해 병사들을 군인으로 키워냈다. 그는 부대원들을 혹독하게 훈련시켰다. 부대의 실적에 따라 북부 지역 출신의 수많은 백인 군인과 시민들의 마음속에 흑인에 대한 인식도 달라질 수 있다는 사실을 알았기 때문이다. 그리고 그 과정에서 쇼 대령과 흑인 병사들 사이에는 서로를 깊이 존경하는 마음이 생겨났다.

훈련이 끝난 지 몇 달이 지나고 54연대의 부대원들은 사우스캐롤라이나의 남군 주둔지 와그너 요새Fort Wagner를 공격하는 전투에 참가하게 되었다. 쇼 대령의 전기를 집필한 러셀 덩컨Russell Duncan은 이 전투를 이렇게 묘사했다.

"쇼는 '제군들의 능력을 증명하라!'라는 최후의 외침과 함께 앞으로 뛰쳐

나갔다. 그리고 '돌격 앞으로!'라고 소리쳤다. 몇 년 뒤 이 전투에 참전했던 한 병사는 당시 열심히 싸웠던 이유가 쇼 대령이 앞장서서 부대원들을 지휘했기 때문이라고 말했다."[11]

그날 54연대의 부대원 600명 중 절반이 전투에서 부상당하거나 포로로 잡히거나 목숨을 잃었다. 그들은 열심히 싸웠지만 결국 와그너 요새를 빼앗는 데 실패했다. 첫 공격부터 용감하게 부대원들을 이끌고 요새의 성벽 위에 올랐던 쇼 대령은 부하들과 함께 전사했다.

그러나 남은 부대원들은 쇼 대령이 마지막 순간에 보여준 모습에 더욱 그를 존경하고 우러르게 되었다. 전투가 끝난 지 2주 뒤 54연대의 앨버너스 피셔 Albanus Fisher 상사는 이렇게 말했다. "나는 그 어느 때보다 싸우고 싶은 마음이 간절하다. 용감한 대령님의 복수를 하고 싶기 때문이다."[12]

스테레오 픽처스의 CEO 제임스 밀러 James R. Miller 는 이렇게 말했다. "사람이 죽었을 때 몸은 땅에 묻히지만 그의 성품만큼은 묻히기를 거부하고 자신의 죽음을 애도하는 이들과 함께 무덤에서 걸어 나온다. 거짓이 아니다. 인간의 성품은 육신보다 오래 살아남으며 결코 땅에 묻히지 않는다." 최후까지 훌륭했던 쇼의 성품은 부대원들의 존경심을 끌어냈고 그의 육신보다 훨씬 오랫동안 살아남았다.

>
> 사람이 죽었을 때 몸은 땅에 묻히지만 그의 성품만큼은 묻히기를 거부하고 자신의 죽음을 애도하는 이들과 함께 무덤에서 걸어 나온다. 거짓이 아니다. 인간의 성품은 육신보다 오래 살아남으며 결코 땅에 묻히지 않는다. 제임스 밀러

비즈니스를 성공의 길로 이끈 존경의 힘

사람들의 신뢰를 무너뜨리고도 계속 영향력을 발휘할 수 있는 리더는

없다. 신뢰는 리더십의 출발점이다. 신뢰의 법칙을 어기면 리더로서 행사할 수 있는 영향력도 그만큼 줄어든다. 반면 신뢰의 법칙을 존중하고 믿음을 쌓는다면 사람들은 가장 어려운 시기에도 리더를 따를 것이다.

릭 헨드릭Rick Hendrick도 신뢰의 법칙을 지킴으로써 세상에서 가장 어려운 비즈니스를 성공으로 이끌었다. 버지니아의 한 농장에서 자란 헨드릭은 자동차를 무척 좋아했다. 농업용 차량뿐 아니라 아버지가 드레그 레이스Drag Race(미국인들이 즐기는 스포츠 중 하나로 몇 대의 자동차가 직선 코스를 나란히 출발해 결승선에 먼저 도착하는 경주—옮긴이)에서 사용했던 자동차들까지 닥치는 대로 뜯고 수리하며 어린 시절을 보냈다. 자동차와 카 레이스에 푹 빠진 그는 아버지의 도움으로 1931년식 셰비Chevy를 경주용 자동차로 개조하기도 했다.

고등학교에 다닐 때는 새로 생긴 자동차를 자랑하는 몇몇 상급생에게 자동차 경주 트랙에서 실력을 겨뤄보자고 도전장을 던진 적도 있었다. 물론 그들은 헨드릭이 말한 날 트랙에 나타나지 않았다. 하지만 그는 선수들 틈에 끼어 경주에 참가했다. 그리고 우승했다! 그의 나이는 겨우 14살이었다. 2년 뒤에는 주州에서 개최하는 엔진 수리 대회에 나가 우승을 차지했다.

그런 사람이 자동차 사업에 뛰어든 건 어쩌면 당연한 일일지도 모른다. 헨드릭은 작은 중고차 매장에서 사회생활을 시작했다. 23살이 되던 해에는 매장의 책임자로 승진했다. 3년 뒤 제너럴모터스General Motors, GM가 그에게 다른 도시에서 운영에 어려움을 겪고 있는 작은 셰비 딜러 하나를 인수해보면 어떻겠냐고 제안했다. 그가 이 매장을 성공시키면 더 큰 규모의 딜러십dealership(자동차 판매를 할 수 있는 허가권—편집자)을 주겠다고 약속했다. 1976년 그는 자산을 처분한 돈으로 망해가던 매장을 사들였다. 문제를 해결하고 다시 문을 열어 성공을 거두자 GM도 약속을 지켰다. 그렇게 해서 탄생한 것이 오늘날의 릭 헨드릭 오토모티브 그룹Rick Hendrick Automotive Group이다. 이 그룹에는 현재 그가 소유한 130여 개의 딜러십 업체가 모여 있다.

헨드릭의 자동차 경주에 대한 사랑은 식은 적이 없다. 1985년 그는 직접 레이싱 팀을 조직해서 '헨드릭 모터스포츠'Hendrick Motorsports라고 이름 붙였다.[13] 그의 팀은 나스카National Association of Stock Car Auto Racing, NASCAR 대회에서 13번이나 우승컵을 들어올렸는데[14] 대회 역사상 그처럼 많은 타이틀을 따낸 팀은 없었다.[15] 2017년 헨드릭은 나스카 명예의 전당에 입성했다.

헨드릭이 성공할 수 있었던 비결은 무엇이었을까? 바로 신뢰였다! 그는 남들과 거래할 때 악수하는 것 외에는 거의 절차를 밟지 않는다고 알려져 있다. 헨드릭의 뛰어난 능력과 훌륭한 성품은 강력한 신뢰의 바탕이 됐다. 특히 그는 직원들에게 세심한 관심을 쏟는 것으로 유명했다. 매장을 방문할 때는 늘 뒷문으로 들어가서 기술자, 청소부, 부품 담당자 같은 사람들을 먼저 만나 인사를 나눴다. 직원들의 이름도 잘 기억했다. 그가 항상 부르짖는 좌우명은 '수익보다 사람이 먼저'였다.

헨드릭의 사업 철학이 시험대에 오른 것은 코로나19 기간이었다. 2020년 3월에 접어들면서 코로나19가 확산되기 시작하자 많은 자동차 업체가 직원들을 감원했다. 헨드릭의 업계 동료들은 전체 인력의 20퍼센트를 줄였다. 하지만 그는 그들과 똑같은 길을 걷지 않았다. 헨드릭은 1만 1,000명에 이르는 직원들에게 단 1명도 감원하지 않겠다고 선언하면서 사재를 털어 직원들의 월급을 주었다. 그러자 직원들은 어려움을 극복할 방안을 머리를 맞대고 궁리하기 시작했다. "나는 '직원들이 나의 가장 큰 자산'이라고 늘 강조했고, 직원들에게도 '우리 회사에서 가장 소중한 존재는 바로 당신들'이라고 말했습니다. 그러니 어떤 일이 생겨도 그들과 함께 이 상황을 헤쳐나가야 합니다."[16]

헨드릭은 자기 돈으로 여러 달 동안 직원들의 급여를 지불할 각오를 했다. 하지만 2개월이 지나 업계 상황이 호전되기 시작했다. 다른 업체들은 부랴부랴 조직을 재구축하느라 법석을 떨었지만 헨드릭이 소유한 딜러십들은 이미 8기통 엔진을 달고 경주에서 저 멀리 앞서 나가고 있었다.

2020년 헨드릭의 회사는 창업 이후 가장 큰 수익을 올렸다. "사람보다 수익을 중요시해서는 안 됩니다. 우리는 수익보다 사람을 더 중요하게 여겼기 때문에 수익이 저절로 따라온 겁니다." 그의 회사를 이끄는 15명의 리더가 회사에 재직한 평균 기간은 무려 25년이다. 그들은 헨드릭을 깊이 신뢰한다.

당신의 조직 구성원들은 당신을 어떻게 생각하는가? 당신에게 신뢰를 느끼고 있는가? 당신의 능력과 성품을 믿는가? 당신이 어려운 시기에도 훌륭한 가치관을 지키며 실천한다는 사실을 그들이 알고 있는가? 만일 그렇다면 당신이 그들에게 미치는 영향력은 앞으로도 계속 늘어날 것이다. 하지만 그렇지 않다면 앞으로 할 일이 많다. 신뢰의 법칙을 벗어날 수 있는 사람은 아무도 없다. 신뢰는 리더십의 출발점이기 때문이다.

신뢰의 법칙 실천 매뉴얼

....

1. 사람들이 당신을 얼마나 신뢰하는지 알 수 있는 방법은 무엇일까? 가장 좋은 방법은 그들이 당신을 얼마나 솔직하게 대하는지 관찰하는 것이다. 사람들은 당신에게 열린 마음으로 의견을 제시하는가? 부정적인 의견도 기탄없이 말하는가? 좋은 소식 못지않게 나쁜 소식도 서슴없이 전하는가? 담당 분야의 정보를 자발적으로 제공하는가? 만일 그렇지 않다면 그들은 당신의 성품을 신뢰하지 않는 것이다.

당신의 리더들은 어떤가? 당신을 꾸준히 신뢰하는 모습을 보이는가? 당신에게 주기적으로 적절한 책임을 맡기는가? 그렇다면 그들은 당신을 신뢰한다고 봐야 한다. 그렇지 않다면 당신의 능력과 성품을 더 나은 방향으로 계발해야 한다.

2. 당신의 성품을 개선할 방법은 무엇일까? 나는 당신에게 진실성, 진정성, 자기규율, 이 3가지 가치에 집중하라고 권하고 싶다. 우선 진실성을 계발하려면 사소한 일에도 솔직한 자세로 임해야 한다. 진실을 왜곡하지 말고 악의 없는 거짓말조차 하지 마라. 숫자를 조작하지 말고 고통스러워도 진실을 말하라. 그다음 진정성을 기르기 위해서는 모든 사람에게 자신의 솔직한 모습을 보여주어야 한다. 정치 놀음이나 역할극에 빠지지 말고 당신 자신이 아닌 다른 누구의 행세도 하지 마라. 마지막으로 자기규율을 강화하려면 힘들거나 맞지 않다고 느껴도 매일 올바른 일을 해야 한다.

3. 과거 누군가의 신뢰를 깨뜨린 적이 있다면 이를 바로잡기 위해 노력해야 한다. 가장 먼저 할 일은 상처를 입혔거나 배신한 사람에게 사과하는 것이다. 지금이라도 그 일을 돌이키거나 배상할 여지가 있다면 그렇게 하라. 그 사람의 신뢰를 되찾는 데 모든 노력을 기울여라. 당신이 위반한 신뢰의 크기가 클수록 그 작업에는 더 오랜 시간이 걸린다. 그에게 당신을 신뢰할 책임이 있는 게 아니다. 그의 신뢰를 되찾을 책임은 바로 당신에게 있다.

신뢰의 법칙을 벗어날 수 있는 사람은 아무도 없다.
신뢰는 리더십의 출발점이기 때문이다.

제 **7** 장

존경의 법칙

The Law of Respect

사람들은 자신보다
더 강한 리더를 따른다

만약 당신이 '이 여성'을 직접 봤다면 첫눈에 존경심을 느끼기는 어려웠을 것이다. 그녀는 결코 눈에 띄는 사람이라고 할 수 없었다. 30대 후반의 나이에 키는 150센티미터가 겨우 넘었고 짙은 갈색의 피부는 거칠기 짝이 없었다. 그녀는 글을 읽고 쓸 줄도 몰랐다. 입고 있던 옷은 낡고 해졌으며 웃을 때는 앞니 2개가 빠진 치아가 그대로 보였다.

그녀는 혼자 살았다. 29살 때 남편을 버리고 떠났다고 한다. 아무런 말도 하지 않고 남편이 자고 있을 때 집을 떠나왔다. 하는 일도 들쭉날쭉했다. 주로 작은 호텔에서 바닥을 닦고 방을 청소하고 요리를 하는 등 잡다한 일을 했다. 그러다 봄과 가을이 되면 일하던 곳에서 홀연히 사라졌다가 얼마 뒤에 빈털터리가 되어 나타나 다시 일하곤 했다.

직장에 근무할 때는 열심히 일했다고 한다. 또한 신체적으로 강인해 보였지만 갑자기 수면에 빠지는 증상을 보이곤 했다. 때로는 대화 도중에 잠이 드는 때도 있었다. 그녀는 10대 시절 누군가에게 머리를 심하게 얻어맞은 뒤부터 이런 병을 얻었다고 말했다.

대체 누가 그런 그녀를 존경할 수 있을까? 하지만 그녀를 따라 남부를 탈출해서 자유를 얻은 노예 300명은 그녀의 리더십을 인정했고 존경했다. 뉴잉글랜드 지역의 노예제도 폐지론자들도 마찬가지였다. 때는 1857년, 그녀의 이름은 해리엇 터브먼Harriet Tubman이었다.

흑인 노예들을 해방시킨 노예

터브먼은 30대에 불과했지만 사람들은 그녀를 '모세'라고 불렀다. 속박의 땅에 잠입해 수많은 흑인을 노예제도의 굴레에서 해방시켰기 때문이다. 터브먼 역시 한때 노예의 삶을 살았다. 1820년 메릴랜드의 어느 농장에서 태어난 그녀는 13살 때 둔기로 머리를 얻어맞았다. 한 가계의 백인 감독관이 도망치다 잡힌 노예를 매질하라고 그녀에게 요구했고 그녀가 거부하자 감독관은 1킬로그램짜리 저울추를 던져 그녀의 머리를 정통으로 맞혔다. 그녀는 겨우 목숨을 건졌지만 회복하는 데만 몇 달이 걸렸고 평생 후유증으로 고생해야 했다.

그녀는 24살 때 존 터브먼John Tubman이라는 자유 신분의 흑인과 결혼했다. 하지만 그녀가 자유를 찾아 북쪽으로 도망치자고 제의하자 남편은 들으려고도 하지 않았다. 게다가 그녀가 탈출을 시도하면 신고하겠다고 위협했다. 1849년 터브먼은 북쪽으로 탈출하기로 결심하고 남편에게 아무 말도 하지 않고 혼자 떠났다.

그녀의 전기를 쓴 세라 브래드퍼드Sarah Bradford는 터브먼이 이런 말을 했다고 한다. "나는 이렇게 생각했어요. 내게 죽을 권리와 자유를 얻을 권리 둘 중 하나는 있다고요. 하나를 얻지 못한다면 다른 하나는 얻을 수 있겠죠. 아무도 나를 산 채로 잡지는 못할 테니까요. 조금이라도 힘이 남아 있는 한 자유를 위해 싸워야 했습니다."

터브먼은 지하철도Underground Railway를 통해 펜실베이니아주 필라델피아로 탈출했다. 지하철도란 자유 신분의 흑인들, 백인 노예 폐지론자, 퀘이커 교도 등이 도망치는 노예들을 돕기 위해 비밀리에 운영하던 네트워크를 부르는 말이었다. 그녀는 자유를 얻은 뒤에도 언젠가 꼭 메릴랜드로 돌아가 가족들을 데려오겠다고 맹세했다. 1850년 터브먼은 뜻을 같이하는 사람들과 협력해서 노예들을 빼내고 탈출을 돕는 지하철도의 '안내자' Conductor가 되어 처음으로 길을 떠났다.

강철 같은 리더

터브먼은 매년 여름과 겨울에는 남부로 돌아갈 돈을 모으기 위해 열심히 일했다. 그리고 봄과 가을에는 목숨을 걸고 남부로 숨어들어 더 많은 흑인을 데리고 돌아왔다. 그녀는 두려움을 몰랐으며 흔들리지 않는 리더십을 발휘했다.

터브먼이 한 일은 극도로 위험했다. 그녀는 자기가 탈출을 돕고 있는 흑인들이 주저하거나 생각을 바꾸려는 기미가 보이면 강철같이 단호한 태도를 보였다. 흑인들이 도망치다 잡히면 누가 탈출을 도왔는지 자백할 때까지 맞고 고문당한다는 사실을 알고 있었기 때문이다. 그래서 그녀는 흑인들이 도중에 포기하도록 놔두지 않았다. "죽은 자는 말이 없지." 그녀는 잔

뜩 겁을 집어먹은 노예의 머리에 권총을 갖다 대며 이렇게 말했다. "계속 가든지, 여기서 죽든지 선택해!"

터브먼은 1850년에서 1860년까지 그녀의 가족 대부분을 포함해 300명 이상의 노예를 탈출시켰다. 그녀는 남부로 떠난 19번의 여정 중에 단 1명의 낙오자도 없었다는 사실을 자랑스러워했다. "내가 탄 열차는 철로를 벗어난 적이 없어요. 단 1명의 승객도 놓치지 않았죠." 당시 남부에서는 그녀에게 1만 2,000달러의 현상금을 내걸었다. 현재의 화폐가치로 보면 40만 달러에 해당하는 금액이다.[1] 그녀는 남북전쟁이 시작될 때까지 흑인과 백인, 남자와 여자를 가리지 않고 수많은 흑인을 노예제도로부터 해방시켰다.

존경은 강함에 대한 인정에서 피어난다

터브먼의 명성과 영향력이 커지면서 그녀를 향한 사람들의 존경심도 함께 커졌다. 그녀를 존경한 사람은 자유를 꿈꾼 노예들만이 아니었다. 당시 북부에서 힘깨나 쓴다는 사람이라면 백인과 흑인을 가리지 않고 모두 그녀를 만나고 싶어 했다. 그녀는 거주 중이던 펜실베이니아주 필라델피아에서 매사추세츠주 보스턴, 캐나다의 세인트캐서린스, 나중에 그녀가 정착한 뉴욕주 오번에 이르기까지 전국을 누비며 집회에서 연설했다.

에이브러햄 링컨이 국무장관으로 발탁한 윌리엄 수어드William Seward 상원의원과 노예 출신으로 노예 폐지 운동에 앞장섰던 프레더릭 더글러스Frederick Douglas 같은 유명 인사들도 그녀를 찾았다. 당시 급진적인 노예 폐지론자로 유명했던 존 브라운John Brown도 그녀에게 조언을 구하고 리더십을 배웠는데, 그녀를 볼 때마다 '터브먼 장군'이라고 부르곤 했다. "터브먼은 내가 만난 어떤 장교보다 훌륭한 군인이다. 그녀는 탈출하는 노예들을 성공적으로 이끌었던 것처럼 어떤 군대라도 성공적으로 지휘할 수 있을 것이다."[2] 그녀는 강한 리더십으로 존경의 법칙The Law of Respect을 대표하는 인물이 되었다.

사람들은 강한 리더를 따른다

터브먼은 리더가 되기엔 모든 여건이 불리했다. 노예로 태어나 교육을 받지 못했고 흑인들이 극도로 천대받는 문화 속에서 평생을 살았다. 게다가 그때는 미국의 여성들에게 참정권조차 없던 시절이었다. 하지만 터브먼은 이런 불리한 환경 속에서도 훌륭한 리더가 됐다. 그 이유는 간단하다. 사람들은 본능적으로 자신보다 더 강하고 나은 리더를 따르기 때문이다. 터브먼을 만난 사람들은 누구나 그녀의 강력한 리더십을 인정했고 그녀를 따를 수밖에 없다는 느낌을 받았다. 존경의 법칙은 바로 이렇게 작용한다.

리더를 향한 본능적인 움직임

우리가 누군가를 따르는 일은 우연히 일어나지 않는다. 사람들은 자신이 원하는 리더십을 보여주는 이를 존경하고 따르게 되어 있다.

리더십 수준에 1점부터 10점까지 점수를 매길 수 있다고 해보자. 리더십 점수가 8점인 사람이 6점인 사람을 따르는 일은 없다. 그 사람은 본능적으로 9점이나 10점인 사람을 따르려고 한다. 어떤 분야에서 기술이 부족한 사람은 자기보다 기술이 뛰어나거나 그 분야에 재능이 있는 사람을 따르기 마련이다.

물론 뛰어난 리더가 자기보다 리더십이 부족한 사람을 따르는 경우도 전혀 없지는 않다. 하지만 그럴 때는 반드시 이유가 있다. 상대방의 직책이나 과거의 업적을 존중하는 의미에서 그렇게 행동할 수도 있고, 조직의 지휘 체계를 지키다 보니 그런 일이 생길 수도 있다. 하지만 사람들은 일반적으로 자신보다 더 나은 리더에게 이끌리는 법이다.

각기 다른 리더십 역량을 가진 사람들이 맨 처음 만나 모임을 가질 때 어떤 일이 생기는지 관찰해보자. 교류가 시작되면 어느 순간 몇몇 리더가 등장해서 사람들에게 영향력을 발휘하기 시작한다. 처음에는 사람들 대부분이 제각기 독자적으로 행동하고 움직인다. 그러다 서로에 대해 알게 되면 곧바로 최고의 리더가 누군지 파악하고 그를 따르게 된다.

대체로 리더십 역량이 뛰어난 사람일수록 다른 사람의 리더십 또는 리

| 처음에는 사람들이 독자적으로 움직인다 |

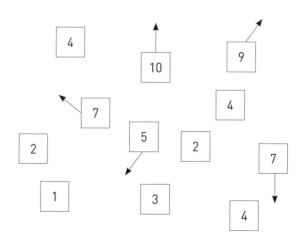

| 시간이 흐르면 강한 리더를 향해 움직인다 |

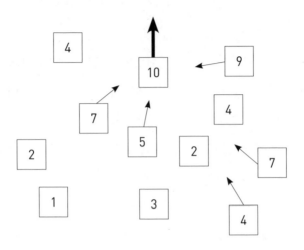

| 사람들이 강한 리더를 향해 움직이면서 자기 자리를 찾아 선다 |

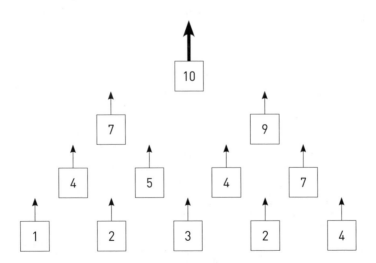

더십의 부재를 더 일찍 알아차린다. 시간이 흐르면서 사람들은 가장 강력한 리더에게 속속 합류하고 그렇지 않은 사람들은 그룹을 떠난다.

대체로 리더십 역량이 뛰어난 사람일수록 다른 사람의 리더십 또는 리더십의 부재를 더 일찍 알아차린다.

존경받는 리더의 조건

우리가 리더를 존경하고 따르는 이유는 무엇일까? 리더의 자질 때문일까? 리더와 따르는 사람 사이의 상호작용 때문일까? 아니면 환경 때문일까? 내 생각에는 그 모든 요인이 영향을 미치는 것 같다. 그동안 개인적으로 관찰하고 경험한 바를 토대로 리더가 사람들에게 존경받는 이유를 다음과 같이 7가지로 정리했다.

1. 리더십 역량

무엇보다 중요한 것은 리더십 역량이다. 모든 리더는 똑같이 태어나지 않는다. 어떤 사람은 날 때부터 남들을 이끄는 기술과 능력이 뛰어나다. 하지만 제1장 '한계의 법칙'과 제3장 '과정의 법칙'을 설명하며 강조했듯이 누구나 노력을 통해 지금보다 더 나은 리더가 될 수 있다.

어떤 리더가 훌륭한 리더십 역량을 타고났다면 사람들이 따르고 주위에 머무르며 이야기에 귀를 기울일 것이다. 또 리더가 제시한 비전을 기쁘게 받아들일 것이다. 하지만 타고난 리더십 역량만으로는 부족하다. 앞으로 설명할 리더의 행동이나 특성을 더 보여주지 못하면 리더십 역량을 마음껏 발휘할 수 없다. 사람들은 그런 리더를 더 이상 따르지 않는다. 타고난 리더가 가장 빠지기 쉬운 함정은 본인의 재능에만 지나치게 의존하는 것이다.

2. 구성원들에 대한 존중

모든 리더가 지닌 공통적인 특성 중 하나는 다른 사람보다 더 많이, 더 일찍 앞을 내다본다는 점이다. 이는 리더의 큰 장점이다. 독재자나 전제 군주들은 이런 능력을 이용해서 권력을 독점하고 혜택을 누렸다. 그리고 폭력과 위협을 동원해 그렇게 얻어낸 것들을 지켰다. 이처럼 가치관이 부실한 리더는 자신의 장점을 이용해 사람들을 착취하고 조종하려 한다.

하지만 훌륭한 리더는 사람들을 존중한다. 이들은 자신의 리더십이 사람들의 자발적인 참여에 달려 있다는 사실을 잘 알고 있다. 특히 힘이 없고 지위가 낮은 이들의 말에 귀를 기울이고 존중하는 태도를 보인다. 그

모든 리더가 지닌 공통적인 특성 중 하나는 다른 사람보다 더 많이, 더 일찍 앞을 내다본다는 점이다.

결과 사람들은 자신을 존중하는 리더를 따르려는 마음이 생겨난다. 사람들을 더 많이 존중할수록 더 폭넓은 리더십을 발휘할 수 있다.

사람들이 리더를 존경하는 마음은 다음과 같은 패턴을 따라 발전한다.

1명의 인간으로서 존경하면 당신을 '흠모하는' 것이다.
친구로서 존경하면 당신을 '사랑하는' 것이다.
리더로서 존경하면 당신을 '따르는' 것이다.

사람들을 한결같이 존중하고 훌륭하게 이끈다면 그들은 항상 당신을 따를 것이다.

3. 어려움을 이겨내는 능력

존경심은 어려운 상황 속에서 생겨난다. 리더가 항상 긍정적인 자세로

다른 사람들이 문제를 해결하고, 약점을 극복하고, 잘못된 행동을 고치는 과정을 돕는다면 모두가 성장할 수 있다. 리더는 그렇게 얻은 존경을 바탕으로 성장하고 사람들은 리더에게 받은 도움으로 성장한다.

그동안 나는 내가 조언한 기업 고객들의 사례에서 이런 모습을 수없이 목격했다. 직원들과 솔직한 대화를 통해 문제를 해결하는 법을 가르쳤을 때 고객들은 지금까지 배운 내용 중에 가장 가치 있는 기술이라고 입을 모았다. 그들은 직원들과 기탄없이 대화를 나누기 시작하자 그들의 리더십에 커다란 변화가 생겼다고 말했다. 나아가 직원들과 어려운 주제에 관한 대화를 하는 방법에 대해서도 더 많은 조언을 요청했다.

4. 용기

사람들이 따르는 건 타이틀이 아니라 용기다. 모든 사람이 해리엇 터브먼을 존경한 이유는 그녀가 보여준 엄청난 용기 때문이었다. 그녀는 성공에 대한 의지로 가득했고 언제라도 기꺼이 죽을 각오가 돼 있었다. 어떤 위험도 그녀를 가로막지 못했다. 그녀는 분명한 사명감을 가지고 있었고 조금의 두려움도 없었다.

미국 국무부 장관을 지낸 헨리 키신저Henry Kissinger는 이렇게 말했다. "어려움이 닥쳤을 때 홀로 맞설 의지가 부족한 사람은 리더의 자격이 없다." 훌륭한 리더는 실패할 가능성이 클 때도, 눈앞에 큰 위험이 닥치고 가혹한 비난이 쏟아지는 상황에서도 스스로 옳다고 믿는 일을 한다. 역사상 그 어떤 위대한 리더도 용기가 부족했던 사람은 없다. 리더의 용기는 큰 가치를 지닌다. 자신을 따르는 사람들에게 희망을 안겨주기 때문이다.

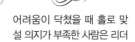

어려움이 닥쳤을 때 홀로 맞설 의지가 부족한 사람은 리더의 자격이 없다. 헨리 키신저

5. 성공

성공은 매력적이다. 사람들은 본능적으로 성공에 이끌린다. 사람들이 유명인들의 삶을 궁금해하고 스포츠팀을 응원하며 음악 스타들의 발자취를 찾아보는 이유도 그 때문이다.

따라서 사람들을 이끄는 리더에게 성공은 더욱 중요하다. 우리는 리더가 거둔 업적을 존경한다. 훌륭한 성과 앞에서는 누구도 논란을 벌이지 않는다. 리더가 각고의 노력 끝에 성공했다면 사람들은 그를 존경한다. 리더가 팀을 승리로 이끌었을 때 사람들은 그가 또다시 성공을 거둘 거라고 믿고 따라나선다. 그와 함께 미래의 성공으로 나아가는 길에 자신도 합류하고 싶기 때문이다.

6. 충성심

지금은 이른바 '자유계약'의 시대다. 조사에 따르면 일반적인 근로자는 36세가 될 때까지 평균 10번 직장을 옮긴다고 한다.[3] 프로 운동선수들은 최고의 조건을 제시하는 곳으로 팀을 옮겨 다닌다. CEO들도 엄청난 연봉을 두고 회사와 협상을 벌인다. 하지만 실적이 좋지 않으면 막대한 돈만 챙기고 자리에서 물러나기도 한다.

이처럼 끝없는 변화와 이직이 수없이 벌어지는 조직문화 속에서 충성심은 하나의 자산이 될 수 있다. 리더가 자신의 책임을 완수할 때까지 팀에 머물면서 일이 순조롭지 않아도 헌신하고 어려움이 닥쳤을 때 구성원들을 끝까지 지킨다면 사람들은 당연히 그 리더를 존경할 것이다.

7. 구성원들의 가치 향상

리더를 향한 존경심의 가장 큰 원천은 타인의 삶에 가치를 더하는 데 있다. 이 주제에 관해서는 제5장에서 '덧셈의 법칙'을 설명하며 자세하게 다뤘으니 여기서 더 많은 이야기를 할 필요는 없을 것 같다. 사람들은 자신과 자신의 삶에 가치를 더해주는 리더를 존경한다. 그런 리더에게는 프로젝트나 관계가 종료된 뒤에도 오랫동안 존경심을 품는다.

존경심은 무엇으로 측정하는가

리더로서 사람들에게 얼마나 존경받는지 어떻게 알 수 있을까? 사람들의 존경심을 측정하고 싶다면 우선 리더를 따르는 사람들을 관찰해보자. 데니스 피어Dennis A. Peer는 이렇게 말했다. "리더십을 측정하는 방법은 당신을 따르는 사람들이 얼마나 우수한지 판단하는 것이다." 그다음에는 리더가 사람들에게 헌신과 변화를 요구했을 때 그들이 어떻게 반응하는지 살펴봐야 한다.

> 리더십을 측정하는 방법은 당신을 따르는 사람들이 얼마나 우수한지 판단하는 것이다.
> 데니스 피어

존경하는 리더가 헌신을 부탁하면 사람들은 적극적으로 노력한다. 때로는 리더의 요구를 듣고 위험을 감수하기도 하며 오랜 시간 노력을 쏟아붓거나 어떤 일이라도 해내겠다고 말한다. 또한 사람들은 존경받는 리더가 변화를 요구하면 기꺼이 변화를 수용한다.

하지만 존경하지 않는 리더가 헌신이나 변화를 요구하면 사람들은 못 믿겠다는 반응을 보이거나 문제를 제기하고, 이리저리 핑계를 대거나 조직을 떠나기도 한다. 따라서 존경받지 못하는 리더가 어려운 상황 속에서 사람들을 이끌기는 쉽지 않다.

사람들은 존경한 리더를 잊지 않는다

1997년 노스캐롤라이나대학교의 농구 감독 딘 스미스Dean Smith가 은퇴했다. 역사상 최고의 감독으로 평가받는 그는 32년간 이 학교의 농구 감독으로 재직하면서 무려 879승을 올렸으며, 27개 시즌 연속 매년 20승 이상을 거두는 대기록을 세웠다.[4] 또한 ACCAtlantic Coast Conference(미국 대서양 연안에 소재한 대학교들의 스포츠 리그—옮긴이)에서 13번 우승했고 전미대학농구대회 National Collegiate Athletic Association, NCAA의 4강에 11번 올라 2번 우승컵을 들어올렸다. 스미스가 은퇴했을 때 미국의 대통령도 전화를 걸어 그에게 경의를 표할 정도였다.

하지만 스미스가 삶에서 존경의 법칙을 얼마나 잘 지켰는지 보여준 것은 그가 쌓아 올린 수많은 기록과 찬사가 아닌 이 대학 출신의 선수들이었다. 선수들이 그를 존경한 이유는 한두 가지가 아니었다. 스미스는 농구뿐만 아니라 인생에 대해서도 많은 것을 가르쳤다. 또 선수들에게 학업에 열심히 임하라고 독려했고 덕분에 거의 모든 선수가 학위를 받을 수 있었다. 그는 선수들을 승리자로 만들었고 선수들은 그에게 놀라운 충성심과 존경심을 보여주었다.

1970년에 노스캐롤라이나대학교를 졸업할 때까지 스미스의 팀에서 선수 생활을 한 찰리 스콧Charlie Scott은 졸업 후 프로농구계에서 활약했고 나중에 챔피언 프로덕츠Champion Products의 마케팅 담당 이사로 일했다. 스콧은 스미스와 함께 보낸 날들을 이렇게 회고했다.

노스캐롤라이나대학교에 다닐 때 나는 ACC에서 뛴 최초의 흑인 선수로서 많은 어려움을 겪었다. 하지만 스미스 감독님은 그럴 때마다 늘

내 곁에 있었다. 언젠가 사우스캐롤라이나대학교 팀과 경기를 마치고 코트를 나오는데, 상대 팀의 팬 한 사람이 "덩치 큰 검은 원숭이!"라며 내게 야유를 보냈다. 2명의 진행 요원이 그 사람을 향해 달려가려는 스미스 감독님을 가까스로 뜯어말렸다. 감독님이 그토록 화내는 모습을 본 것은 그때가 처음이었다. 나는 꽤 놀랐지만 한편으로 감독님이 그 누구보다 고마웠다.[5]

스미스는 노스캐롤라이나대학교의 농구 감독으로 있는 동안 선수 49명을 프로 농구계에 진출시키는 놀라운 능력을 보여주었다. 그중에는 밥 맥아두Bob McAdoo, 제임스 워디James Worthy, 마이클 조던 같은 스타들도 있었다. 특히 조던은 역사상 최고의 농구선수였을 뿐만 아니라 팀의 승리를 견인하는 뛰어난 리더이기도 했다.

스미스가 2015년 사망했을 때 1만 명이 넘는 인파가 그의 장례식에 몰려들었다. 그는 세상을 떠난 뒤에도 선수들에게 뭔가를 주고 싶어 했던 것 같다. 그의 장례식이 끝나고 몇 주가 지났을 때 그동안 노스캐롤라이나대학교 농구팀에서 그와 함께 뛰었던 모든 선수에게 200달러짜리 수표가 배달됐다. 수표에는 이런 메모가 붙어 있었다. "외식이라도 한 끼 즐기세요. 딘 스미스 감독이 감사를 전합니다."[6]

리더도 자신보다 더 나은 리더를 따른다

마이클 조던의 아버지 제임스 조던James Jordan은 아들이 거둔 성공에 딘 스미스 감독이 큰 역할을 했다고 말했다. 1993년 시카고에서 플레이오프 경기가 열리기 직전 제임스는 이렇게 말했다.

> 사람들은 딘 스미스가 운영했던 훈련 프로그램을 과소평가한다. 그는
> 마이클이 자신의 운동 능력을 깨닫고 갈고닦을 수 있도록 도왔다. 하
> 지만 그보다 중요한 건 마이클이 좋은 성품을 갖도록 지도했다는 점이
> 다. 덕분에 마이클은 훌륭한 경력을 쌓을 수 있었다. 나는 마이클이 다
> 른 선수들보다 농구를 유달리 많이 배웠다고 생각하지 않는다. 그는
> 농구 기술에 못지않게 좋은 성품을 배웠다. 노스캐롤라이나대학교에
> 서 그 2가지를 결합하는 능력을 얻은 것이다. 지금의 마이클이 있게 된
> 비결은 바로 이것이라고 생각한다.[7]

마이클 조던은 훌륭한 리더를 따르는 일이 무엇을 의미하는지 잘 알았
다. 그는 경력이 하향세에 놓이자 오직 필 잭슨Phil Jackson 감독이 이끄는 팀
에서만 뛰겠다고 의사를 밝혔다. 어쩌면 당연한 일이었는지도 모른다. 그
자신이 훌륭한 리더였던 조던이 본인보다 더 나은 리더를 따르겠다고 한
것이다.

당신을 따르기를 주저하는 사람들 때문에 좌절감을 느낀다면 그 이유는
당신보다 리더십 역량이 우수한 사람들을 이끌기 위해 애쓰고 있는 탓일
지도 모른다. 무척 난감한 상황일 수밖에 없다. 아무리 설득력 있는 비전
과 계획을 제시한다 해도 당신의 리더십 수준이 7점이라면 리더십 수준이
8~10점인 사람들이 따를 가능성은 매우 희박하기 때문이다.

수학자 앙드레 베유André Weil는 이렇게 말했다. "일류 인간은 자신과 비
슷하거나 더 나은 사람들로 주위를 채우려고 애쓴다. 이류 인간은 늘 삼류
인간들에게 둘러싸여 있다. 삼류 인간 주위에는 온통 오류 인간들뿐이다."

사람들이 자기보다 뛰어난 리더를 따르는 이유는 자신의 부족한 리더십에 불안감을 느끼기 때문만은 아니다. 그저 자신보다 더 나은 사람, 더 강한 사람을 따르고 싶어 하는 존경의 법칙 때문이다. 좋든 싫든 리더십이 발휘되는 모습은 이와 같다.

존경의 법칙 실천 매뉴얼

1. 직원들이나 자신을 따르는 사람들 또는 자원봉사자들에게 헌신을 요구하거나 변화를 주문했던 마지막 순간이 언제였는지 생각해보자. 그들은 어떤 반응을 보였는가? 만일 그들이 기쁘게 따랐다면 당신을 존경했다는 뜻이다. 하지만 그들이 거부했다면 당신을 존경하지 않았다는 의미다.

2. 리더가 사람들에게 존경을 받는 데 필요한 다음 7가지 특성들을 살펴보자. 각 항목에 대한 당신의 수준을 1점(낮음)부터 10점(높음)까지 숫자를 사용해서 평가해보자. 리더십 점수를 높이는 방법은 이 영역들을 향상시키는 것이다. 해당 영역을 개선하는 데 필요한 행동, 습관, 목표 등을 적어보자. 그리고 1개월 동안 이를 꾸준히 실천하라(주의! 훌륭한 결과를 거두기까지 그보다 더 많은 시간이 필요할 수도 있다).

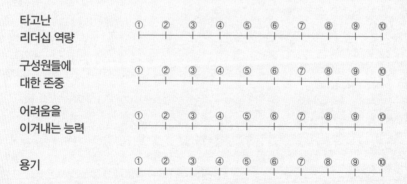

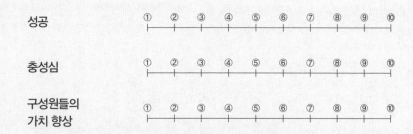

성공

충성심

구성원들의
가치 향상

3. 내가 가장 좋아하는 성공의 정의 중 하나는 '가장 가까운 사람들에게 존경
받는 것'이다. 나를 가장 잘 아는 가족과 매일 함께 일하는 동료들이 나를 존경
한다면 성공한 것이라고 생각한다. 용기를 내서 가장 가까운 사람들에게 당신
의 어떤 면을 가장 존경하는지 물어보자. 또 당신이 가장 성장해야 할 점이 무
엇인지 알려달라고 부탁하자. 그들의 솔직한 피드백을 바탕으로 부족한 점을
개선하기 위해 노력하라.

사람들은 자신이 원하는 리더십을 보여주는 이를
존경하고 따르게 되어 있다.

제8장

직관의 법칙

The Law of Intuition

리더는 직관으로
성공의 기회를 포착한다

이 책을 출간하고 25년간 사람들에게 21가지 리더십 법칙을 강의하면서 그중 가장 가르치기 어려운 것이 직관의 법칙The Law of Intuition이라는 사실을 알게 됐다. 이 법칙을 이야기하면 타고난 리더들은 즉시 이해했고, 노력해서 리더가 된 사람들은 조금 시간이 걸렸지만 결국 알아들었다. 하지만 리더가 아닌 사람들은 멍하니 나를 바라볼 뿐이었다.

리더가 사물을 바라보는 방식은 보통 사람과 다르다. 리더는 '리더십 관점'Leadership Bias을 통해 모든 것을 판단한다. 이게 무슨 뜻일까? 사람들이 생산성과 관련된 문제를 이야기할 때 리더는 그 문제의 원인이 리더십의 부재 때문일지도 모른다고 생각한다. 사람들이 현금 흐름의 문제점을 발견할 때 리더는 좋지 못한 리더십에서 문제의 원인을 찾아낸다. 투자자들이 지난 분기의 성공적인 실적을 축하할 때 리더는 훌륭한 리더십 의사결정 덕분에 그런 실적이 가능했음을 이미 알고 있다.

뛰어난 리더는 리더십 관점 또는 필터를 통해 사물을 바라보고 리더십의 역동성을 바탕으로 조직과 팀의 성과를 설명한다. 그리고 이 관점은 그의 내면에서 '리더십 직관'Leadership Intuition으로 발전해 그가 수행하는 모든 일에 정보를 제공한다. 이 능력은 그의 정체성과 떼려야 뗄 수 없는 요소로 자리 잡는다. 리더가 정확한 직관을 계발하고 충실히 따른다면 리더십을 완전히 새로운 수준으로 향상시킬 수 있다.

직감의 목표는 성공이다

2010년 제이미 컨 리마Jamie Kern Lima는 그토록 고대하던 TV 홈쇼핑 채널 QVCQuality Value Convenience에 처음으로 출연할 날을 한 주 앞둔 시점에서 매우 중요한 의사결정을 해야 했다. 이 기회를 잡는 데 2년이라는 시간이 걸렸고 여기에 그녀의 모든 것이 달려 있었다. 이 홈쇼핑 방송에 출연하는 10분 동안 운영하는 회사의 운명이 좌우될 예정이었다.

컨 리마는 2008년 화장품 회사인 잇 코스메틱스IT Cosmetics를 설립했다. 회사를 창업한 계기는 그녀 자신이 주사비酒皶鼻라는 피부염으로 생겨난 얼굴의 붉은 반점들을 가려줄 화장품을 찾아내지 못했기 때문이었다. 컨 리마는 피부과 전문의들의 도움을 얻어 반점을 가려줄 뿐만 아니라 피부에도 좋은 제품을 직접 개발했다.

그녀는 이 제품이 모든 여성에게 아름다워질 수 있다는 자신감을 선사할 거라고 믿었다. 하지만 잇 코스메틱스의 제품을 찾는 고객은 아무도 없었다. 2년 동안 소매업체들의 문을 두드렸지만 제품을 판매해보겠다는 업자도 나타나지 않았다. QVC가 컨 리마에게 방송 출연을 허락했을 때 그녀와 남편 파울로Paulo는 주머니를 남김없이 털고 여기저기 돈을 빌렸다. 그리고 그 돈으로 컨실러Concealer 제품(기미나 잡티 같은 피부의 흠을 가리기 위해 바르는 화장품―옮긴이) 6,000세트를 만들어 QVC로 배달시켰다. 만일 방송에서 이 제품들을 모두 팔지 못하면 그날이 잇 코스메틱스의 마지막 날이 될 것이었다.

컨 리마는 컨설턴트들에게 조언을 받기로 결정했다. 컨설턴트들은 젊고 아름다운 모델들을 고용해 제품을 시연해야 한다고 말했다. 하지만 컨 리마는 피부에 문제가 있는 일반 여성을 출연시켜 소비자들에게 제품을 보여주고 싶었다. 그녀는 일주일 내내 QVC의 스튜디오에 앉아 이 결정을 두고 고민했다.

결국 그녀는 자신의 직관을 따르기로 했다. "그 시도가 결국 실패로 돌아갈 수도 있었겠죠. 그렇다고 해도 옳은 일을 할 수 있는 기회를 포기하지는 않기로 했습니다. 모든 여성이 아름답다고 느낄 자격이 있다는 우리의 믿음을 증명할 기회였습니다. 바로 그 기회를 놓치면 안 된다고 생각한 거죠."[1]

방송이 시작되고 카메라가 돌아가기 시작했다. 컨 리마는 울긋불긋한 반점으로 가득한 자신의 민낯을 시청자들에게 그대로 공개하고 화장품으로 반점들을 커버하는 모습을 보여주었다. 그리고 이 제품은 피부 톤이나 피부 유형과 관계없이 모든 연령대의 여성이 사용할 수 있다고 설명했다. 방송이 시작되고 3분이 채 되지 않아 준비한 6,000세트가 모두 팔려나갔다. 구매 대기 목록에 오른 고객도 3,000명이 넘었다. 방송이 끝났을 때 그녀는 울음을 터뜨렸고 남편은 그녀를 끌어안고 외쳤다. "우리는 파산하지 않을 거야!"

컨 리마는 그녀의 책 《빌리브 잇》에서 이렇게 말했다.

전문가들의 말이나 의견이 내 직감과 일치하지 않을 때 가장 안전하고 솔깃한 방법은 그들의 경험이나 실적에 귀를 기울이는 일일 것이다. 그러나 그동안 내가 얻은 가장 큰 교훈 중 하나는 당신이 정말로 새로운 아이디어, 제품, 비전을 내놓아도 전문가들은 당신의 성공을 믿지 않는다는 것이다. 좋은 의도로 그렇게 말하는 사람들조차 자신이 직접 뭔가를 만들거나 쌓아 올린 경험은 별로 없다. 전문가들은 스스로 앞을 내다보는 능력을 갖췄다고 생각할지 모르지만 경험해보지 않았던 성공을 상상하지는 못한다.[2]

이후 컨 리마는 QVC에 1,000회 이상 출연했으며 잇 코스메스는 이 홈쇼핑 채널에서 가장 큰 뷰티 브랜드로 자리 잡았다. 얼마 지나지 않아 잇 코스메틱스는 얼타ULTA와 세포라Sephora를 비롯해 유명 소매업체들에 성공적으로 입점했다. 그리고 2016년에는 로레알L'Oréal이 잇 코스메스를 12억 달러에 인수했다!

컨 리마의 리더십 직관은 로레알과의 인수 협상 과정에서도 빛을 발했다. 로레알이 그녀에게 접근한 시점에서 다른 몇몇 구매 희망자들도 잇 코스메틱스를 인수하고 싶다는 의사를 나타냈다. 로레알이 처음 인수 조건을 제시했을 때 컨 리마는 직관에 따라 그 제안을 거절했다. 조건은 기대했던 수준 이상이었지만 그녀는 회사의 진정한 가치에 비해 로레알의 제안가가 적은 금액이라는 사실을 직감하고 있었다. 컨 리마는 QVC에 처음 출연하기 직전에 중요한 의사결정을 내렸던 상황을 돌이켜봤다. "모든 것이 위태로운 상황에 놓였을 때 직감에 따라 의사결정을 내림으로써 또 다른 기회의 문을 열 수 있었습니다."[3]

뛰어난 리더는 데이터에 매몰되지 않는다

직관을 설명하기는 매우 어렵다. 실체가 있는 대상이 아니기 때문이다. 직관은 꼭 경험적 증거에 의존하지 않는다. 미 국무부 장관을 지낸 콜린 파월Colin Powell은 많은 리더가 의사결정을 내리기 전에 필요한 데이터를 빠짐없이 수집하고 모든 의문점에 대한 답을 얻으려고 애쓰기 때문에 결정에 어려움을 겪는다고 말했다. 실제로 파월은 얻을 수 있는 정보의 40~60퍼센트 정도만 손에 넣었을 때 결정을 내렸고 부족한 부분은 자신의 경험을 사용해서 메웠다. 사실뿐만 아니라 리더십 직관에 근거해서 결정을 내린 것이다. 이것이 직관의 법칙, 즉 리더십 직관을 적절히 사용한 예라 할 수 있다.

리더가 직관으로 읽어야 할 5가지

직관을 갖춘 리더들은 모든 것을 리더십 관점에 따라 판단한다. 선천적으로 리더십 역량을 타고난 사람들은 리더십 직관이 매우 뛰어나지만 그렇지 못한 사람들은 이 능력을 계발하고 갈고닦아야 한다. 하지만 어느 경우든 직관은 2가지 원천에서 나온다. 바로 배워서 익힌 기술과 타고난 능력이다. 리더십 직관은 '정보를 기반으로 한 직관'informed intuition이며 리더가 보통 사람들과는 차별화된 방식으로 리더십의 문제를 단숨에 꿰뚫어 보는 힘이다.

나는 리더십 직관이 다음 5가지를 읽어내는 능력이라고 생각한다. 그렇기에 리더를 '읽는 사람'Reader이라고도 부르는 것이다.

1. 리더는 상황을 읽는다

리더는 남들은 소홀히 여기는 세부 사항들을 어떤 상황에서도 놓치지 않는다. 그들은 리더십 역동성Leadership Dynamics에 주파수를 맞춘다. 많은 리더는 이를 가리켜 조직에서 벌어지는 일의 '냄새를 맡는' 능력이라고 표현한다.

리더는 사람들의 태도를 읽어내고 팀 구성원들이 얼마나 잘 화합하고 협력하는지 측정하는 능력이 있다. 또 언제 일이 잘 돌아가는지, 언제 주춤거리는지, 언제 진행이 중단되는지 판단해낸다. 리더는 굳이 통계자료를 들여다보거나 보고서를 읽거나 대차대조표를 검토할 필요가 없다. 자료들을 손에 넣기 전에 이미 상황을 파악하고 있기 때문이다. 바로 직관의 법칙 때문이다.

앞서 '항해의 법칙'에서 얘기했듯이 리더는 다른 사람들보다 더 많은 것을 더 일찍 내다본다. 큰 그림, 기회, 미래를 직관적으로 보고 이해하며 주변 사람들이 알아차리기 전에 모든 것을 일찌감치 감지한다. 제이미 컨 리마의 경우도 마찬가지였다. 그녀는 여성 소비자들이 젊고 아름다운 모델보다 자신에게 효과가 있는 화장품과 피부 관리 제품을 원한다는 사실을 알고 있었다. 바로 그 때문에 그녀는 거실에 앉아 잇 코스메틱스를 설립하고 10년도 되기 전에 10억 달러가 넘는 기업으로 키워 성공적으로 매각할 수 있었다.

그녀의 직관은 매우 정확했다. 잇 코스메틱스는 로레알에 인수된 뒤 2년 만에 거의 2배로 매출이 늘었다.[4] 컨 리마는 상황을 읽고 직관을 따랐으며 시간이 흐르면서 자신이 옳았다는 사실을 입증했다.

> 리더십 직관은 '정보를 기반으로 한 직관'이며 리더가 보통 사람들과는 차별화된 방식으로 리더십의 문제를 단숨에 꿰뚫어 보는 힘이다.

2. 리더는 트렌드를 읽는다

대부분 구성원들은 눈앞의 일에만 집중한다. 그들은 진행 중인 과업과 프로젝트 그리고 구체적인 목표의 관점에서 모든 것을 생각한다. 물론 당연한 일이다. 이에 반해 관리자들은 대부분 효율성과 유효성에 관심이 많다. 그들은 구성원보다 시야가 넓고 몇 주, 몇 개월, 몇 년 단위로 업무를 생각한다. 하지만 리더의 관점은 그보다 훨씬 광범위하다. 그는 몇 년, 몇 십 년, 심지어 몇 세대 뒤를 내다보기도 한다.

우리 주변의 모든 일은 큰 그림 안에서 일어난다. 리더는 눈앞에 닥친 상황에서 한발 물러나 조직이 과거에 걸어온 길뿐만 아니라 앞으로 향할 곳을 짚어내는 능력(그리고 책임)을 갖춰야 한다. 데이터나 자료를 분석해서 답을 얻는 사람도 있지만 뛰어난 리더는 먼저 상황을 감지하고 나중에 이를 뒷받침하는 데이터를 찾아낸다. 지금 무슨 일이 벌어지는지, 환경이 어떻게 바뀌고 있는지, 조만간 어떤 문제가 닥치거나 기회가 찾아올지 직감한다. 리더는 자신이 이끄는 인재들보다 늘 몇 걸음 앞서나가야 한다. 그렇지 않으면 그들을 진정으로 이끈다고 할 수 없다. 트렌드를 읽는 능력이 없다면 남들을 이끌 수 없다.

3. 리더는 자원을 읽는다

리더와 보통 사람들의 가장 큰 차이점은 자원resource 을 바라보는 방식이다. 성실한 사람은 문제에 부딪혔을 때 '이 상황을 해결하기 위해 내가 어떤 역할을 할 수 있을까?'라고 생각한다. 그중 높은 성과를 내는 사람은 '내가 이 문제를 어떻게 해결해야 할까?'라고 묻는다. 그리고 가장 뛰어난 성과를 내는 사람은 '내가 이 문제를 극복할 만큼 더 크게 성장하려면 무엇을 해야 할까?'라고 질문한다.

하지만 리더가 생각하는 방식은 다르다. 그는 자원의 관점에서 사고하고 자원을 최대한 활용할 방법을 고민한다. 또 갖가지 도전과 문제 그리고 기회를 바라보면서 이렇게 생각한다. '이 문제를 담당하기에 가장 적합한 사람은 누굴까? 어떤 자원(원자재, 기술, 정보, 인력 등)을 동원해야 이 문제를 해결할까? 비용은 얼마나 들까? 어떻게 하면 사람들을 독려해서 성공을 거둘 수 있을까?'

리더는 모든 것을 리더십 관점에서 바라본다. 그는 자신의 개인적인 노력에 의존하기보다 인력을 투입하고 자원을 동원해서 목표를 달성하는 데 초점을 맞춘다. 성공하는 리더는 주어진 자산과 자원을 최대한 활용해서 조직의 이익을 도모한다. 그렇기에 사용할 수 있는 자원이 무엇인지 항상 파악하고 있다.

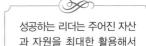
성공하는 리더는 주어진 자산과 자원을 최대한 활용해서 조직의 이익을 도모한다.

4. 리더는 사람을 읽는다

린든 존슨 대통령은 이렇게 말했다. "당신이 어느 방에 들어갔을 때 그곳에 있는 사람 중 누가 당신의 편이고 누가 당신의 편이 아닌지 곧바로 알아차리지 못한다면 당신은 정치가로서 자격이 없다." 모든 리더가 귀 기울여야 할 말이다. 직관이 뛰어난 리더는 사람들 사이에서 어떤 일이 벌어지고 있는지 금방 알아차리며 그들이 무엇을 바라고 두려워하고 걱정하는지 즉시 파악한다.

아마도 리더가 지녀야 할 가장 중요한 직관적 능력을 꼽으라면 아마도 사람을 읽는 기술일 것이다. 지금 당신이 하는 일에 사람들을 참여시키지 못하면 리더십이 있다고 할 수 없다. 사람들에게 영향력을 발휘해서 자신을 따르게 하지 못하면 그들을 진정으로 이끈다고 할 수 없다.

5. 리더는 자기 자신을 읽는다

훌륭한 리더는 자기 자신을 읽을 줄 안다. 시인 제임스 로웰James Lowell은 이렇게 말했다. "자신을 한 치의 거짓 없이 진실한 자세로 대하지 못하는 사람은 위대한 일을 이룰 수 없다." 리더는 자신의 장점과 단점, 기술적 강점과 약점을 알아야 하며 현재 자신의 심리 상태도 수시로 파악해야 한다. 왜 그럴까? 리더는 조직의 발전을 이끌지만 그 자신이 발전에 지장을 줄 수도 있기 때문이다.

세상의 모든 것은 리더십에 따라 상승하거나 추락한다. 사실 좋은 리더가 조직을 성공적으로 이끌기보다 나쁜 리더가 조직에 손해를 끼치기가 더 쉽다. 실제로 우리는 몇 세대에 걸쳐 만들어진 위대한 조직이 단 몇 년 만에 망가지는 모습을 종종 목격했다.

리더가 자기중심적이거나 비관적이고 경직된 사고를 하면 조직에 피해를 주기 쉽다. 그런 사람은 변화가 아예 불가능하거나 변화해서는 안 된다는 생각에 빠지곤 하는데 그러면 조직은 발전하기 어렵고 쇠퇴의 길을 걷게 된다.

직관을 계발하기 위한 4가지 질문

'나도 우리 조직에서 그런 역동성을 읽어내고 싶지만 나는 사물을 직관적으로 바라보는 눈이 없어'라고 생각하는 사람이 있다면 실망하지 않아도 된다. 비록 리더십 재능을 타고나지 못했다고 해도 리더십 직관을 향상시킬 수 있다. 앞에서도 말했지만 리더십 직관은 정보를 바탕으로 한 직관이다. 타고난 리더십 재능이 부족한 사람은 더 열심히 기술을 개발하고 경험을 쌓음으로써 그 차이를 메울 수 있다. 기술과 경험은 직관적인 사고방식을 개발하는 데 도움이 된다. 그리고 사고방식은 수없이 반복하고 학습해서 자기 것으로 만들 수 있다.

오래전 이 주제를 설명하기에 딱 맞는 사례를 경험한 적이 있었다. 서던 캘리포니아대학교에서 미식축구팀을 이끌던 래리 스미스Larry Smith 감독은 큰 시합을 앞둔 상태에서 나를 초청해 선수들에게 강연을 해달라고 부탁했다. 나는 흔쾌히 승낙했다. 그리고 강연 당일에 감독의 배려로 팀의 '작전실'을 방문할 수 있었는데 방 안에는 사방의 벽을 가득 메운 칠판에 경기 중 맞닥뜨릴 수 있는 모든 상황, 즉 공격 횟수, 전진한 거리, 공격 지점 등이 빼곡히 적혀 있었다. 코치들이 적어놓은 것이었다.

그들은 오랜 경험과 직관적인 지식을 바탕으로 각각의 상황에서 성공시킬 수 있는 작전 계획을 하나하나 구체적으로 수립했다. 공격 담당 코치는 게임이 열리기 전까지 이 작전들을 대본을 보지 않고도 달달 외울 만큼 완벽하게 숙지하며 동시에 쿼터백 3명에게 이 작전들을 외우게 한다고 했다. 경기 전날이 되면 코치는 그 3명의 선수에게 각각의 상황이 벌어졌을 때 어떤 작전을 펼쳐야 하는지 질문을 퍼붓고, 쿼터백들은 각각의 상황에 맞는 작전을 즉시 대답했다.

코치들은 선수들이 사전에 모든 작전을 철저히 숙지해서 완벽하게 준비하기를 바랐다. 그래야만 결정적인 순간이 찾아왔을 때 그 작전들을 직관적으로 활용할 수 있기 때문이다. 팀을 효과적으로 이끄는 데 큰 도움이 되는 방법이었다. 내가 가장 좋아하는 조언인 "기회가 왔을 때 준비하면 너무 늦다."라는 전 UCLA 농구팀 감독 존 우든John Wooden의 말을 현실에 생생하게 적용한 사례였다.

물론 미식축구팀의 코치나 쿼터백이 아닌 사람들이 이런 훈련을 하기는 어려울 수도 있다. 그래서 내가 나 자신의 리더십 직관을 읽어내기 위해 던졌던 질문들을 아래에 소개하고자 한다.

1. 나는 무엇을 느끼는가

나는 직관을 활용할 때 가장 먼저 내 느낌을 살펴보는 것부터 시작한다. 물론 행복한지, 슬픈지, 화가 났는지 같은 감정을 뜻하는 것이 아니다. 제이미 컨 리마가 그랬던 것처럼 나의 직감을 말하는 것이다. 나의 본능은 어디를 가리키는가? 사실을 근거로 설명할 수 없는 어떤 믿음이 있는가? 때로 어떤 기회가 느껴지지만 그게 뭔지 딱 꼬집어 말할 수 없는 순간이 있다. 그때가 직관을 가동해야 하는 시점이다. 당신의 본능과 느낌에 주의를 기울여라.

2. 나는 무엇을 아는가

나는 직감에 귀를 기울이지만 전적으로 의존하지 않으며 내가 아는 지식으로 그 직감을 테스트한다. 그리고 가능한 한 많은 정보를 수집해서 의사결정에 활용한다. 지식이 부족한 분야에서 다른 사람의 도움을 받을 필요가 있다면 기꺼이 그렇게 한다. 또 과거의 경험도 참고한다. 과거의 성과가 훌륭하다면 이 방법이 큰 도움이 될 수 있다. 하지만 과거의 성과가 부족했던 사람은 경험에 덜 의지하는 편이 현명하다.

3. 나는 무엇을 생각하는가

지금까지 논의한 것들을 정리하는 단계다. 나의 사고와 지식은 어디를 가리키는가? 그것들은 서로 어떻게 모순되는가? 만일 이들이 일치하지 않는다면 그 이유는 무엇인가? 때로 내 직감을 확인하거나 부정하며 이 단계가 금방 끝나기도 하지만 때에 따라서는 결론을 내리기까지 며칠 또는 몇 주가 걸리기도 한다.

마지막 질문으로 넘어가기에 전에 지금까지 살펴본 3가지 질문에 대응하는 방법을 이야기해야 할 것 같다. 인간은 각자 재능을 타고난 분야에서 직관을 발휘한다. 내 경우는 리더십의 재능을 타고난 편이기 때문에 이 분야에서 느낌에 많이 의존하고 있다. 나는 그 느낌을 얼마나 신뢰할까? 아마 80퍼센트 정도일 것이다. 내가 느낌을 최대한 따르는 이유는 그동안의 경험을 통해 그 느낌을 믿을 수 있다는 사실을 확인했기 때문이다. 그렇게 내가 '아는 것'과 '생각하는 것'을 '느끼는 것'과 결합한다.

만일 당신이 타고난 리더십 재능이 부족하다면(재능이 부족하다고 부끄러워할 필요는 없다. 그보다는 재능이 없는데 있는 척하는 것이 부끄러운 일이다) 자신의 느낌에 20퍼센트 정도만 의지하고, 80퍼센트는 아는 것과 생각하는 것에 의지하는 편이 좋다.

4. 나는 무엇을 해야 하는가

마지막은 행동에 관한 질문이다. 4번째 질문에 제대로 답변하지 못한다면 처음 3가지 질문은 아무런 가치가 없다. 나는 느낌, 지식, 생각 등을 먼저 검토한 뒤에 의사결정을 내리고 계획을 세워 실천한다. 이것이 리더가 해야 할 일이다.

그 과정이 어떻게 이뤄지는지 설명하기 위해 내가 직접 겪은 사례를 하나 소개하고자 한다. 2016년 대통령 선거를 앞둔 시점에 한 정치 그룹이 내게 접근해서 소수 정당 후보자로 선거에 출마해보는 게 어떻겠느냐고 말했다. 나는 놀랐지만 한편으로 마음이 끌리기도 했다. 2주 정도 그 제안을 두고 고민했다.

곰곰이 생각하며 내가 느꼈던 바를 정리하면 이렇다. 나는 다른 사람들과 마찬가지로 워싱턴의 정계에 실망스러운 마음이 컸다. 오로지 소속 집단의 이익만을 추구하는 정치인들의 파벌 싸움에 염증을 느꼈으며 지도자들이 서로 소통하고 협조하지 않는 모습에 좌절했다. 나는 힐러리 클린턴도, 도널드 트럼프도 지지할 수 없었다.

사실 다른 유권자 중에도 워싱턴 정계나 후보자들에 대해 나와 같이 생각하는 사람이 많았다. 또한 내겐 대중과 소통하고 그들과 더불어 긍정적인 타협을 이끌어낼 능력이 있었다. 하지만 대통령 선거라는 게임에 뛰어들기에는 상대적으로 조금 늦은 시기라는 것도 깨달았다. 역사상 소수 성당 후보자가 대통령 선거에서 당선된 적은 없다는 사실 또한 잘 알고 있었다.

이 나라를 위해 봉사하고 싶고, 미국을 뒤덮은 분열과 적대감에 변화를 가져오고 싶은 마음은 컸지만 선거에서 승리하지도 못하면서 다른 후보자의 표를 빼앗아가기만 하는 '훼방꾼'의 역할을 할 수는 없었다. 따라서 나는 그 제안을 거절하는 게 옳다는 결론을 내렸다.

위기에 처한 애플

지난 50년 동안 리더십 직관과 관련해 가장 놀라운 사례 중 하나는 바로 애플의 이야기일 것이다. 애플은 1976년 스티브 잡스와 스티브 워즈니악이 부모님 집 차고에서 설립했다. 그들은 창업 4년 만에 회사를 상장하고 공모가 22달러로 460만 주를 판매했다. 40명 남짓한 직원과 투자자들은 하루아침에 백만장자가 됐다.

이후 애플의 성공과 주식 가치 그리고 고객을 사로잡는 능력은 극심한 부침을 겪었다. 설립자 스티브 잡스는 1985년 애플에서 쫓겨났고 애플은 과거 미국 컴퓨터 시장의 14.6퍼센트를 점유하던 영광의 시절로 돌아가지 못했다. 1997년이 되면서 애플의 시장점유율은 3.5퍼센트까지 떨어졌다. 결국 잡스의 리더십이 필요해진 애플은 그를 다시 회사로 불러들일 수밖에 없었다.

스티브 잡스의 직관으로 재기에 성공하다

잡스는 상황을 직관적으로 검토하고 즉시 행동에 돌입했다. 리더들을 바꾸지 않으면 개선할 수 없음을 잘 알고 있던 그는 두 사람을 제외한 이사회 임원들을 즉시 내보내고 새로운 이사들을 영입했으며 최고경영진도 교체했다. 그리고 함께 일하던 광고 회사와 계약을 해지하고 업체 3곳에 경쟁 입찰을 실시해서 새로운 업체를 선정했다.

> 리더십의 변화 없이는 개선도 불가능하다.

또한 잡스는 회사의 사업적 초점도 재정비했다. 그는 애플이 초심으로 돌아가 가장 뛰어난 역량을 발휘할 수 있는 분야, 즉 애플만의 개성을 살려 차별화된 제품을 만들어내는 분야에 집중하기를 원했다.

"우리는 신제품 개발 계획을 검토한 뒤에 70퍼센트가 넘는 개발 프로젝트를 모두 취소하고 30퍼센트의 핵심 프로젝트만을 남겨두었습니다. 그리고 여기에 컴퓨터에 대한 패러다임을 완전히 뒤집는 새로운 계획을 추가했습니다."[5]

당시 많은 컴퓨터 제조업체가 개인용 디지털 단말기PDA를 제작하는 사업에 몰두하고 있었다. 하지만 잡스는 직관을 따라 소비자들이 음악을 들는 기존의 방식을 뒤엎고 새롭게 창조하는 쪽으로 눈을 돌렸다. 2001년 그는 아이팟iPod과 애플 뮤직스토어를 출시했다. 이 프로젝트에 참여했던 벤 크나우스Ben Knauss는 이렇게 말했다.

"흥미로운 점은 우리가 아이팟을 개발하기 시작했을 때부터 잡스가 자신의 시간 전부를 여기에 쏟았다는 사실이었다. 다른 프로젝트에서는 그런 일이 없었다. 그는 이 프로젝트의 모든 측면에 하나하나 깊숙이 관여했다."[6]

잡스는 왜 그랬을까? 리더의 직관을 통해 아이팟이 회사와 사회에 미칠 영향력을 감지하고 있었기 때문이다. 아이팟은 디지털 라이프스타일을 창조한다는 잡스의 비전에 꼭 맞는 제품이었다. 아이팟이 출시되고 4년 뒤 애플은 전 세계 디지털 음악 플레이어 시장의 75퍼센트를 점유하는 어마어마한 성과를 올렸다.[7]

2007년 잡스는 아이폰을 내놓으면서 한층 커다란 디지털 혁명을 일으켰다. 아이폰은 PDA나 MP3 플레이어와 비슷한 제품인 아이팟을 쓸모없게 만들어버렸을 뿐만 아니라 사람들이 살아가고 교류하는 방식을 대대적으로 바꿔놓았다. 2011년 잡스는 불행히도 암으로 사망했다. 하지만 회사는 이미 놀라운 성장의 궤도에 올라 있었다. 2013년 애플은 세계에서 가장 가치가 높은 기업의 자리에 올랐고 그 뒤로 5년간 계속 자리를 지켰다.[8] 회사는 잡스의 사망 이후에도 혁신을 멈추지 않았는데 2015년에는 애플 스마트워치를 출시했고 지금까지 전 세계에서 판매된 스마트워치의 절반을 팔아치웠다.[9]

스티브 잡스와 애플의 이야기는 리더십이 과학보다 예술에 가깝다는 사실을 상기시킨다. 리더십의 원리는 변하지 않지만 적용하는 방법은 리더에 따라, 상황에 따라 달라진다. 그렇기에 리더에게 직관이 필요한 것이다. 직관이 없거나 부족한 리더는 전혀 예측하지 못한 문제에 맞닥뜨릴 가능성이 크다. 리더에게는 최악의 상황이다. 만일 장기간에 걸쳐 사람들을 성공적으로 이끌고 경쟁자들보다 앞서가고 싶다면 미래를 예측하고 큰 그림을 볼 줄 아는 눈을 길러야 한다.

> 리더십은 과학보다 예술에 가깝다.

직관의 법칙 실천 매뉴얼

1. 자신의 직관을 신뢰한 적이 있는가? 과거에 내렸던 중요한 리더십 의사결정들을 목록으로 작성해보자. 그리고 각 의사결정 옆에 그 결과가 긍정적이었는지, 부정적이었는지 플러스(+)와 마이너스(−) 기호로 표시하자. 당신은 무엇을 근거로 그런 의사결정을 내렸는가? 이 목록은 당신의 직관에 관한 실적을 보여준다. 긍정적 결과와 부정적 결과가 나온 항목들에 모두 어떤 패턴이 있는지 파악해보자.

2. 자신의 직관을 더 신뢰할 수 있도록 만들어보자. 우선 이 장에서 언급했던 4가지 질문으로 시작해보자.

- 나는 무엇을 느끼는가
- 나는 무엇을 아는가
- 나는 무엇을 생각하는가
- 나는 무엇을 해야 하는가

처음 3가지 질문의 답은 타고난 직관의 능력에 따라 달라진다는 사실을 기억하라. 일단 이 질문들을 하기 시작했다면 이때부터 직관을 바탕으로 내린 의사결정이 어떤 결과를 가져왔는지 기록하면서 직관을 훈련한다.

3. 리더십의 가장 중요한 능력 중 하나는 사람을 '읽는' 것이다. 당신은 사람을 읽는 능력이 뛰어난가? 사람들이 무엇을 느끼는지 알 수 있는가? 그들이 마음이 상했거나 행복하거나 혼란스럽거나 화가 난 것을 느낄 수 있는가? 사람들이 무슨 생각을 하는지 추측할 수 있는가? 만일 이 능력에서 부족함이 보인다면 인간관계에 관한 책을 읽고, 더 많은 사람과 대화를 나누고, 사람들을 더욱 주의 깊게 관찰하는 습관을 기르도록 하자.

리더가 정확한 직관을 계발하고 충실히 따른다면
리더십을 완전히 새로운 수준으로 향상시킬 수 있다.

제 9 장

끌어당김의 법칙

The Law of Magnetism

리더십이
리더 주위에 모이는 사람을 결정한다

훌륭한 리더는 항상 인재를 찾는다. 자신뿐 아니라 조직이 성장하고 발전하려면 리더 자신에게 부족한 능력을 보완하고 북돋워줄 사람이 필요하기 때문이다. 내 생각에 우리는 모두 자신에게 필요한 사람들의 특성을 적은 목록을 마음속에 품고 있는 것 같다. 생각해보자. 당신은 어떤 사람을 찾고 있는가? 당신이 생각하는 완벽한 직원의 프로필은 무엇인가? 그들은 어떤 특성을 갖추고 있어야 하는가? 공격적이고 사업가적 성향의 인재를 원하는가? 아니면 친절하고 온화한 사람이 오길 기대하는가? 당신은 기술적으로 뛰어난 사람을 채용하고 싶은가? 이성적이고 합리적인 사람을 선호하는가?

이제 잠시 책 읽기를 멈추고 당신의 조직 구성원들 또는 채용하고 싶거나 파트너십을 이루고 싶은 인재에게 기대하는 특성을 글로 옮겨보자. 책을 더 읽어 내려가기 전에 펜을 들고 지금 바로 목록을 작성하라.

내가 바라는 인재의 특성

원하는 사람들을 채용하는 비결, 원하는 자질을 갖춘 사람들을 끌어당기는 비결이 있을까? 있다면 무엇일까? 놀랍게도 누군가를 끌어들일 수 있는지 없는지는 당신이 누구를 원하는지와 상관없다. 바로 당신이 어떤 사람인지에 달렸다.

이제 위에서 작성한 목록을 보면서 그 특성들을 당신도 갖추고 있는지 생각해보자. 예를 들어 '훌륭한 리더'를 원한다고 적었다면 당신 자신이 훌륭한 리더인지 생각해보자. 그렇다고 생각하면 양쪽이 일치하므로 해당 항목에 체크(∨) 표시를 한다. 하지만 당신이 생각하기에 자신의 리더십 역량이 평균 이하라면 불일치를 뜻하는 표시 (×)를 하고 옆에 '평균 수준의 리더'라고 적어 넣는다. 마찬가지로 '창업가 정신이 강한 사람'을 원하고 당신도 그런 특성을 갖추고 있다면 체크 표시를 한다. 이런 식으로 목록 전체를 검토해보자.

> 누군가를 끌어들일 수 있는지 없는지는 당신이 누구를 원하는지와 상관없다. 바로 당신이 어떤 사람인지에 달렸다.

만약 이 목록이 불일치 표시로 가득하다면 문제가 있다. 당신이 채용하고 싶다고 적은 인재들은 당신을 따를 만한 사람들이 아니기 때문이다. 채용하고 싶은 사람과 자신의 역량이 크게 차이 나는 이 상황을 극복하기 위해 노력하지 않으면 당신은 자신과 비슷한 사람들을 영입할 수 있을 뿐이다. 이것이 바로 끌어당김의 법칙The Law of Magnetism이다. 당신이 끌어당길 수 있는 사람은 당신이 어떤 사람인가에 따라 결정된다.

사람들은 리더의 가치관을 따른다

어렸을 때 어머니는 사람이란 '끼리끼리' 모이는 법이라고 자주 이야기했다. 아마도 어머니는 주변 사람들을 잘 살펴 나쁜 사람은 멀리해야 한다는 경고의 의미로 그렇게 말했을 것이다. 나는 어린 나이에도 착한 아이들은 착한 아이들과 어울리고, 운동선수들은 운동선수끼리 몰려다니고, 리더들은 리더들과 함께 시간을 보낸다는 사실을 본능적으로 알 수 있었다. 성인이 된 이후에도 그 믿음은 변함이 없었다.

2011년 나는 코치, 트레이너, 강연자로 성장하려는 사람들을 육성하는 조직인 '존 맥스웰 팀'Jonhn Maxwell Team을 공동 설립했다. 하지만 우리 팀에 있는 사람들 모두가 이 프로그램의 성공을 확신했던 건 아니다. 심지어 회의적으로 생각한 어떤 사람은 참가자를 200명 이상 모집하기는 절대 불가능하다고 말했다. 그러나 나를 포함해 몇몇 동료들은 이 분야에서 성공을 꿈꾸는 수많은 사람을 끌어당길 수 있다고 믿었다. 왜일까? 바로 나 자신이 지난 50년간 창업가적 사고방식을 바탕으로 강사, 트레이너, 코치로서 일하며 꾸준히 배우고 성장해왔기 때문이다. 나는 이와 비슷한 포부를 지닌 사람이라면 우리가 세운 조직과 훈련 프로그램에 이끌릴 것이라고 확신했다.

다행스럽게도 우리는 큰 성공을 거두었다. 그로부터 10년의 세월이 흐르는 동안 우리는 4만 명의 코치, 트레이너, 강연자를 키워냈다. 사실 이 프로그램의 참가자 대부분은 우리가 믿고 예상했던 대로 뛰어난 코치들의 강의를 듣고 자신도 코치가 되고 싶은 마음에 문을 두드린 사람들이었다. 참가자들은 배우고자 하는 의욕이 넘쳤으며 성공에 대한 열정으로 가득했다. 우리는 참가자들에게 여러 기술을 가르쳤을 뿐 아니라 나중에 그들이 코칭이나 강의를 할 때 반드시 기억해야 하는 중요한 가치들도 전수했다. 그 가치들은 다음과 같다.

- 사람을 가치 있게 여긴다
- 긍정적인 태도를 유지한다
- 매일 조금씩 성장한다
- 솔선수범해서 남들을 이끈다
- 목적의식이 있는 삶을 산다
- 고객의 기대치를 뛰어넘는다
- 사람들을 성장시킨다
- 혁신을 일으키는 촉매 역할을 한다
- 신앙심을 갖는다

우리는 참가자들에게 이 가치들을 가르칠 때 이렇게 말한다. 만일 이 가치를 받아들이지 못하겠다면 참가비를 기꺼이 환불해줄 테니 더 적합한 훈련 프로그램을 찾아보라고 말이다. 내가 알기로 지금까지 이 가치들을 거부하고 환불을 요구한 사람은 단 1명도 없었다. 그리고 기쁘게도 그동안 이 프로그램에 참여한 사람들은 전 세계 160여 개 국가로 나가서 세상에 가치를 더하는 일에 동참했다.

사람들은 자신과 닮은 사람을 찾는다

어쩌면 당신은 이제까지 채용했던 사람들을 떠올리며 이렇게 반박할지도 모른다. "잠깐만요. 나는 직원들과 나의 다른 점을 20가지도 넘게 댈 수 있어요." 그러면 나는 이렇게 답할 것이다. "그건 당연한 일입니다." 왜냐하면 우리는 모두 서로 다른 개인이기 때문이다. 하지만 당신에게 이끌린 사람들을 당신과 비교해보면 다른 점보다 비슷한 점이 훨씬 많을 것이다. 특히 다음과 같은 몇 가지 핵심 영역에서는 더욱 그렇다.

1. 세대

조직의 성향은 대부분 핵심 리더들의 특성을 반영한다. 나이도 그중 하나다. 1990년대 닷컴 열풍이 불면서 20대나 30대 초반의 젊은 창업가들이 수천 개의 기업을 설립했다. 그들은 어떤 사람들을 채용했을까? 물론 20대와 30대 젊은이들이었다. 조직의 형태와 종류를 막론하고 회사에 새로 합류하는 직원들은 그들을 채용한 리더와 나이가 비슷하다.

2. 태도

나는 지금까지 살아오면서 긍정적인 사람과 부정적인 사람이 서로에게 이끌리는 모습을 본 적이 없다. 삶을 연속적인 기회와 흥미진진한 도전으로 바라보는 사람은 매사에 불평만 늘어놓는 사람의 말에 귀를 기울이지 않는다. 태도는 인간이 지닌 특성 중에 가장 전염성이 강하다. 좋은 태도를 지닌 사람은 주변 사람들에게 긍정적인 에너지를 불어넣지만 부정적인 태도를 지닌 사람은 남들을 의기소침하게 만든다.

3. 배경

앞서 '과정의 법칙'에서 시어도어 루스벨트 대통령의 일화를 이야기했다. 루스벨트가 거둔 기념비적인 업적 중 하나는 미국-스페인 전쟁에 참전했을 때 의용 기병대를 이끌고 산 후안San Huan 언덕으로 용맹스럽게 돌진한 일이었다.

그런데 루스벨트가 직접 선발한 기병대원들은 독특하게도 북동부 지역 출신의 부유한 귀족들이 아니면 황량한 서부 출신의 카우보이들이었다. 어떻게 전혀 다른 배경을 지닌 사람들이 한곳에 모여 같은 명분을 위해 싸울 수 있었을까? 이는 루스벨트 자신이 귀족 집안에서 태어나 하버드대학교를 졸업한 뉴욕 시민이었을 뿐만 아니라 서부의 다코타 지역에서 카우보이와 대형 동물 사냥꾼으로 활동했던 사람이었기 때문이었다. 그는 두 세계 모두에서 강력하고 영향력이 큰 리더였기에 양쪽 모두에서 사람들을 끌어당길 수 있었다.

인간은 자신과 비슷한 배경을 지닌 사람들을 끌어당기거나 그들에게 끌린다. 교육을 많이 받은 사람은 교육 수준이 높은 사람을 존경하거나 가치 있게 여긴다. 그리고 솔직히 말하자면 사람들은 자신과 똑같은 인종을 자기 팀으로 끌어들이거나 채용하려는 경향이 있다. 물론 우리 사회는 이런 패턴을 깨뜨리기 위해 노력을 기울이고 있다. 미국 프로풋볼리그National Football League(이하 NFL)에서 루니 룰Rooney Rule 을 도입한 것도 그런 이유에서다. 이 규칙에 따르면 NFL 소속 팀들은 신임 감독을 채용할 때 반드시 1명 이상의 소수 인종 후보자를 인터뷰해야 한다. 이런 본능적인 끌어당김은 그 힘이 너무 강하기 때문에 다양성을 추구하는 조직들은 이에 힘겹게 맞서 싸울 수밖에 없다.

4. 가치관

사람들은 자신과 가치관이 비슷한 리더에게 이끌린다. 1960년 존 케네디 대통령이 선거에서 당선된 뒤 그의 주위에 몰려들었던 사람들을 생각해보라. 세상을 바꾸겠다는 의욕으로 가득한 젊은 이상주의자였던 케네디는 자신과 생각이 비슷한 사람들을 끌어모았다. 그는 평화봉사단Peace Corps을 창설하고 국민에게 봉사를 호소하며 이렇게 말했다. "국가가 당신에게 무엇을 해줄지 묻지 말고 당신이 국가를 위해 무엇을 할 수 있을지 물어라." 수천 명의 젊은 이상주의자들이 케네디의 메시지에 응답하기 위해 봉사에 나섰다.

끌어당김의 법칙은 사람들 사이에서 공유되는 가치관이 긍정적이든 부정적이든 예외 없이 작동한다. 아돌프 히틀러를 떠올려보라. 영향력의 수준만으로 판단하면 그는 대단히 강력한 리더였지만 그가 품은 가치관은 끔찍하기 그지없었다.

대체 어떤 사람들이 그에게 이끌린 걸까? 히틀러 정권의 선전 책임자였던 냉혹한 반유대주의자 요제프 괴벨스Joseph Goebbels, 나치 반대자들에 대한 대대적 처형을 명령한 나치 비밀경찰 서열 2위 라인하르트 하이드리히Reinhard Heydrich, 유대인들을 조직적으로 학살하는 일에 앞장섰던 나치 친위대 SS의 수장이자 게슈타포 책임자 하인리히 힘러Heinrich Himmler 등 모두 히틀러와 비슷한 가치관을 지닌 인물들이었다. 그들은 하나같이 강력한 리더였지만 동시에 악마나 다름없는 사람들이기도 했다.

끌어당김의 법칙은 막강한 힘을 발휘한다. 당신이 어떤 성품을 지녔든지 당신을 따르는 사람들에게서도 당신과 똑같은 성품을 발견할 수 있을 것이다.

5. 에너지

에너지 수준이 비슷한 사람들이 서로에게 이끌리는 것은 다행스러운 일이다. 에너지 수준이 높은 사람과 낮은 사람이 파트너가 되어 일하면 갈등이 커질 수밖에 없다. 에너지 수준이 높은 사람은 낮은 사람을 게으르게 여기고, 에너지가 낮은 사람은 높은 사람을 통제 불가능하다고 여기기 때문이다.

6. 재능

우리는 대체로 자신과 비슷한 종류의 재능을 지닌 사람들을 존경하거나 따르는 경향이 있다. 사업하는 사람들은 조직을 만들고 수익을 올리는 능력이 뛰어난 리더를 따른다. 미식축구 선수들은 선수권대회에서 우승할 능력을 갖춘 코치를 따른다. 창의력이 뛰어난 사람들은 과감하게 고정관념을 깨고 창의적인 사고를 할 수 있는 창작자를 따른다. 사람은 끼리끼리 모이는 법이다.

7. 리더십 역량

마지막으로 사람들은 자신과 리더십 역량이 비슷한 사람을 끌어당긴다. 앞서 '존경의 법칙'에서 말했듯이 사람들은 더 강한 리더를 본능적으로 따르는 법이다. 동시에 리더가 어떤 사람인가에 따라 끌어당기는 사람의 수준이 결정되는 '끌어당김의 법칙'도 함께 적용된다. 만일 당신의 리더십 역량이 7점이라고 하면 역량 수준이 2점이나 3점인 사람보다 5점이나 6점인 사람이 당신에게 이끌릴 가능성이 크다. 당신 주위에 모이는 리더들은 스타일이나 능력이 당신과 비슷할 것이다.

때로는 다른 성향의 사람을 만나야 한다

끌어당김의 법칙은 양날의 칼과도 같다. 그저 흘러가는 대로 살아가는 것 말고는 어떤 일도 하지 않는 사람이라면 그런 사람에게 이끌리는 사람들도 성향이 비슷할 것이다. 반대로 항상 열심히 노력하고 기술을 개발하며 재능을 활용해 성공을 거듭하는 사람이라면 비슷하게 열정이 강하고 성공적인 사람들을 끌어들인다. 하지만 그렇게 모이는 사람들 역시 서로 비슷한 점이 많기에 그 조직에는 자칫 발전을 저해할 수 있는 약점이나 사각지대가 생길 수도 있다.

한번 생각해보자. 당신은 다음 2가지 성향 중에서 어느 쪽에 속하는가? 혹은 어느 성향에 가까운가?

첫째는 '나는 내 주변의 사람들이 마음에 들지 않아. 여기서 내가 할 수 있는 일은 없는 걸까?'라고 생각하는 성향의 사람이다. 하지만 이렇게 생각하면 당신 자신도, 조직도 발전할 수 없다. 만일 주변 사람들의 리더십 역량이 불만족스럽다면 과정의 법칙을 따라 리더십 기술을 향상시키기 위해 노력해야 한다. 조직을 키우고 싶으면 리더를 키워라. 주변의 사람들이 믿음직하지 못하고 신뢰가 부족하면 자신의 성품을 되돌아보라. 훌륭한 성품을 개발하는 일은 힘겹고 고된 여정이지만 그 결과로 얻어지는 보상은 매우 크다. 좋은 성품은 우리 삶의 모든 측면을 향상시킨다.

둘째는 '나는 나 자신이 마음에 들어. 그리고 내 주변의 사람들도 훌륭하고 좋은 사람들이야'라고 생각하는 성향이다. 바람직한 생각이다. 이렇게 생각하고 있다면 리더십을 더욱 효과적으로 계발하기 위해 다음 단계를 밟을 때가 된 것이다. 자신과 다른 면모를 지닌 사람들을 끌어모으기 위해 노력하라. 당신이 약한 부분에서 강점을 지닌 사람들을 채용하라.

새로움과 노련함의 조화

끌어당김의 법칙을 유용하게 활용했으면서도 한편으로 성공을 위해 이 법칙에 맞서 싸워야 했던 사례로 애플의 소매 사업 담당 부사장과 버버리Burberry의 CEO를 지낸 앤절라 애런츠Angela Ahrendts의 경우를 들 수 있다. 2006년 애런츠는 패션 기업 리즈 클레이본Liz Claiborne에서 수석 부사장으로 일하다 버버리의 CEO로 자리를 옮겼다. 그녀가 회사를 이직한 이유는 럭셔리 브랜드에서 일하고 싶었기 때문이다.[1]

당시 버버리는 큰 곤경에 빠져 있었다. 1856년에 토머스 버버리Thomas Burberry가 세운 이 회사는 개버딘Gabardine이라는 옷감을 발명한 뒤 본격적으로 유명해지기 시작했다. 비바람을 막아주면서도 통기성이 좋은 이 원단은 특히 레인코트 제품에 혁명을 불러왔다. 로알 아문센이나 어니스트 섀클턴Ernest Henry Shackleton 같은 탐험가들이 이 원단으로 만든 장비를 착용하면서 버버리의 개버딘은 명성이 하늘을 찌를 듯 솟았다.

개버딘으로 만든 코트는 내구성이 대단히 뛰어나고 활용도가 높았기 때문에 제1차 세계대전이 벌어졌을 때 영국 육군은 버버리와 생산 계약을 맺었다. 이후 개버딘 코트는 '트렌치코트'라는 이름으로 세상에 알려졌고[2] 배우 험프리 보가트Humphrey Bogart가 영화 〈카사블랑카〉에서 입기도 했다. 오늘날까지도 트렌치코트는 여전히 유행하고 있는 대표적인 디자인이다.

그러나 버버리는 왕실 조달 허가증Royal Warrant of Appointment(왕실에 물품이나 서비스를 제공하는 사람들에게 수여되는 것—편집자)을 2번이나 따낼 만큼 큰 명성과 성공을 누렸음에도 불구하고 현대로 넘어오면서 더 이상 소비자들에게 존경받는 브랜드의 위상을 유지하지 못했다. 과거 최고급 의류만을 생산했던 버버리는 럭셔리 제품과 무관한 전 세계의 제조업체들과 수십 건의 라이선스 계약을 맺으면서 버버리라는 브랜드 이름을 여기저기 뿌려댔다. 심지어 한때 소비자들에게 선망의 대상이었던 버버리 고유의 격자무늬 디자인이 애견용 기저귀에 사용되기도 했다.

버버리를 재건하기로 마음먹은 앤절라 애런츠는 소비자들의 존경심을 회복하고 젊은 구매자들을 끌어들이기 위해 회사를 변화시키기로 마음먹었다. 그리고 버버리를 세계 최대의 럭셔리 브랜드로 성장시키겠다는 꿈을 품었다. 다행스러운 점은 그녀가 예전에 함께 일한 적이 있고 개인적으로 존경했던 크리스토퍼 베일리 Christopher Bailey 라는 디자이너가 이 회사에 근무하고 있었다는 사실이다. 애런츠는 베일리와 손잡고 버버리를 새로운 방향으로 이끄는 작업에 돌입했다.

"우리는 그 자리에서 의기투합해서 순식간에 전략을 수립했습니다."[3] 그녀가 지향하는 바는 명확했다. "주력 럭셔리 제품들에 초점을 맞춰 성장을 추구하고 동시에 이 제품들을 혁신하는 작업에 모든 역량을 집중함으로써 회사의 전통과 영국적 특성을 강화한다는 것이 우리의 목표였죠."[4]

한편 애런츠가 새롭게 이끌게 된 부하직원 중에는 그녀가 직접 채용한 사람이 거의 없었다. 따라서 모든 사람의 적극적인 참여를 끌어내는 게 급선무였다. "당시 일부 관리자들은 우리의 전략에 냉소적인 태도를 보였습니다. 그들 중에는 오랫동안 버버리에 근무한 사람이 많았죠."[5] 그래서 그녀는 해결책을 하나 생각해냈다.

내가 CEO로 부임한 지 6개월쯤 지났을 때 회사 외부에서 대규모의 전략 회의가 있었다. 고위임원 약 200명이 이 회의에 참석하기 위해 전 세계에서 날아왔다. 나는 사람들을 읽는 데 능한 편이었다. 내 오른쪽 뇌가 서서히 가동되기 시작했지만 나는 사람들이 회의하는 모습을 그냥 지켜보기만 했다. 회의는 2, 3일 정도 진행됐다. 나는 마지막 날 자리에서 일어나 이렇게 말했다.

"여러분, 이러한 것이 우리의 전략입니다. 그리고 전략을 수행하기 위해 이제부터 해야 할 일은 이렇습니다. 여러분 가운데 몇몇 분들은 이 전략에 회의적이라는 사실을 알고 있습니다. 물론 많은 분이 이 회사에서 오랫동안 근무했고 현재 홍콩이나 한국에서 하고 있는 일이 최선이라고 생각한다는 것도 잘 압니다. 하지만 그렇지 않습니다. 그런 식으로는 경쟁자들을 이길 수 없습니다. 버버리는 현재 시장에서 승리하지 못하고 있고, 여러분도 마찬가지입니다. 그렇지 않은가요?"

그리고 이렇게 말을 이었다. "저는 이 회의를 마친 다음 여러분을 따로 만나 원하는 분에게는 최고의 퇴직 인센티브를 제공할 의사가 있습니다. 저는 누구도 공격하고 싶지 않지만 여러분은 오늘 나온 전략과 앞으로 해야 할 일을 100퍼센트 믿어야 합니다. 그렇지 않은 분은 더 이상 함께하기 어렵습니다. 그런 분에게는 제가 별도로 조치하려고 합니다. 우리에게는 여유가 없습니다. 시간도 많지 않습니다."[6]

또한 그녀는 버버리의 이사회에 변화의 바람을 불어넣었다. 이사회의 이사들 대부분은 나이 든 사람이었다. 애런츠는 버버리가 최신 기술을 바탕으로 젊은 고객, 특히 밀레니얼 세대의 관심을 끄는 브랜드가 되기를 원했다. 그래서 젊은 사람들을 이사회로 영입하고 물러나는 나이 든 사람들에게 젊은 이사들의 멘토가 되어달라고 부탁했다. 이런 조치 덕분에 그녀와 연령대가 비슷한 이사들을 새롭게 영입하고 그들에게 권한을 위임하는 일과 이전부터 이사회에서 일한 이사들의 지혜와 경험을 활용하는 일 사이에 절묘한 균형이 이뤄졌다. 그녀는 직원들도 젊은 사람들을 뽑았다.

2013년이 되자 런던 본사의 근무자 대부분은 30세 미만의 직원들로 채워졌다.[7]

2014년 애런츠는 버버리를 떠나 애플로 자리를 옮겼다. 그녀가 CEO로 있었던 8년간 버버리의 주가는 2배로 뛰었으며 매출과 영업이익도 비슷한 수준으로 증가했다. 브랜드 컨설팅 전문 업체 인터브랜드Interbrand에 따르면 버버리는 세계에서 가장 빠르게 성장하는 럭셔리 브랜드가 됐으며 모든 산업 분야를 통틀어 애플, 구글, 아마존에 이어 4번째로 급성장하는 브랜드가 되었다.[8]

끌어당김의 법칙을 이해하는 사람은 기업, 정부 기관, 스포츠, 교육, 군대 등 모든 곳에서 이 법칙이 적용되는 모습을 볼 수 있다. 끌어당김의 법칙은 팀과 조직의 역량을 높이는 데 유용하게 활용된다.

당신의 주위에는 어떤 사람들이 포진해 있는가? 당신이 원하는 것처럼 리더십이 강력하고 능력이 뛰어나고 잠재력이 있는 리더들인가? 아니면 더 성장할 여지가 있는 사람들인가? 당신이 기억해야 할 점은 그들의 특성이 채용 절차나 인사부 규정에 달려 있지 않으며 심지어 해당 분야의 인재 풀과도 관계가 없다는 사실이다. 직원들의 특성을 결정하는 건 바로 당신이다. 당신이 어떤 사람인가에 따라 누구를 끌어당길 수 있는지가 결정된다. 따라서 더 나은 사람을 끌어당기고 싶다면 먼저 자신이 그런 사람이 되어야 한다.

끌어당김의 법칙 실천 매뉴얼

1. 이 장의 서두에서 당신이 바라는 인재의 특성들을 목록으로 작성하는 기회가 있었다. '왜' 그 특성들을 원했는가? 당신은 자신과 비슷한 사람을 생각하면서 목록을 작성했는가? 아니면 자신의 특성과 다른 사람들을 생각했는가? 당신이 생각하는 당신의 이미지와 직원들의 이미지가 다르다면 자기 인식 능력이 부족한 것일 수 있다. 이는 조직뿐 아니라 개인적인 발전에도 지장을 초래한다. 당신을 잘 아는 동료나 친구에게 당신의 약점이나 사각지대를 찾아달라고 부탁해보자.

2. 자신이 어떤 사람들을 끌어당기고 있는지 분석해보면 성품과 리더십을 성장시키는 데 도움이 된다. 각 영역에서 당신을 기꺼이 도우려는 의도와 능력을 갖춘 멘토를 찾아보자. 가장 이상적인 멘토는 당신과 같거나 비슷한 업종에서 일하면서 몇 걸음 앞선 경력을 가진 선배들이다.

3. 원하는 사람들을 이미 끌어당기고 있는 리더는 이제 리더십을 한 단계 발전시킬 때다. 당신의 취약점을 메워줄 직원들과 리더십을 보완해줄 사람들을 영입하라. 당신의 강점 5가지와 약점 5가지를 적어보자.

이제 당신이 찾고 있는 사람들의 프로필을 작성해보자. 먼저 당신의 약점을 보완해줄 강점이나 재능을 적고 여기에 당신이 바라는 가치관과 태도를 추가한다. 또한 연령대, 배경, 교육, 인종 등에서 당신과 다른 사람들을 채용하는 일에 어떤 장점이 있는지 생각해보자. 누구를 선택하든 적어도 리더가 될 잠재력이 있거나 최소한 리더십에 대한 이해가 있어야 한다.

강점	약점

제 10 장

관계의 법칙

The Law of Connection

리더는 사람들의 마음을
먼저 움직여야 한다

리더로서 삶을 살아가고 경력을 쌓다 보면 리더십 전반을 좌지우지하는 결정적인 순간들이 찾아오기 마련이다. 그런 순간들을 계기로 리더는 자신을 따르는 사람들과 일반 대중, 역사가들에게 자신이 추구하는 가치를 보여주게 된다. 조지 부시George W. Bush 전 대통령도 2번의 재임 기간에 그의 리더십의 양면을 보여주는 2가지 결정적인 순간이 있었다.

관계는 어떻게 시작되는가

첫 번째 결정적인 순간은 부시가 대통령으로 취임한 지 얼마 되지 않은 시점에 일어났고 그의 첫 임기 전체를 규정했다. 2001년 9월 11일 테러리스트들이 세계무역센터와 미 국방성 건물에 비행기를 충돌시켰다. 미국인들은 분노했고 공포에 떨었다. 앞으로 어떤 일이 일어날지 알 수 없었다. 사람들은 테러리스트들에게 목숨을 빼앗긴 수천 명의 시민을 애도했다.

세계무역센터 건물이 무너지고 나흘이 지난 뒤 부시 대통령은 참사 현장을 방문해 소방대원, 경찰관, 구조대원들과 악수하고 그들의 이야기를 들으며 현장을 둘러봤다. 그리고 그곳에서 일하는 사람들에게 감사를 표시하며 이렇게 말했다. "미국은 이곳에 있는 모든 사람에게 사랑과 연민의 마음을 전합니다." 보도에 따르면 대통령이 도착해서 피로에 지친 수색 작업자들과 소통한 뒤에 사람들이 다시 힘을 얻었다고 한다.

부시는 폐허가 된 현장에 서서 밥 벡위드Bob Beckwith라는 소방대원의 어깨에 팔을 둘렀는데 이 모습이 보도 카메라에 찍혔다. 그리고 군중 속에서 대통령의 말이 잘 들리지 않는다는 외침이 들리자 부시는 이렇게 말했다. "나는 여러분의 말이 잘 들립니다. 전 세계가 여러분의 말을 듣고 있습니다. 이 건물을 무너뜨린 자들도 곧 우리의 말을 듣게 될 겁니다."[1] 사람들은 환호했다. 그들은 자기들의 마음을 대통령이 알아주고 이해한다고 느꼈다. 그 순간 부시는 그 누구도 보지 못했던 방식으로 사람들과 소통하고 있었던 것이다.

사람들이 리더에게서 돌아서는 순간

두 번째 결정적인 순간은 부시의 2번째 임기 때 일어났으며 역시 이번에도 임기 전체를 규정했다. 2005년 8월 31일 허리케인 카트리나가 상륙한 지 이틀 만에 뉴올리언스의 제방이 무너져 도시 전체가 물바다가 됐다. 하지만 부시는 9·11 테러가 발생했을 때처럼 도시를 직접 방문하지 않고 전

용기에 올라 뉴올리언스 상공을 돌아보기만 했다. 누군가 찍은 사진에는 그가 비행기의 작은 창문으로 피해 현장을 내려다보는 모습이 찍혔다. 막대한 피해를 입은 멕시코만 연안 주민들이 보기에 이 사진은 대통령의 무관심을 증명하는 표시나 다름없었다. 그들은 버려지고 잊히고 배신당했다고 느꼈다.

최악의 상황이 어느 정도 지나간 뒤 부시 대통령은 여러 가지 조치를 내렸지만 어떤 발언을 하고 어떤 원조를 제공해도 주민들의 믿음을 되찾지 못했다. 민주당 소속의 레이 내긴Ray Nagin 뉴올리언스 시장은 부시가 '뉴올리언스 시민들에게 제공한 원조'에 감사의 인사를 전했다. 또 다른 민주당원 도나 브라질Donna Brazile 역시 부시가 도시를 재구축하는 일에 "적극적으로 참여했다."라고 말했으며 뉴올리언스 제방 재건에 필요한 예산을 마련하기 위해 의회를 설득한 일에 감사를 표시했다.[2] 하지만 소용없었다. 부시는 스스로 만든 '무관심한 대통령'의 이미지를 되돌리지 못했다. 그때 그순간 그는 관계의 법칙The Law of Connection 을 깨뜨렸고 시민들과 연결되는데 실패한 것이다.

결국 마음을 먼저 움직여야 한다

리더는 리더가 되는 순간부터 자신을 먼저 생각할 권리를 내려놓아야 한다. 사람들을 이끌기 시작했다면 그들을 가장 먼저 또 가장 많이 생각해야 한다. 언젠가 오하이오주 애크런Akron 에 강연을 하러 갔을 때 일이다. 나는 대기실에 조용히 앉아 순서를 기다리고 있었다. 다른 강연자 한 사람이 내게 무슨 생각을 하고 있는지 물었다. 나는 곧바로 대답했다.

"내 이야기를 들려줄 청중에 대해 생각하고 있죠."

"정말이요? 이야기할 주제에 대해 생각하는 게 아니고요?"

그가 다시 묻자 나는 이렇게 말했다.

"내가 말할 주제에 대해서는 이미 알고 있습니다. 내 이야기를 들을 사람들을 알아야 합니다."

내게는 청중이 어떤 사람들인지, 그들과 어떻게 마음을 연결해야 하는지, 그들의 삶에 어떤 가치를 더해주어야 할지가 더 중요했다.

사람들을 이끌고 함께 일하려면 그들의 머리보다 마음을 먼저 사로잡아야 한다. 운동장을 가득 메운 청중 앞에서 연설할 때도, 팀 회의를 이끌 때도, 배우자와 대화를 나눌 때도 마찬가지다. 무엇보다 당신 자신이 다른 사람들에게 어떻게 반응하는지 생각해보라. 당신은 강사나 선생님의 강의를 들을 때 말하는 사람이 무미건조한 통계 자료나 사실관계만을 늘어놓길 바라는가? 재미있는 이야기나 농담을 들려주면서 당신과 인간적으로 소통하기를 바라는가? 만일 기업, 스포츠, 봉사 등에서 성공적인 조직의 일원으로 일한 적이 있다면 리더가 일방적으로 업무 지시만 내린 뒤에 곧바로 일하라고 등을 밀지 않는다는 사실을 잘 알 것이다. 리더는 가장 먼저 사람들과 정서적으로 교감해야 한다.

유능한 리더가 되고 싶다면 사람들과 마음으로 연결돼야 한다. 왜 그럴까? 사람들의 호응이나 도움을 얻으려면 먼저 마음을 얻어야 하기 때문이다. 이것이 관계의 법칙이다. 모든 위대한 리더와 '연결자'Connector들은 이 사실을 잘 알고 있으며 거의 본능적으로 관계의 법칙에 따라 행동한다. 사람들의 마음을 움직이지 못하면 사람들의 몸도 움직이지 못한다.

19세기의 뛰어난 웅변가이자 리더였던 프레더릭 더글러스Frederick Douglass는 연설할 때 청중과 교감하며 마음을 움직이는 능력이 탁월했다고 알려져 있다. 역사학자 레론 베넷Lerone Bennett은 더글러스에 대해 이렇게 썼다. "사람들은 그의 연설을 들으며 기독교의 순종을 설교하는 노예 소유주의 위선을 비웃을 수 있었고 주인에게 처참하게 유린당한 흑인 소녀의 굴욕을 엿볼 수 있었다. 그리고 아이와 강제로 헤어져야 하는 어머니의 절규를 들을 수 있었다. 사람들은 더글러스를 통해 울고, 저주하고, 느꼈다. 그를 통해 노예의 삶을 생생하게 경험할 수 있었던 것이다."

머리보다 마음을 먼저 사로잡아야 한다. 마음을 움직이지 못하면 몸도 움직이지 못한다.

리더에 대한 믿음은 관계에서 온다

훌륭한 리더는 조직 전체를 상대로 소통할 때도, 한 사람과 이야기를 나눌 때도 마음을 연결하기 위해 쉬지 않고 노력한다. 당신을 따르는 사람들과 관계가 두텁고 연결 고리가 튼튼할수록 그들이 당신을 도울 가능성도 커진다.

예전에 나는 직원들에게 이렇게 말하곤 했다. "사람들은 여러분이 얼마나 많은 것을 아는지에는 관심이 없습니다. 여러분이 그들에게 얼마나 관심이 있는지 알 때까지는 말입니다." 이 말을 수없이 들은 직원들은 짜증이 났을 것이다. 그래도 내가 옳다는 사실을 인정했다. 사람들과 마음으로 소통하며 관심을 보이고 돕고자 하는 마음을 보일 때 그들의 믿음을 얻을 수 있다. 그들은 당신과 똑같은 방식으로 응답하며 당신을 돕고 싶어 할 것이다.

사람들과 교감을 나누는 능력이 탁월했던 대표적인 리더로 로널드 레이건Ronald Reagan 전 대통령을 꼽을 수 있다. 대통령 재임 시 '위대한 커뮤니케이터'Great Communicator 라는 별명을 얻었다는 사실에서도 짐작할 수 있듯이 그는 청중과 공감대를 이루는 능력이 대단히 뛰어났으며 가까운 사람들의 마음을 움직이는 면에서도 탁월했다. '위대한 연결자'Great Connector 라 불려도 손색이 없을 인물이었다.

레이건의 연설문 작성자였던 페기 누난에 따르면 레이건이 오랜 출장을 마치고 백악관으로 돌아올 때 헬리콥터가 잔디밭에 착륙하는 소리가 들리면 모든 직원이 일을 멈췄다고 한다. 그리고 곧 도나 엘리엇Donna Elliott 이라는 직원이 이렇게 소리를 질렀다. "아빠가 돌아오셨다!" 모두가 그를 보고 싶어 했다. 어떤 직원들은 상사가 나타났을 때 겁을 집어먹기도 하지만 레이건의 사람들은 그를 보면 힘이 나는 것을 느꼈다. 그가 사람들과 마음으로 연결되어 있었기 때문이었다.

> 당신을 따르는 사람들과 관계가 두텁고 연결 고리가 튼튼할수록 그들이 당신을 도울 가능성도 커진다.

한 번에 한 사람하고만 교감하라

사람들과 소통할 때 기억해야 할 점은 한꺼번에 많은 사람을 상대할 때도 한 사람, 한 사람과 개인적으로 교감해야 한다는 것이다. 그동안 나는 오랜 경력 기간을 거치며 훌륭한 청중을 대상으로 연설할 기회가 종종 있었다. 청중의 규모가 가장 클 때는 6만여 명이 강연장을 가득 메우기도 했다. 사람들은 내게 이렇게 묻는다. "도대체 어떻게 그 많은 사람과 소통하나요?" 비결은 간단하다. 나는 수천 명에게 말을 걸지 않는다. 오직 한 사람과 대화를 나누는 데 집중한다. 그것이 사람들과 마음을 연결할 수 있는 유일한 길이다.

책을 쓸 때도 마찬가지다. 나는 내 책을 읽을 수백만 명의 독자를 생각하지 않는다. 내가 생각하는 것은 오직 한 사람, 바로 당신이다. 내가 당신과 개인적인 차원에서 소통할 수 있다면 이 책으로 당신을 도울 수 있으리라 믿는다. 하지만 내가 당신에게 마음을 전하지 못한다면 당신은 책 읽기를 멈추고 다른 일로 눈을 돌릴 것이다.

많은 사람을 상대할 때도 한 사람, 한 사람과 개인적으로 교감해야 한다.

당신은 사람들과 어떻게 소통하는가? 수많은 사람 앞에서 연설하든, 복도에서 만난 사람과 개인적으로 대화를 나누든 다음 3가지 사항을 꼭 기억해야 한다.

1. 사람들의 가치를 믿는다

리더가 사람들에게 줄 수 있는 가장 소중한 선물 중 하나가 그들의 가치를 믿어주는 것이다. 너무도 많은 사람이 삶의 방향을 잡지 못해 어려운 시간을 보낸다. 누구도 그들의 진정한 가치를 알아주지 않고 그들의 삶에 관해 이야기를 나누려 하지 않는다. 그들은 자신의 강점과 약점이 무엇인지 알지 못한다. 미래에 대해서도 불안해한다.

마음으로 소통하는 리더는 사람들에게 그들 자신과 그들이 하는 일에 대해 믿음을 심어준다. 그렇다고 마음에도 없는 칭찬을 하라는 것은 아니다. 사람들은 멀리 떨어진 곳에서도 거짓의 냄새를 맡는다. 전설적인 미식축구 감독 빌 월쉬Bill Walsh는 이렇게 말했다. "진실하고 정확한 칭찬처럼 효과적인 것은 없다. 그리고 입에 발린 칭찬처럼 쓸모없는 것은 없다."

나폴레옹의 말처럼 리더는 '희망을 파는 상인'이다. 사람들의 가치를 진정으로 믿고 소통하는 리더는 그들에게 밝은 희망과 더 나은 미래를 선사할 수 있다.

2. 자신이 말한 것을 먼저 실행한다

리더이자 커뮤니케이터로서 해야 할 가장 중요한 일은 자신이 말한 것을 실천하는 것이다. 신뢰는 바로 여기서 나온다. 리더가 모범을 보이면 사람들도 리더를 믿고 지지한다. 꾸준한 실천만이 복리 효과를 낸다는 점을 기억하라.

수많은 사람이 말과 행동이 일치하지 않는 모습을 보인다. '내 행동이 아닌 내 말을 따르라'는 식으로 나서는 사람은 오랫동안 리더의 자리를 지키지 못한다. 정직하지 않은 리더를 따르고 싶어 하는 사람은 아무도 없다. 사람들을 마음으로 연결하는 것은 오직 진실함이다.

3. 사람들을 소중히 여긴다

소통을 통해 사람들에게 줄 수 있는 가장 큰 선물은 그들의 삶을 돌보는 것이다. 사람들은 당신이 언제 진정으로 관심을 보이고 한 사람, 한 사람을 소중하게 여기는지 금방 알아차린다. 그리고 그 사실을 아는 순간 당신에게 이끌린다.

나는 어린 시절 테이시 선생님에게서 이 사실을 배웠다. 어느 날 몸이 아파 학교에 가지 못했을 때 선생님은 내가 어떤지 살펴보기 위해 우리 집을 방문했다. 그리고 나를 몹시 보고 싶었다고 이야기했다. 나는 어서 몸이 회복되어 학교에 갈 수 있기를 손꼽아 기다렸다.

사람들에게 관심이 없거나 속으로 미워한다면 사람들을 소중히 여기고 삶에 가치를 더하는 리더가 될 수 없다. 사람들을 진정으로 존중하는 마음을 계발하고 그들에게 가치를 부여해야 한다. 그들이 당신에게 뭔가 특별한 일을 해줄 수 있어서가 아니라 인간으로서 가치를 지닌 존재이기 때문이다. 사람들을 귀하게 생각하면 마음으로 소통할 수 있다.

하나 더 짚고 넘어가자면, 사람들과 마음을 연결하는 일은 구성원들의 의무가 아니라 리더의 의무다. 일부 리더들이 관계의 법칙에서 어려움을 겪는 이유는 구성원들에게 소통의 책임을 떠넘기기 때문이다. 특히 지위나 타이틀 덕분에 리더가 된 사람들이 그런 경우가 많다. 그들은 종종 이렇게 생각한다. '상사는 나야. 그들은 내 직원들이고. 그들이 먼저 마음을 열고 다가와야 해.' 그러나 관계의 법칙에 순응하는 리더는 늘 구성원들에게 먼저 손을 내밀고 가까이 가고 지속적인 관계를 맺기 위해 노력한다. 쉽지 않지만 조직의 성공을 위해 대단히 중요한 과정이다. 어떤 장애물이 있을지라도 리더라면 빈드시 실천해야 하는 일이다.

도전이 힘들수록 관계는 깊어진다

사람들에게 당신을 따르라고 요구하기 전에 먼저 그들과 소통하고 관계를 쌓아야 한다. 유명한 군대 지휘관들의 삶을 들여다보면 최고의 군인들은 하나같이 관계의 법칙을 적극적으로 실천했다는 사실을 알 수 있다.

더글러스 맥아더Douglas MacArthur 장군은 제1차 세계대전 중 프랑스에서 공격을 앞두고 한 대대장에게 이렇게 말했다. "소령, 공격 명령이 떨어지면 귀관이 부대원들보다 앞장서서 전투에 임하기를 바라네. 소령이 그렇게 한다면 병사들도 귀관을 따를 것이네." 맥아더는 그렇게 말한 뒤에 자신의 군복에서 수훈 십자훈장을 떼어 소령의 군복에 달아주었다. 소령에게 영웅적인 모습을 보여달라고 주문하기 전에 미리 포상을 준 것이다. 전투에서 그 소령은 앞장서서 부대를 이끌었고 부대원들은 끝까지 그를 따랐다. 그리고 목표를 달성했다.

관계의 법칙을 실천했던 군인들의 사례가 모두 맥아더 장군과 소령의 일화처럼 극적이었던 건 아니지만 현재를 사는 우리에게 여전히 유용한 교훈을 안겨준다. 예를 들어 나폴레옹은 휘하 장교들의 이름을 모두 외웠고, 그들이 어느 지역 출신이고 어느 전투에서 자신과 함께 싸웠는지 정확히 기억했다고 한다.

더 최근의 사례를 들자면 걸프 전쟁에서 '사막의 폭풍'Desert Storm 작전을 이끌었던 미군 중부사령부 사령관 노먼 슈워츠코프Norman Schwarzkopf 역시 전쟁을 치르는 동안 병사들과 깊은 교감을 나눴다. 1990년의 크리스마스에 그는 야전 식당들을 돌아다니며 가족과 멀리 떨어져 복무하는 군인들과 하루를 보냈는데, 훗날 자서전에 그때의 경험을 다음과 같이 적었다.

나는 텐트에서 식사하기 위해 줄지어 선 병사들과 일일이 악수하고 배식대 뒤로 들어가 취사병과 식당 일을 돕는 사람들에게 인사했다. 그리고 식당 안을 여기저기 돌아다니며 테이블을 하나하나 방문하고 식사 중인 모든 사람에게 "메리 크리스마스!"라고 인사했다. 두 번째와 세 번째 텐트를 방문했을 때도 똑같이 병사들을 격려했다. 그런 뒤에 첫 번째 텐트로 돌아와 똑같은 일을 반복했다. 그사이에 새로운 병사들이 식사하고 있었기 때문이다. 그런 다음에야 자리에 앉아 몇몇 병사와 함께 저녁을 먹었다. 4시간 동안 악수한 사람의 수가 4,000명은 족히 됐을 것이다. [3]

슈워츠코프는 장군이었다. 그가 그렇게까지 할 필요가 있었을까? 하지만 그는 그렇게 행동했다. 사람들과 마음을 연결하는 가장 효과적인 방법을 썼던 것이다. 바로 '군중 속을 천천히 걷기'walk slowly through the crowd 라는 방법이다. 그는 사람들 사이를 천천히 오가며 병사들에게 사령관이 그들을 믿고, 그들을 위해 솔선수범하고, 그들을 소중히 여긴다는 사실을 보여주었다.

리더는 바로 이렇게 행동해야 한다. 당신의 구성원들이 일하는 곳으로 가서 그들과 시간을 보내라. 그들의 이름을 외우고 얼마나 그들에게 감사한지 말하라. 그들이 어떤 일을 하는지 파악하고 말을 들어주어라. 사람들은 자신과 긴밀한 관계를 맺고 진정으로 교감하는 리더를 지구 끝까지 따를 것이다.

친밀한 소통이 만들어낸 놀라운 성과

리더가 조직 구성원들과 진심으로 소통하기 위해 노력한다면 그 결과는 조직이 움직이는 모습으로 나타난다. 사람들은 높은 충성심과 강력한 직업윤리를 발휘하고 리더의 비전을 개인적인 포부로 바꿀 것이다. 그 효과는 믿을 수 없을 만큼 크다.

사우스웨스트 항공Southwest Airlines은 내가 최고로 꼽는 회사 중 하나다. 저가 항공의 개척자로 출발해 오늘날 미국에서 가장 큰 국내선 항공사가 된 이 회사는 다른 항공사들이 줄줄이 파산하고 사업을 접는 속에서도 큰 성공을 거두었고 높은 수익을 올렸다. 설립자인 허브 켈러허Herb Kelleher는 회사의 초기 성공에 가장 크게 기여했을 뿐만 아니라 남다른 조직문화를 창조했다.

사우스웨스트 항공 직원들이 1994년 '상사의 날'Boss's Day에 보여준 모습은 매우 감동적이었다. 켈러허가 직원들과 얼마나 긴밀하게 연결되어 있

는지 확인할 수 있었던 순간이었다. 직원들은 〈USA 투데이〉에 전면광고
를 내서 켈러허에게 다음과 같은 메시지를 전했다.

> 허브, 고맙습니다.
>
> 우리 모두의 이름을 기억해주고
>
> 로널드 맥도널드 하우스Ronald McDonald House를 지원하고
>
> 추수감사절에 짐 싣는 일을 도와주고
>
> 모든 사람에게(정말로 모든 사람에게) 키스해주고
>
> 우리의 말을 들어주고
>
> 유일하게 수익을 내는 항공사를 만들고
>
> 휴가 파티에서 노래를 불러주고
>
> 1년에 1번만 노래를 불러주고
>
> 우리가 회사에서 반바지와 운동화를 착용할 수 있도록 허용하고
>
> 러브 클래식The LUV Classic 행사에서 클럽 1개로만 골프를 치고
>
> 샘 도널드슨Sam Donaldson(미국의 전직 리포터이자 뉴스 앵커로 1967년
>
> 부터 2009년까지 ABC 뉴스에서 일했다―옮긴이)을 말싸움에서 이기고
>
> 할리 데이비슨을 타고 사우스웨스트 본사로 출근하고
>
> 상사가 아니라 친구가 되어주어서 고맙습니다.
>
> '상사의 날'을 축하하며, 1만 6,000명 임직원 일동[4]

리더가 직원들과 소통하기 위해 열심히 노력하지 않았다면 그들이 이
정도로 깊은 애정을 표시하지는 않았을 것이다. 조직 구성원들과 튼튼한
관계를 구축하는 일의 중요성을 과소평가해서는 안 된다. '자기 자신을 이

끌려면 머리를 사용하고 사람을 이끌려면 마음을 사용하라'고 했다. 이것
이 관계의 법칙의 핵심이다. 사람들에게 도움을 요구하기 전에 먼저 그들
의 마음을 움직여라.

관계의 법칙 실천 매뉴얼

1. 사람들의 가치를 믿고 스스로 본보기가 되며 그들을 소중히 여기는 일에 얼마나 헌신하고 있는가? 당신의 사람들은 이 3가지 분야에서 당신을 어떻게 평가하는가? 당신이 조직을 이끄는 동기가 무엇인지 생각해보자. 사람들을 돕고 조직의 성과를 높이려는 욕구보다 개인적인 야망이나 이기심이 먼저라면 사람들과 마음으로 소통할 수 있는 능력은 갈수록 떨어질 것이다. 먼저 마음가짐과 태도를 바꿔야 더 나은 리더가 될 수 있다.

2. '군중 속을 천천히 걷는 법'을 익혀라. 직원이나 동료들 속에 있을 때는 그들과 긴밀한 관계를 맺고 소통하는 일을 우선적인 과제로 삼아야 한다. 그들과 업무에 대해 말하기 전에 먼저 교감을 나눠라. 잘 모르는 사람들과는 이 과정에 조금 시간이 걸릴 것이다. 잘 아는 사람들과도 밀접한 교분을 쌓는 데는 다소의 시간이 필요할지도 모른다. 그래도 이 작업에 투자하는 시간은 하루 몇 분에 불과하다. 그러나 하루 몇 분에 불과한 투자로 미래에 돌려받을 배당금은 상상할 수 없을 만큼 클 것이다. 또한 사무실과 현장을 한층 긍정적인 환경으로 만들 수 있다.

3. 좋은 리더는 좋은 커뮤니케이터다. 당신은 본인이 얼마나 훌륭한 연설가라고 생각하는가? 1점부터 10점까지 숫자로 점수를 매겨보자. 스스로 평가한 점수가 8점 이하라면 소통 기술을 익힐 필요가 있다. 소통에 관한 책을 읽고 강

의를 들어라. 강연자로 인증받고 토스트마스터즈Toastmasters(대중 연설을 연습하고 의사소통을 개선하며 리더십 기술을 배우는 비영리단체—편집자) 훈련 프로그램에 참가하라. 그리고 가르침과 소통을 실천하며 기술을 연마하라. 지금의 직무에서 그런 일을 할 기회가 없다면 자원봉사를 시작해보라.

제11장

이너서클의 법칙

The Law of Inner Circle

리더의 힘은
곁에 있는 사람들로부터 온다

살다 보면 어느 순간 목표나 꿈, 비전 등이 능력의 한계를 넘어서는 때가 찾아오기 마련이다. 리더에게는 하루 24시간이 부족하고 1년 365일이 너무 짧다. 재능은 있지만 목표를 이룰 만큼의 능력이 부족할 때도 있다. 또는 지금껏 자신을 성공으로 이끌어준 기술만으로는 다음번 성공을 달성하기가 어려울 수도 있다. 만일 이런 상황에 맞닥뜨렸다면 어떻게 해야 할까? 성공적인 리더는 이너서클의 법칙The Law of Inner Circle을 따르고 의지한다. 가장 가까운 사람들이 자신의 성공 수준을 결정한다는 사실을 알고 있기 때문이다.

　주변에서 뛰어난 재능을 타고난 사람들, 그래서 자기 분야에서 크게 성공한 사람들을 보면 그들이 그 재능만으로 성공했을 거라고 믿고 싶은 유혹에 빠진다. 하지만 그렇지 않다. 누구도 그런 위대한 성공을 혼자서 이룰 순 없다. 리더 역시 혼자서는 절대 성공하지 못하며 리더와 가장 가까이에 있는 사람들이 성공 수준을 결정한다. 즉 리더의 '이너서클'inner circle이 그 차이를 만들어내는 것이다.

이너서클은 리더와 가장 가까이 있다

나는 정말 운이 좋은 사람이다. 그동안 내 이너서클에 있는 사람들이 나를 더 나은 리더로 만들어주었기 때문이다. 혼자서는 절대 불가능했을 성과를 달성하는 데 그들이 큰 도움을 주었다.

첫 번째 이너서클은 세상에서 태어나 만난 부모님, 즉 가족이었다. 그리고 성인이 되어서는 마거릿이라는 훌륭한 여성과 결혼했다. 아내는 내 별난 성격과 수많은 단점에도 불구하고 나를 조건 없이 지원하고 사랑해주었다. 탁월한 사업가인 내 동생 래리는 사업적인 측면에서 많은 자문을 해주었다. 여러 조언자와 멘토들도 내게 유용한 조언을 주고 내 삶에 큰 영향을 미쳤다. 또 내 단점을 보완해주고 내게 부족한 기술을 갖춘 사람들도 여러모로 나를 도왔다.

내 이너서클에 있는 사람들은 시간이 지나면서 바뀌기도 했다. 일부는 내 곁을 떠났고 다른 사람들이 그 자리를 채웠다. 30대 중반에 인연을 맺은 바버라 브루마진Barbara Brumagin은 11년간 내 비서로 근무하면서 너무나 큰 도움을 주었다. 그녀가 리더가 되어 다른 곳으로 자리를 옮기자 전부터 나와 함께 일했던 린다 에거스Linda Eggers가 새로운 비서가 됐다. 그때부터 35년이 지난 오늘까지 린다는 그 자리를 지키며 나를 위해 일하고 있다. 그녀는 내게 없어서는 안 될 너무나 중요한 존재다. 삶의 시시콜콜한 부분까지 나를 챙겨줄 뿐만 아니라 내가 무엇을 생각하는지, 사람들을 어떻게 응대하는지 잘 알고 있기 때문이다. 그녀는 업무의 90퍼센트 이상을 나와 상의할 필요도 없이 스스로 알아서 처리한다.

나는 리더들에게 항상 이렇게 말한다. "조직의 임원에게 가장 중요한 채용 관련 의사결정은 비서를 선택하는 것이다." 당신의 이너서클에 뛰어난 비서가 있다면 당신의 리더십은 크게 향상될 수 있다. 그 비서는 당신의 시간을 절약해주고 당신의 삶을 더 순조롭게 만들 것이다. 그리고 오직 당신만이 할 수 있는 일에 모든 역량을 집중하도록 도와줄 것이다. 좋은 비서는 당신과 함께 모든 중요한 회의에 참석해야 한다. 린다가 나와 함께 회의에 참석하면 니는 회의에 아무것도 가져갈 필요가 없다. 또 회의가 끝난 뒤에도 아무것도 가지고 나올 필요가 없다.

또 다른 오래된 이너서클은 글쓰기 파트너 찰리 웨츨이다. 처음에는 연구원으로 채용했지만 그는 나와 함께 일한 첫 달부터 내 책《인재경영의 법칙》원고를 출판사 요청으로 수정하는 일에서 진가를 발휘하기 시작했다. 그는 함께 일한 첫해에 3권의 책을 펴내는 작업을 도왔을 뿐만 아니라 책과 관련된 기사, 설명서, 마케팅 문구 등을 작성하는 일을 도맡아서 처리했다. 오래 지나지 않아 나는 글을 쓰거나 책을 출판하는 일을 논의할 때면 항상 그를 회의에 참여하게 했다. 그때부터 지금까지 28년 동안 찰리는 내 곁에서 일하고 있으며 우리는 그동안 100권이 넘는 책을 함께 펴냈다.

내 오래된 이너서클의 3번째 인물은 마크 콜이다. 심지어 그는 내가 직접 채용한 사람도 아니다. 내가 운영하는 회사의 어떤 관리자가 마크를 뽑았는데 처음에 그는 재고 관리실을 거쳐 영업 부서에서 일했다. 그가 점점 큰 책임을 맡으면서 그에 대한 나의 믿음은 갈수록 깊어졌다. 마크가 부사장으로 승진할 무렵 우리는 절친한 친구가 됐다. 그는 자신의 능력을 증명했고 결국 내가 운영하는 4개 조직 전체를 이끄는 CEO가 되었다. 현재 그는

CEO일 뿐만 아니라 회사의 공동 소유자이면서 내 후계자다. 마크가 지난 20년간 나를 도우며 한 일은 그 누구도 흉내 낼 수 없다.

조직이 리더를 채용하는 이유는 성과를 내기 위해서다. 훌륭한 성과를 대신할 수 있는 것은 아무것도 없다. 하지만 리더가 좋은 팀을 만들지 않으면 성과를 낼 기회조차 사라진다. 리더와 가장 가까운 사람들이 성공의 수준을 결정한다. 그것이 이너서클의 법칙이다.

함께일 때 위대해진다

25년 전 이 책을 출간하고 21가지 리더십 법칙을 처음 가르치기 시작했을 때 많은 사람이 21가지나 되는 법칙 앞에서 막막해했다. 그들이 그런 느낌을 받은 것도 무리는 아니다. 나 역시 단순하고 간결한 원칙의 가치를 모르지 않는다. 21가지 법칙을 더 적게 줄일 수 있다면 얼마나 좋을까. 하지만 아무리 압축하려 해도 성공하고자 하는 리더에게는 이 21가지 법칙이 모두 필요하다는 생각을 거둘 수가 없다. 동시에 어떤 리더도 21가지 법칙을 하나같이 능숙하게 구사할 수 없다는 점도 인정한다. 모든 리더에게 팀이 필요한 이유는 바로 그 때문이다.

테레사 수녀는 이렇게 말했다. "당신은 내가 하지 못하는 일을 하고, 나는 당신이 하지 못하는 일을 한다. 우리는 함께 위대한 일을 이룰 수 있다." 이것이 이너서클의 법칙이 발휘하는 힘이다.

리더십 전문가 워런 베니스는 다음과 같이 말했다. "리더는 팀 안에서 위대함을 발견하고 팀 구성원들이 자신의 내면에서 위대함을 찾을 수 있도록 돕는다."[1] 생각해보면 위대한 리더는 하나같이 강력한 이너서클에

둘러싸여 있었다. 기업, 종교, 스포츠, 심지어 가족 관계에서도 마찬가지다. 당신과 가장 가까운 사람들이 당신의 성공 수준을 결정한다는 사실을 기억하라.

훌륭한 이너서클의 조건

모든 사람에게는 자신만의 이너서클이 있다. 가장 가까우면서 인생에 큰 영향을 미치는 사람들 말이다. 하지만 사람들 대부분은 자신의 이너서클을 전략적으로 선택하지 않는다. 그들이 자신의 성공과 리더십에 어떤 영향을 주는지 깊이 생각하는 사람은 별로 없다. 우리는 자신이 좋아하고 편안함을 느끼는 사람들로 주위를 채우는 경향이 있다.

하지만 당신에게 재미나 편안함 이상의 가치를 안겨줄 능력이 없는 사람들은 당신의 성공을 도울 수 없다. 프로로 전향한 운동선수들이나 직업적으로 성공을 거둔 연예인들의 사례에서도 그런 모습을 흔히 볼 수 있다. 그들이 종종 슬럼프에 빠지고 무너지는 이유는 자신에게 별 도움이 되지 않거나 해로운 사람들로 이너서클을 구축했기 때문이다.

이너서클의 법칙을 실천하려면 사람들과 의도적으로 관계를 맺어야 한다. 당신 주위에서 가장 뛰어난 사람들에게 투자한 뒤에 그들의 반응을 지켜보라. 이너서클에 들어올 사람을 물색할 때는 애질런트 테크놀로지스Agilent Technologies에서 오랫동안 임원, 사장, CEO, 회장으로 일한 네드 반홀트Ned Barnholt의 조언을 귀담아들을 필요가 있다. 그는 조직에서 일하는 사람들은 리더십에 다음 3가지 형태로 반응한다고 한다.

첫째, 리더십을 즉시 이해하고 업무에 적용한다. 둘째, 리더십에 회의적으로 반응하고 무엇을 어떻게 해야 할지 모른다. 셋째, 리더십을 부정적으로 받아들이고 시간이 지나면서 흐지부지되기를 바란다. 반홀트는 이렇게 말했다. "예전에는 가장 부정적인 사람들에게 시간 대부분을 낭비했습니다. 그들에게 변화의 필요성을 설득하려고 애썼죠. 지금은 첫 번째 그룹에 속한 사람들에게 시간을 씁니다. 최고의 자산에 투자하는 거죠."[2]

당신의 조직 구성원들 중 누군가를 이너서클로 받아들이기 전에 다음 조건들을 미리 따져봐야 한다. 이 3가지 조건을 충족하는 사람만이 당신의 이너서클에 들어올 자격이 있다.

1. 어떤 사람인가

당신 삶의 일부가 될 사람은 좋은 성품을 지녀야 할 뿐 아니라 당신과 가치관이 같아야 한다. 나는 우리 팀에 새로운 사람을 받아들이거나 이너서클에 들일 사람을 고려할 때 후보자들에게 다음과 같은 자질을 기대한다.

1. 정직함: 솔직하고 진실해야 하며 자신이 말한 바를 지켜야 한다

2. 긍정적인 자세: 부정적인 자세로는 긍정적인 해결책을 만들어낼 수 없다

3. 탁월함: 평범함에 안주하는 것처럼 조직과 팀에 크게 해를 끼치는 일은 없다

4. 유연성: 새로운 기회를 추구하거나 기존의 일을 개선하기 위해 언제라도 즉시 기존의 방향을 바꿀 수 있어야 한다

5. 충성심: 공동의 대의를 위해 함께 일하고 그 과정에서 서로를 존중해야 한다

6. 사람을 귀히 여기는 마음: 사람들에게 관심을 두고 존중하며 품위 있게
   대해야 한다

더 많은 목록을 나열할 수도 있지만 아마 내가 무엇을 말하고자 하는지 이해했을 것이다. 간단히 말하자면 이렇다. 과거에 나는 내 이너서클이라고 여긴 사람들에게 별로 주의를 기울이지 않았다. 하지만 지금은 몹시 후회한다. 먼저 본인의 가치관 목록을 작성해보자. 그런 다음에 이너서클 후보들이 그 목록과 똑같은 가치관을 갖도록 만들어야 한다.

2. 어떤 일을 할 수 있는가

내 이너서클에 있는 사람들은 모두 각자의 분야에서 환상적인 능력을 발휘한다. 그렇지 않다면 그들이 내 이너서클에 있을 이유가 없다. 그들은 뛰어난 기술, 재능, 능력을 바탕으로 나와 우리 팀, 우리 조직의 성과를 높인다.

나는 리더십 분야에 재능이 있기 때문에 리더들을 본능적으로 끌어당긴다. 그러나 그런 재능보다도 스스로 가장 잘했다고 생각되는 일 중 하나는 내게 없는 강점이 있는 사람들을 이너서클에 받아들인 것이다. 그들은 내 약점을 지적해주었고 내가 부족한 부분을 메워주었으며 나와 다른 관점을 제시해 조직에 또 다른 힘을 더해주었다. 참으로 훌륭한 원원win-win 전략이 아닐 수 없다.

나는 팀의 화합을 매우 중요시한다. 당신의 이너서클이 한 팀이 되어 일해야 한다면 그 팀의 팀원들이 어떻게 상호작용하고 얼마나 잘 화합하는지 신중히 살펴볼 필요가 있다. 선수권대회에서 우승한 농구팀 선수들이 상호보완적인 기술을 바탕으로 서로의 역할을 대신하듯이, 당신의 이너서

클에 속한 팀원들도 저마다 팀에 기여할 수 있어야 한다. 정보와 지혜를 나누고 선의의 경쟁을 치르는 과정을 통해 서로 발전하고 경기력을 높여야 한다. 그럼으로써 조직 전체가 발전한다.

3. 내 부담을 얼마나 덜어주는가

앞서 제5장 '덧셈의 법칙'에서 리더들이 사람들의 삶에 어떻게 가치를 더하고 빼고 곱하고 나누는지 이야기했다. 당신의 이너서클에 있는 사람들은 덧셈이나 곱셈의 리더여야 한다. 당신의 팀에 있는 자원으로서 검증된 실적이 있어야 하며 당신의 부담을 조금이라도 덜어줄 수 있어야 한다.

다음은 어렸을 때 어머니가 자주 암송해주던 엘라 휠러 윌콕스Ella Wheeler Wilcox의 시다. 나는 지금도 이 시를 잊지 못한다.

> 오늘날 지구상에는 두 종류의 사람이 있다.
> 분명히 말하지만 딱 두 종류밖에 없다.
> 좋은 사람과 나쁜 사람을 말하는 것이 아니다.
> 왜냐하면 좋은 사람도 나쁜 부분이 있고,
> 나쁜 사람도 좋은 부분이 있기 때문이다.
> 내가 말하는 지구상에 있는 두 종류의 사람이란
> 다른 사람에게 도움을 주는 사람과
> 다른 사람에게 기대는 사람이다.[3]

당신의 이너서클에 있는 이들은 업무뿐만 아니라 개인적으로도 당신에게 도움을 주어야 하며 당신의 삶에 가치를 더해주어야 한다. 이기적인 말처럼 들릴 수도 있지만 그렇지 않다. 당신이 리더로서 최대한의 잠재력을

발휘해야 팀원들도 잠재력을 끝까지 발휘할 기
회를 얻는 것이다. 주변 사람들이 당신을 더 나
은 사람으로 만들어주지 못한다면 다른 사람들
을 찾아봐야 한다.

이너서클 후보를 고를 때 고려해야 할 점이 또 하나 있다. 어떤 사람은
그가 조직에서 담당하는 중요한 역할 때문에 자연스럽게 이너서클에 들어
온다. 예를 들어 우리 회사의 CEO인 마크 콜이 내 이너서클에 꼭 필요한
이유는 그가 없이는 조직이 돌아가지 않기 때문이다. 그렇다고 그가 지위
만으로 내 이너시클에 들어온 것은 아니다. 마크는 앞에서 나열한 3가지
특성을 훌륭히 입증함으로써 이너서클에 들어왔고 CEO가 될 자격을 얻
었다. 만일 어떤 사람이 오직 지위 덕분에 당신의 이너서클에 들어왔지만
지위가 아니고서는 그를 들일 이유가 없다면 그 자리를 채울 다른 사람을
알아봐야 한다.

창의력의 원천, 아우터서클

사람들은 내게 어떻게 이너서클을 만들었는지 종종 묻는다. 나는 리더
들을 전략적으로 고르는 편이지만 그들이 내 이너서클에 들어올 때는 대
체로 자연스러운 과정을 거친다. 예를 들어 어떤 사람과 함께 일하면서 점
점 더 많은 것을 의지하게 되는 때가 있다. 그리고 그 사람이 특정 회의에
참석하거나 특정한 프로젝트를 이끌어주기를 바라게 된다. 시간이 흐르면
서 나는 점점 그 사람이 팀과 조직, 나 자신에게 얼마나 중요한 존재인지
깨닫는다. 하지만 그렇다고 해서 그가 내 이너서클에 들어왔음을 공식적

으로 선언하거나 축하하는 행사를 열진 않는다. 어느 날 문득 그들이 이너서클에 들어와 있음을 알게 되는 것이다. 내 이너서클에 있는 사람들은 모두 내 영향력을 능력 이상으로 넓혀주고 내게 부족한 핵심 기술을 제공한다. 그들은 내가 더 나은 리더로 성장하도록 돕는 고성과자들이다.

나는 1980년대에 이너서클의 원리를 처음 배웠고 1998년에 펴낸 이 책의 초판에 그 내용을 넣으면서 '이너서클의 법칙'이라는 이름을 붙였다. 하지만 최근 몇 년 사이에 이너서클의 법칙에 대해 새로운 사실을 발견했다. 이너서클뿐만 아니라 '아우터서클'Outer Circle의 중요성에 대해서도 새롭게 인식한 것이다.

아우터서클은 당신이 삶의 지평을 넓히고 사고의 범위를 확장하고 안전지대를 벗어날 수 있도록 도울 뿐 아니라 새로운 아이디어를 제공하는 사람들이다. 그들은 창의력의 훌륭한 원천이 되어준다. 이너서클과 아우터서클의 차이점은 아래 표와 같다.

지난 5년간 했던 가장 가치 있는 작업 중 하나가 바로 아우터서클을 개

이너서클	아우터서클
나를 매일 돕는다	나를 가끔 돕는다
내가 더 나은 리더가 되도록 돕는다	내가 더 큰 리더가 되도록 돕는다
항상 내 곁에 머문다	내가 변화하면서 그들도 바뀐다
나의 약점을 보완한다	나의 강점을 보강한다
오늘에 집중한다	내일에 집중한다
실행을 돕는다	혁신을 돕는다
세부 사항들을 처리해준다	큰 그림을 보여준다
나를 위해 문을 닫아준다	내게 새로운 문을 열어준다

발한 일이었다. 리 아이아코카는 "성공은 내가 얼마나 많은 걸 아느냐가 아니라 누구를 아느냐, 그들에게 나를 어떻게 알리느냐에 달렸다."라고 말했다. 리더로서 능력을 극대화하고자 한다면 우선 당신 자신이 최고의 리더가 되어야 하며 그다음에 주변을 최고의 리더들로 채워야 한다.

당신에게 영향력을 발휘하는 사람들, 당신이 타인에게 영향력을 발휘하도록 돕는 사람들의 서클을 만들 때는 먼저 이너서클부터 시작해야 한다. 당신과 가장 가까운 사람들이 당신의 성공 수준을 결정하기 때문이다. 이너서클이 없는 리더는 성장할 수 없다. 먼저 강력한 이너서클을 개발한 뒤에 아우터서클을 만드는 일을 시작하라. 아우터서클을 갖춘 리더는 그러지 못한 리더보다 더욱 크게 성장할 수 있다.

자신과 가장 가까운 사람들이 성공 수준을 결정한다는 사실을 잊지 마라. 이너서클의 법칙은 당신의 도달할 수 있는 최고의 높이까지 도약할 유일한 방법이기도 하다.

때로는 예상치 못한 곳에서 사람을 얻는다

이너서클은 자신이 이끄는 조직 안에서 발굴되는 경우가 많다. 당신이 후보자로 점찍은 사람들에게 투자하면 그들이 당신에게 매우 가치 있는 사람이 되어주는 것이다. 또 당신이 의지하는 가족들과 당신을 지도하고 더 나은 리더로 만들어준 멘토들도 이너서클이 될 수 있다. 그러나 가끔은 그 외의 경로로 이너서클에 들어온 사람도 있다. 존 베리켄John Vereecken 이 바로 그런 경우였다.

30년 전 멕시코 칸쿤에서 열린 리더십 행사에서 존을 처음 만났다. 당시 그는 대기업과 비영리단체를 위한 리더십 훈련 조직인 리데레Lidere에서 근무 중이었다. 원래 미국 미시간주 출신인 존은 학교를 졸업한 뒤에 멕시코로 이주해서 그곳에서 교회를 이끌고 있었다. 나는 훌륭한 성품을 지닌 존을 좋아했지만 자주 만나지는 못했다.

2000년대 초 내가 운영하는 비영리단체가 라틴아메리카에서 리더들을 훈련하는 프로그램을 출범시킬 계획을 세우고 리데레와 함께 작업을 시작했다. 이 일을 계기로 나는 존이라는 사람을 더 잘 알게 됐고 그가 얼마나 뛰어난 리더인지 깨달았다. 얼마 지나지 않아 그는 내 아우터서클의 소중한 일원이 되었다. 그는 내 사고방식을 바꿔주었고 비전을 넓혀주었으며 중남미 지역의 라틴 문화에 대해 많은 것을 가르쳐주었다. 나는 새로운 국가에 훈련과 혁신 프로그램을 도입하기 위한 우리 조직의 회의에 그를 더 자주 참석시켰고 그에게 더 많은 사업을 맡겼다. 그런 과정을 거치며 그는 자연스럽게 내 아우터서클에서 이너서클로 이동했다.

한번은 스페인어를 사용하는 나라에서 강연할 때 존에게 통역을 부탁했던 적이 있었다. 나는 그의 엄청난 재능에 감탄을 금치 못했다. 그동안 수많은 나라를 다니면서 수백 명의 통역사에게 도움을 받았지만 그중에서도 최고는 단연 존이었다. 그는 전 세계의 스페인어 사용 국가들에서 나의 목소리나 다름없는 사람이 되어주었다. 존이 없었다면 존 맥스웰 리더십 재단은 지금처럼 성공하지 못했을 것이며 나 자신도 마찬가지였을 것이다.

이너서클의 법칙이 발휘하는 힘은 이처럼 위력적이다. 당신과 가장 가까운 사람들이 당신의 성공 수준을 결정한다는 걸 꼭 기억하길 바란다.

이너서클의 법칙 실천 매뉴얼

1. 당신의 이너서클에 있는 사람들은 누구인가? 그들의 이름을 나열하고 각자의 이름 옆에 당신에게 어떻게 도움을 주는지, 어떤 일을 하는지 적어보자. 그들에게 뚜렷한 역할이나 기능이 없다면 그들의 잠재력이 무엇이라고 생각하는지 써보자. 이너서클에서 부족한 부분이나 중복되는 부분이 있는지, 있다면 무엇인지 생각해보고 그 공백을 메울 수 있는 사람들을 찾아 나서라.

2. 훌륭한 이너서클은 우연히 모이지 않는다. 성공적인 리더는 현재와 미래의 이너서클을 계속해서 만들어나간다. 그렇게 할 수 있는 비결은 무엇일까?

- 이너서클에 있는 사람들과 따로 시간을 보내며 조언을 주고받고 관계를 계속해서 유지한다
- 그들에게 더 많은 책임과 높은 기대치를 부여한다
- 그들이 거둔 성과가 좋으면 공로를 더욱 많이 인정하고, 성과가 좋지 않으면 책임을 지게 한다

앞서 작성한 이너서클 명단을 검토하고 자신이 그들과 함께 위의 단계들을 밟고 있는지 생각해보자. 만일 그렇지 않다면 일하는 방법을 바꿔야 한다. 또한 이너서클 후보들과도 이런 단계를 밟을 필요가 있다.

3. 이미 이너서클을 개발했고 잘 운영하고 있다면 이제 아우터서클에서 당신을 도울 사람들을 찾아보자. 기존의 사고방식에 도전을 제기하고 창의력을 끌어내는 사람들을 찾아라. 이때 고대 이스라엘의 솔로몬 왕이 했던 말이 좋은 지침이 되어줄 것이다. "쇠가 쇠를 날카롭게 다듬듯이 친구는 서로의 마음을 빛나게 한다."[4]

자신과 가장 가까운 사람들이
성공 수준을 결정한다는 사실을 잊지 마라.

제 12장

권한위임의 법칙

The Law of Empowerment

자존감 있는 리더만이
권한을 위임한다

아마 헨리 포드Henry Ford를 모르는 사람은 별로 없을 것이다. 그는 자동차 산업에 혁명을 일으킨 혁신가이자 미국 기업계의 전설 같은 인물이다. 1903년 그는 미국의 평범한 근로자들도 자동차를 구입할 수 있게 해야 한다는 신념으로 포드자동차 Ford Motor Company를 공동 설립했다.

나는 평범한 사람들을 위한 자동차를 만들 것이다. 그 차는 온 가족이 타기에 넉넉하면서도 한 사람이 관리할 수 있을 만큼 적당한 크기여야 한다. 또한 현대의 공학 기술로 설계 가능한 가장 단순한 디자인으로, 최고의 자재를 사용해서 최고의 인력이 제작해야 한다. 그러나 자동차의 가격은 급여가 많지 않은 사람들도 구매할 수 있을 만큼 낮게 책정해서 모든 사람이 신이 창조한 드넓은 공간 속을 가족과 함께 달리는 축복의 시간을 누리도록 해야 한다.[1]

포드가 한 말이다. 그는 '모델 T'Model T를 내놓으면서 자신이 평생 꿈꿨던 비전을 이뤘다. 모델 T는 20세기 미국인들의 삶을 완전히 바꿔놓았다. 1914년 포드자동차는 미국 내에서 소비되는 모든 자동차의 50퍼센트를 생산하기에 이르렀고 미국의 대표적인 성공 사례가 되었다.

뛰어난 사업가와 뛰어난 리더는 다르다

하지만 포드의 이야기가 모두 긍정적이기만 했던 건 아니었다. 그는 권한위임의 법칙The Law of Empowerment 을 받아들이지 않았다. 즉 리더로서 다른 사람들에게 권한을 위임하지 않고 독점하는 길을 택했던 것이다. 그는 모델 T에 너무 집착한 나머지 제품을 바꾸거나 개량하는 것을 절대 허용하지 않았다. 심지어 누구도 그 제품에 손을 대지 못하게 했다. 하루는 회사의 디자이너들이 모델 T를 개량한 새로운 제품의 모형을 들고 들어오자, 포드는 노발대발해서 그 모형의 문짝을 뜯어내고 맨손으로 자동차를 부숴버렸다.

포드자동차는 포드 자신이 직접 개발한 모델 T라는 오직 1가지 디자인의 자동차만 20년간 생산했다. 1927년이 되어서야 그는 '마지못해' 소비자들에게 새로운 제품을 제공하는 데 동의했다. 그렇게 '모델 A'Model A 라는 신제품이 나왔지만 포드자동차는 이미 경쟁자들의 상대가 되지 못할 만큼 기술력이 떨어져 있었다.

한때 누구보다 먼저 자동차 업계에 뛰어들어 경쟁자들을 저 멀리 따돌렸던 포드자동차의 시장점유율은 계속 떨어졌다. 1931년에는 28퍼센트까지 추락했는데 17년 전의 시장점유율에서 절반이 약간 넘는 수준이었다.

포드는 '권한위임형 리더'와는 정반대의 성향을 지닌 인물이었다. 그는 밑에서 일하는 리더들의 사기를 떨어뜨리고 부하직원들을 감시하고 통제했다. 심지어 회사 내부에 직원들을 조사하고 사생활을 감독하는 부서를 만들기도 했다.

아마도 포드가 가장 비정상적인 방식으로 상대한 사람은 회사의 임원들, 특히 자신의 아들인 에드셀 포드Edsel Ford였을 것이다. 에드셀은 어렸을 때부터 회사에서 일했다. 그는 아버지가 이상한 모습을 보이면 보일수록 회사를 지키기 위해 더 열심히 일했다. 만일 에드셀이 없었다면 포드자동차는 1930년대에 일찌감치 문을 닫았을지도 모른다. 포드는 결국 에드셀에게 회사의 사장 자리를 맡겼지만 한편으로는 어떻게든 그의 권위를 깎아내리려고 수단 방법을 가리지 않았다.

회사 내에서 유망한 리더가 떠오를 때마다 포드는 그 사람을 자리에서 끌어내렸고, 이에 임원들은 견디지 못하고 회사를 떠나갔다. 그나마 몇몇 임원이 끝까지 자리를 지킨 이유는 언젠가 에드셀이 경영권을 물려받고 모든 것을 제자리로 돌려놓으리라는 희망 때문이었다. 하지만 안타깝게도 에드셀은 1943년 49세의 나이로 사망했다.

포드 가의 잘못된 리더십 철학

에드셀의 맏아들인 26세의 헨리 포드 2세는 해군 복무를 마치고 미시간 주 디어본으로 돌아와 회사를 물려받았다. 처음에는 사람들의 반대에 부딪히기도 했다. 하지만 그는 2년에 걸쳐 핵심 인사들의 지지를 모으고 이사회의 지원을 받았다. 또 그의 어머니가 포드자동차의 지분 41퍼센트를 소유하고 있었기 때문에 할아버지를 설득해 자리에서 물러나게 할 수 있었다.

헨리 포드 2세가 사장이 되었을 때 회사는 15년 연속으로 수익을 내지 못한 데다 하루에 무려 100만 달러씩 적자를 보고 있었다. 젊은 사장은 혼자서 상황을 수습하기에는 역부족이라는 사실을 깨닫고 회사에 고위급 리더들을 영입하기로 했다. 그중에는 제2차 세계대전 중에 육군성에서 근무했던 찰스 손튼Charles Thornton 대령과 제너럴 모터스에서 잔뼈가 굵은 노련한 임원으로 벤딕스 항공Bendix Aviation의 대표를 지낸 적 있는 어니 브리치 Ernie Breech 같은 이들도 있었다. 덕분에 1949년 포드자동차는 다시 성장세로 돌아설 수 있었다.

하지만 헨리 포드 2세는 할아버지와 닮은 점이 너무도 많았다. 그 역시이 얼마 안 가 훌륭한 리더들에게 위협을 느끼고 한 사람씩 제거하기 시작했다. 어떤 임원이 힘이나 영향력을 얻게 되면 한직으로 좌천시키거나 그 임원의 부하직원들에게 힘을 실어주거나 여러 사람 앞에서 모욕을 주는 등 온갖 방법으로 입지를 약화시켰다. 이런 행동은 헨리 포드 2세가 회사에 있었던 내내 계속됐다.[2]

한때 포드자동차 사장으로 근무했던 리 아이아코카는 회사를 떠난 뒤에 이렇게 말했다. "내가 경험한 바에 따르면 헨리 포드는 강력한 리더를 제거하는 못된 습관이 있다." 그는 헨리 포드 2세가 자신의 리더십 철학에 대해 이렇게 말했다고 한다. "어떤 사람이 부하직원이 되면 그를 너무 편하게 대하지 마라. 그가 쉽게 일하거나 멋대로 행동하도록 놔둬서는 안 된다. 항상 그가 기대하는 반대 방향으로 그를 대하라. 직원들이 늘 불안해하고 쩔쩔매게 만들어야 한다."[3]

리더는 불안을 이겨내고 권한을 위임한다

헨리 포드 1세와 2세는 모두 권한위임의 법칙을 지키지 않았다. 그들은 리더들에게 적절한 자원, 권위, 책임을 부여하지도, 목표를 달성하는 데 필요한 권한을 위임하지도 않았다. 오히려 당대 최고의 인재들을 무기력하게 만들었는데 그 이유는 권한을 넘기면 자신의 입지가 약해질지 모른다는 불안감 때문이었다.

그들은 리더십을 발휘하는 데 실패했을 뿐 아니라 주위 사람들의 삶까지 피폐하게 만들고 조직에 피해를 입혔다. 성공적인 리더가 되기 위해서는 다른 사람들에게 기꺼이 권한을 위임하고 그들이 성공할 수 있도록 도

최고의 경영자는 사람들을 골라내는 감각과 그들의 일에 간섭하지 않을 자제력을 갖춰야 한다. 시어도어 루스벨트

와야 한다. 시어도어 루스벨트도 그 점을 적절하게 지적했다. "최고의 경영자는 사람들을 골라내는 감각과 그들의 일에 간섭하지 않을 자제력을 갖춰야 한다."

사람들을 효과적으로 이끌려면 그들이 모든 잠재력을 발휘할 수 있도록 도와야 한다. 그 말은 리더가 길을 가로막지 않고 한쪽으로 비켜서서 간섭하지 말아야 한다는 뜻이다. 리더가 할 일은 그들을 격려하고 권한을 나눠주고 성공할 수 있도록 돕는 것이다.

이는 우리가 전통적으로 리더십에 대해 배웠던 것과는 언뜻 다르게 들린다. 내가 어렸을 때 배운 2가지 리더십 게임은 '언덕의 왕'King of the Hill과 '리더를 따르라'Follow the Leader였다. '언덕의 왕' 게임의 목표는 사람들을 쓰러뜨리고 꼭대기에 오르는 것이다. '리더를 따르라' 게임에서는 리더가 남들은 따라 할 수 없는 일을 해야만 승리할 수 있다. 이 게임들의 문제점은 자신이 이기기 위해 사람들을 모두 밟고 올라서야 한다는 데 있다. 그 바

탕에 깔린 정서는 불안감과 권력욕으로, 리더를 양성하는 정신과는 상반된 마음가짐이다.

나는 모든 사람에게 권력을 얻고 지키고자 하는 본능적인 욕구가 있다고 믿는다. 누구는 부자가 되기 위해, 누구는 사람들을 통제하고 원하는 것을 얻기 위해 권력을 탐한다. 물론 세상에 좋은 일을 하기 위해 권력을 원한다고 말하는 사람도 있다. 하지만 그들이 권력을 지킬 목적으로 남들을 이용하거나 나쁜 행위를 정당화한다면 어떤 식으로 합리화해도 결국은 세상에 해로운 일을 하는 것이다.

19세기 말 영국의 정치가이자 역사가인 존 액턴John Acton은 "절대 권력은 절대 부패한다."라고 말했다.⁴ 최근에 발생한 '미투'Me Too 나 '흑인의 목숨도 소중하다'Black Lives Matter (2012년부터 미국에서 벌어진 흑인 인권운동을 말한다 —옮긴이) 같은 사회적 운동 역시 권력자들이 힘없는 사람들을 대상으로 권력을 휘둘러 해를 입힌 일에 대한 반발로 일어난 것이다.

나는 개발도상국들을 방문할 때마다 그 나라에서 새로 권력을 잡은 리더들에게 권한위임이라는 개념이 얼마나 낯설게 느껴질지 새삼 깨닫곤 한다. 싸워서 이기지 않으면 성공하지 못하는 문화 속에서 살아온 사람들은 리더십을 유지하려면 반드시 치열한 투쟁을 거쳐야 한다고 생각할 수밖에 없다. 그들은 타인을 짓밟으며 위로 올라서는 길을 택한다. 하지만 그런 행동은 '결핍'이라는 사고방식에 기반을 두고 있다. 당신이 소유한 권력 일부를 남에게 넘겨줘도 아직 남아 있는 권력은 충분하다. 사람들을 아래로 끌어내리고자 한다면 당신 역시 아래쪽으로 몸을 구부려야 한다. 그들을 위로 일으켜 세우면 당신도 일어설 수 있다.

어떻게 권한위임을 할 것인가

권력욕의 부정적인 영향력에서 벗어나는 방법은 어떤 권력을 갖고 있든 사람들에게 기꺼이 나눠 주는 것이다. 조직 구성원들이 위임받은 일을 해낼 수 있도록 가르치고 지원한다면 한 발 물러선 상태에서도 그들에게 성공할 자유를 줄 뿐만 아니라 성공의 도구를 선물할 수 있다. 즉 그들에게 지식과 기술을 나눠 주고 성공을 향해 더욱 매진해도 좋다는 허가증을 내주는 동시에 그들에게 필요한 자원을 제공하는 것이다. 내가 오랫동안 사람들을 교육하며 정리한 권한위임 5단계를 밟으면 당신도 주위 사람들에게 효과적으로 권한을 위임할 수 있다.

> 조직 구성원들이 위임받은 일을 해낼 수 있도록 가르치고 지원한다면 한 발 물러선 상태에서도 그들에게 성공할 자유를 줄 뿐만 아니라 성공의 도구를 선물할 수 있다.

1단계: 내가 직접 일한다

권한위임은 스스로 생산적인 사람이 되는 힘과 능력을 갖추는 데서 출발한다. 앞서 '영향력의 법칙'에서 말했듯이 타이틀이나 지위는 당신을 리더로 만들어주지 못한다. 사람들과 좋은 관계를 유지하는 것도 리더십의 중요한 요소이기는 하지만 그것만으로 리더가 될 수는 없다. 리더가 되려면 자신이 먼저 생산성을 발휘해야 하며 팀을 이끌고 무언가를 성취해야 한다. 능력이 있어야 사람들의 신뢰를 얻을 수 있다. 자신에게 없는 것을 남에게 줄 수는 없다.

당신은 기술을 익히고 탁월함을 달성하기 위해 스스로 노력하고 있는가? 팀이 승리하도록 돕고 있는가? 조직의 목표를 이루기 위해 당신의 재능, 기술, 능력을 활용하고 있는가? 만일 그렇다면 당신은 '내가 직접 일한다' 단계에서 사람들의 신뢰를 얻고 남들이 본받을 만한 리더가 되어가고 있는 것이다. 그렇지 못한 리더는 먼저 성공해서 주위의 신뢰를 쌓아야 한다.

2단계: 내가 일하고, 그 사람이 배운다

본격적인 나눔의 과정은 당신이 무슨 일을 하고 어떤 방식으로 일하는 지 다른 사람에게 보여줌으로써 시작된다. 그때가 바로 권한위임이 시작 되는 순간이다. 뭔가 실수를 했다면 남들도 똑같은 일을 저지를 때까지 기 다리지 말고 그 실수를 솔직히 공개해야 한다. 또 성공했을 때는 그 비결 을 감추는 방식으로 우위를 점하려 하지 말고 성공의 비결을 공개해야 한 다. 그것이 권한위임의 첫걸음이다.

20대 때 이끌던 조직이 내가 떠난 후 급격히 쇠퇴하는 모습을 지켜본 적 이 있었다. 그런 과정을 겪으며 나는 모든 일을 혼자 해내는 팔방미인 같은 사람이 되기보다 내가 아는 것을 사람들에게 가르칠 필요성을 느끼기 시작 했다. 이후 나는 어떤 일을 할 때마다 그 일을 가르치고 싶은 사람에게 내 가 하는 걸 지켜보게 했다. 사람들은 내가 일하 는 모습을 지켜보면서 내가 하는 일들을 배웠고 왜 그 일을 하는지 깨달았다. 그렇게 업무에 대 한 요령을 익혀나갔다.

나는 어떤 일을 할 때마다 그 일을 가르치고 싶은 사람에게 내가 하는 걸 지켜보게 했다.

3단계: 그 사람이 일하고, 내가 돕는다

이 단계는 권한위임을 하는 과정에서 일종의 전환점이라 할 수 있다. 먼 저 시범을 보이고 나중에 스스로 할 수 있도록 돕는 것으로 상대방의 능력 을 더 높은 차원으로 발전시키는 것이다. 그렇다고 그 사람을 혼자서만 일 하게 놔두어서는 안 되며 반드시 그와 동행해야 한다. 왜 그래야 할까? 첫째는 그를 코치하기 위해서다. 그가 업무를 수행할 때 당신이 곁에 있다면 실수나 잘못은 바로 지적하고 잘한 일은 칭찬할 수 있다. 둘째는 그에게 일에 대한 책임감을 심어주기 위해서다. 리더들에게 권력과 책임을 부여할 때는 그들이 이를 올바르게 활용해서 업무를 완수하고 다시 다른 사람들을 도울 수 있도록 해야 한다.

4단계: 그 사람이 일한다

다른 사람의 손에 권한을 넘겨주는 단계다. 당신이 교육하고 권한을 위임한 사람들이 스스로 일할 능력을 갖췄다면 이제 혼자서도 성공할 수 있

이제는 그들이 단지 성공하는 것뿐만 아니라 당신보다 더 크게 성공하도록 기도하라! 진정한 권한위임은 상대가 성공하기를 바라는 것이다.

도록 그들을 자유롭게 놓아주어야 한다. 그들은 이 단계를 통해 능력과 기술을 연마하고 탁월함을 계발할 기회를 얻는다. 이 단계를 성공적으로 마쳤다면 이제는 그들이 단지 성공하는 것뿐만 아니라 당신보다 더 크게 성공하도록 기

도하라! 진정한 권한위임은 상대가 성공하기를 바라는 것이다.

5단계: 그 사람이 일하고, 다른 사람이 배운다

4단계까지 완료했다면 이제 모든 일이 끝났다고 생각할지 모른다. 하지만 1가지 중요한 일이 남아 있다. 당신이 가르친 사람이 다른 사람들을 가르치도록 독려하는 것이다. 이는 조직의 효율성을 높일 뿐만 아니라 당신에게 배운 사람들이 권한을 독점하지 않고 다시 나눠 주도록 돕는 길이다.

훌륭한 리더는 자신의 이익을 도모하기보다 타인에게 권한을 위임하는 길을 택한다. 리더십 분석가 린 맥팔랜드Lynne McFarland, 래리 센Larry Senn, 존 차일드레스John Childress는 이렇게 주장한다. "권한위임 기반의 리더십

모델에서는 '지위의 힘'position power이 '사람의 힘'people power으로 바뀐다. 즉 모든 사람에게 리더의 역할이 부여되고 저마다 최대한의 역량을 동원해서 조직에 기여하는 것이다."[5]

권한을 위임받은 사람만이 잠재력을 최대로 발휘할 수 있다. 리더가 다른 사람에게 권한을 위임할 능력이나 의사가 없다면 조직 구성원들 앞에 넘을 수 없는 장애물을 설치하는 것이나 마찬가지다. 그 장애물이 오랫동안 세워져 있다면 그들은 넘어서기를 포기하고 노력을 중단하거나, 아니면 자신의 잠재력을 펼칠 수 있는 다른 조직으로 떠날 것이다.

권한위임을 가로막는 3가지 장애물

권한위임이 그토록 긍정적인 일이라면 왜 모든 리더가 권한위임을 실천하지 않는 걸까? 무엇보다 그 방법을 알지 못하는 사람이 많기 때문이다. 하지만 리더가 권한을 위임하지 않는 더 중요한 이유는 대체로 다음 3가지 중 하나다.

1. 자기 자리를 지키고자 하는 욕구

권한위임의 가장 큰 적은 내 것을 잃을지도 모른다는 두려움이다. 많은 리더가 부하직원들의 성장을 도왔을 때 자신이 불필요한 존재가 될지도 모른다고 우려한다. 그러나 당신이 필요한 존재가 될 수 있는 유일한 길은 바로 리더를 키우는 일이다. 사람들에게 권한을 위임해서 당신의 일을 넘겨받을 수 있는 능력을 갖추게 한다면 당신은 조직에서 가치 있는 사람이자 꼭 필요한 존재가 된다. 이것이 '권한위임의 법칙'의 역설이다.

어쩌면 이런 의문이 들지도 모른다. 사람들에게 권한을 위임해서 내가 할 일이 없어진다면? 그리고 내가 조직에 기여한 바를 상사가 알아주지 않는다면? 물론 단기적으로는 그런 일이 생길지도 모른다. 하지만 꾸준히 리더를 키우고 권한을 위임한다면 얼마 안가 그들이 우수한 성과를 내고 탁월함을 보이면서 훌륭한 리더십의 본보기를 만들어 인정과 보상을 받을 수 있다. 사람들은 당신의 팀이 늘 성공을 거두는 모습을 보면서 당신이 훌륭한 리더라는 사실을 알게 될 것이다.

2. 변화에 대한 저항

노벨문학상을 받은 작가 존 스타인벡John Steinbeck은 이렇게 말했다. "사람들은 나이를 먹으면서 변화, 특히 좋은 의미의 변화에 저항하게 된다."[6] 권한위임은 그 특성상 지속적인 변화를 요구한다. 사람들에게 꾸준한 성장과 혁신을 독려하기 때문이다. 누구나 지금보다 더 나아지기 위해서는 변화라는 대가를 치러야 한다. 하지만 변화하는 삶을 살아가기가 항상 쉬운 것은 아니다.

사람들 대부분은 변화를 싫어한다. 하지만 리더의 가장 큰 책무 중 하나가 조직을 꾸준히 발전시키는 것이다. 당신은 리더로서 변화를 수용하고 변화할 길을 찾아내기 위해 스스로 훈련해야 한다. 성공적인 리더는 변화를 기꺼이 받아들일 뿐 아니라 '변화의 촉진자'가 되어야 한다.

3. 자존감의 결여

사업가인 존 피어스John Peers는 이렇게 말했다. "자기가 말을 타고 있는 모습이 우습다고 생각하는 사람은 기병대를 이끌고 공격에 나설 수 없다."[7] 자의식이 강한 사람이 훌륭한 리더가 되는 경우는 드물다. 그들은 자신이 남들의 눈에 어떻게 보일지, 남들이 어떻게 생각할지, 자기를 좋아할지 여부를 생각하느라 여념이 없다. 그런 사람들은 누구에게도 권력을 나눠 주지 못한다. 스스로 권력이 없다고 생각하기 때문이다. 자기가 갖지 못한 것을 남에게 줄 수는 없다.

오직 자존감이 있는 리더만이 자신의 권한을 나눠 준다. 소설가 마크 트웨인Mark Twain은 "누가 공을 차지하든 우리가 무관심해지는 순간 위대한 일이 생긴다."라고 말했다. 나는 여기서 한발 더 나아가 우리가 반드시 다른 사람에게 공을 돌려야만 위대한 일이 생길 수 있다고 믿는다.

제41대 부통령 후보로 출마했던 제임스 스톡데일 제독은 이렇게 말했다. "우리에게 가장 필요한 것은 일자리를 포기하면서까지 타인에게 도움을 주는 마음 따뜻한 리더들이다. 하지만 그런 리더들이 일자리나 사람들을 잃어버리는 일은 거의 없다. 이상한 말처럼 들리겠지만 위대한 리더들은 권위를 포기함으로써 권위를 얻는다."[8] 위대한 리더가 되고 싶다면 반드시 권한위임의 법칙을 따라야 한다.

> 위대한 리더들은 권위를 포기함으로써 권위를 얻는다.
> 제임스 스톡데일

권한위임은 리더의 자신감을 보여준다

미국의 가장 위대한 리더였던 에이브러햄 링컨 대통령은 겸손했을 뿐만 아니라 자신의 권력과 권한을 사람들에게 흔쾌히 내주는 것으로 유명했다. 링컨이 선정한 각료들의 면면을 들여다보면 그가 리더로서 지녔던 자신감의 깊이를 짐작할 수 있다. 대부분 대통령은 자신과 생각이 같은 협력자들을 각료로 선택하지만 링컨은 그렇지 않았다. 당시 나라가 혼란에 빠지고 파벌 간 갈등이 극심해진 상황에서 그는 다양성과 상호 경쟁을 통해 나라에 힘이 될 수 있는 리더들을 불러 모았다. 링컨의 전기 작가는 그의 각료 선정 방법에 대해 이렇게 썼다.

> 대통령이 정치적 라이벌을 각료로 임명하는 일이 아예 없었던 건 아니다. 하지만 선거에 패배해 실의에 빠진 반대파들로 주위를 채우는 것은 큰 재앙을 부를 만한 행동처럼 보였다. 링컨은 자신과 비슷하거나 더 강력한 리더들의 조언을 얻고 싶다는 순수한 의도로 그렇게 행동했다. 그는 반대파들의 공세에 시달리거나 무시당하는 일을 전혀 두려워하지 않았다. 아마도 그가 너무 순진했거나 아니면 본인의 리더십에 대해 조용하지만 확고한 자신감이 있었기 때문일 것이다. [9]

링컨은 나라를 통합시키겠다는 열망을 개인적인 편안함보다 더 중요시했다. 그는 강력한 자신감을 바탕으로 권한위임의 법칙을 실천했고 뛰어난 리더들로 주위를 채웠다. 위 사례뿐 아니라 남북전쟁 중에 그가 휘하의 장군들을 대한 방식을 보면 뛰어난 리더들에게 기꺼이 권한을 위임하고자 하는 의지를 엿볼 수 있다. 1863년 6월 링컨은 포토맥 군Army of the Potomac의 지휘권을 조지 미드George G. Meade 장군에게 맡기면서 다음과 같은 메시지를 전했다.

> 여러 상황을 고려해볼 때 지금까지 장군보다 더 중요한 임무를 맡은 사람은 없었습니다. 정부의 믿음에 장군이 완벽하게 부응하리라는 사실은 의심할 여지가 없습니다. 장군은 본부에서 내려보내는 세세한 지시

로 방해받지 않을 것입니다. 장군의 군대는 어떤 상황이 발생하든 적절하다고 생각되는 작전을 마음껏 펼칠 자유가 있습니다. 장군이 관할하는 지역 내 모든 병력은 장군의 명령에 따라야 합니다.[10]

헨리 포드가 권한위임의 법칙을 무시한 것과 달리 링컨은 처음부터 끝까지 권한위임의 법칙을 따랐다. 그는 장군들이 전투에서 좋은 성과를 거두면 그들에게 공을 돌렸다. 그들의 성과가 좋지 않으면 자신이 모든 책임을 떠안았다. 링컨의 리더십에 대한 책을 여러 권 쓴 작가인 도널드 필립스Donald T. Philips는 이렇게 말했다. "링컨은 전쟁 기간을 통틀어 패배한 전투나 놓친 기회에 대한 공식적인 책임을 늘 자신에게 돌렸다."[11] 바위처럼 굳센 자신감 덕분에 링컨은 전쟁 중에도 강력한 리더의 지위를 지킬 수 있었고 동시에 사람들에게 계속해서 권력을 위임할 수 있었다.

리더는 권한을 위임할수록 성장한다

링컨 같은 위대한 리더에 대한 이야기는 늘 감동적이지만 어려운 시대에 그토록 뛰어난 리더십을 발휘했다는 사실에 우리처럼 평범한 사람들은 주눅이 들 수 있다. 하지만 권한을 위임하기 위해 링컨처럼 위대한 리더가 될 필요는 없다. 지금 당신에게 필요한 건 기꺼이 그렇게 하겠다는 의지다. 권한을 위임할 때 가장 중요한 요소는 사람들에 대한 믿음이다. 당신이 사람들의 가치를 믿는다면 그들도 자신의 가치를 믿을 것이다.

최근 나는 마크 콜로부터 내 믿음에 고마움을 전하는 편지를 받았다. 그 일부를 여기에 소개한다.

존에게

제가 이 편지를 쓰는 이유는 20년 전 당신과 인조이INJOY 팀이 좌절에 빠진 한 젊은이에게 운을 맡기는 도전을 했기 때문입니다. 당신은 저를 받아주고 제 장점을 살릴 만한 역할을 맡겨주었습니다. 그리고 다시는 사람들을 이끌지 않겠다고 맹세했던 저를 믿어주고 리더로서 성장할 수 있도록 도와주었습니다.

제가 맡은 역할이 커지면서 책임도 커졌습니다. 저는 열정을 강점으로 만드는 방법을 거듭해서 배웠으며 당신이 준 새로운 기회를 더 나은 리더가 되는 기회로 활용했습니다. 딕분에 저는 청소도구 창고를 개조한 방에 앉아 이벤트 티켓을 팔던 직원에서 존 맥스웰 제국의 소유자이자 CEO로 성장할 수 있었습니다.

제가 어떻게 그 여정을 이어올 수 있었을까요? 당신이 시간을 투자해서 제게 권한을 위임해주었기 때문입니다. 지난 20년 동안 저는 당신 옆에서 배울 수 있는 특혜를 누렸습니다. 당신은 제게 열정을 쏟았고 조언하고 코치하고 꾸짖었습니다. 그리고 제가 실수를 저지를 수 있는 공간과 자유를 주었습니다. 제가 매우 어렵게 느끼던 영역에서 성장할 수 있도록 저를 독려해주었습니다.

스테파니, 토니, 메이시 그리고 저는 당신이 우리의 삶에 함께해주어 매일 감사하고 있습니다. 당신이 물려준 유산은 저뿐 아니라 당신이 발굴하고 권한을 위임한 모든 코치, 트레이너, 리더의 마음속에서 살아 숨 쉬고 있습니다. 우리는 당신의 배턴을 넘겨받아 당신처럼 훌륭한 리더로 나아가는 레이스를 달릴 수 있어 자랑스럽습니다. 길을 찾아내고, 그 길을 가고, 우리에게 길을 가르쳐주어 감사합니다.

마크로부터

나는 가까운 사람들에게 격려가 되는 편지를 받으면 안전한 곳에 숨겨 잘 보관한다. 내게는 대단히 소중한 물건이다. 나는 마크가 그동안 내게 해준 일에 감사한다. 그는 내가 준 것보다 훨씬 많은 것을 돌려주었다. 나는 그가 성장하는 과정을 돕는 일이 진정으로 즐거웠다.

권한위임은 권한을 위임받은 당사자뿐만 아니라 위임하는 리더 입장에서도 매우 강력한 힘을 발휘한다. 다른 사람을 성장시키면 나도 함께 성장한다. 마크는 나를 더 나은 사람으로 만들어주었다. 내가 혼자서 하지 못하는 일을 이룰 수 있도록 도왔을 뿐만 아니라 그 과정에서 나를 더 나은 리더로 성장시켰기 때문이다. 권한위임의 법칙이 발휘하는 힘이다. 당신도 리더로서 사람들의 가치를 믿고 권한을 나눠 준다면 그런 힘을 경험할 수 있다.

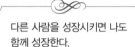

다른 사람을 성장시키면 나도 함께 성장한다.

권한위임의 법칙 실천 매뉴얼

1. 당신은 얼마나 확신이 있는 리더인가? 자신감이 있는가? 다른 사람을 훈련하고 권한을 위임해서 본인의 자리를 대신하게 할 수 있는가? 그렇지 않다면 당신의 자존감 수준이 어느 정도인지 진단해보자. 그리고 자신이 왜 사람들에게 권한을 위임하길 망설이는지 생각해보자.

2. 당신은 당신의 사람들을 얼마나 신뢰하는가? 당신의 부하직원 명단을 작성해보자. 명단을 만들기에 인원이 너무 많다면 가장 중요한 3명에서 5명 정도의 이름을 적어보라. 그리고 그들 각자의 현재 능력이 아닌 '잠재력'의 점수를 1점(낮음)부터 10점(높음)까지 매겨보자. 그 점수가 낮다면 당신은 그들의 가치를 높게 평가하지 않는다는 뜻이므로 그들에게 권한을 위임하기는 어려울 것이다. 이 경우 사람들의 긍정적인 자질이나 성향에 집중하는 쪽으로 생각을 바꿔보자. 그들의 최대 강점을 찾아내 그들이 얼마나 큰 성과를 달성할 수 있을지 상상해보라. 그리고 그 일을 도와라.

3. 사람들에게 권한을 위임하는 리더가 되도록 노력하라. 앞서 설명한 권한위임의 5단계를 통해 당신의 조직에서 가장 우수한 직원들을 훈련하고 권한을 위임하라. 그들을 옆에 두고 훈련하면서 코치하고 책임과 권한을 부여하라. 그렇게 사람들에게 권한을 위임하는 일의 기쁨과 효율성을 경험했다면 앞으로는 자신의 권력을 나눠 주지 않고는 견디지 못할 것이다.

제13장

모범의 법칙

The Law of the Picture

사람들은 닮고 싶은
리더의 뒤를 따른다

2001년 영화제작자 스티븐 스필버그와 배우 톰 행크스는 〈밴드 오브 브라더스〉라는 TV 미니시리즈를 함께 제작했다. 역사가 스티븐 앰브로스Stephen Ambrose가 펴낸 동명의 소설을 원작으로 한 작품이었다. 미니시리즈는 총 10부로 제2차 세계대전에 참전한 101 공수사단 소속 낙하산부대인 이지 중대Easy Company의 이야기를 연대기 순으로 그려냈다. 그 내용에 따르면 이지 중대의 부대원들은 매우 용감한 군인들이었다. 그들은 노르망디 상륙작전 때부터 제2차 세계대전이 끝날 때까지 영웅적인 모습으로 싸웠다.

이지 중대의 이야기는 리더십을 배우고 익히는 데 매우 훌륭한 교재다. 이 부대를 지휘했던 여러 장교와 하사관들이 긍정적이든 부정적이든 저마다의 리더십 스타일을 다양하게 보여주기 때문이다. 그들이 리더십이 훌륭했을 때는 부대의 성과가 좋았다. 병사들이 전투에서 뛰어난 능력을 발휘했을 뿐만 아니라 그 덕분에 전투의 결과, 나아가 전쟁의 성패가 궁극적으로 달라졌다.

못난 리더의 모습

이 미니시리즈의 첫 번째 에피소드에서는 상반되는 2가지 리더십 유형이 등장한다. 이지 중대가 훈련을 받는 기간에 중대장을 맡았던 허버트 소벨Herbert Sobel은 가학적이고 잔인한 성향의 권위적인 리더였다. 그는 어느 중대의 지휘관보다 대원들을 더 가혹하게 몰아붙였다. 예를 들면 병사들의 외출 허가증을 일부러 취소하고 벌을 주기도 했다. 앰브로스가 조사한 바에 따르면 실제로 소벨은 이 시리즈에서 묘사된 것보다 훨씬 문제 있는 인물이었다고 한다.

소벨은 부대원들을 무자비하게 다뤘지만 전투에 대비한 훈련이라는 점에서 보면 큰 문제가 될 것은 없었다. 하지만 정작 본인은 훈련을 소홀히 했다. 그의 체력은 공수부대원에게 필요한 신체 테스트를 가까스로 통과할 정도였다. 게다가 대원들에게 끝없이 요구했던 높은 수준의 역량을 그 자신은 전혀 보여주지 못했다. 예를 들면 훈련 도중에 있었던 한 사건은 소벨의 리더십을 단적으로 보여준다.

어느 날 저녁 소벨은 야간 훈련을 하던 도중 부대원들을 단단히 혼내줘야겠다고 마음먹었다. 그는 에반스 하사와 함께 병사들이 취침 중인 막사로 숨어 들어가 소총을 훔쳐냈다. 임무는 성공적이었다. 날이 밝을 무렵 소벨과 에반스는 거의 50정의 소총을 손에 넣을 수 있었다. 에

반스는 의기양양하게 중대원들을 집합시켰고 소벨은 병사들을 질책하기 시작했다.[1]

하지만 소벨은 총을 훔치러 들어간 장소가 자기 중대 소속의 막사가 아니었다는 사실을 알지 못했다. 그는 엉뚱한 막사를 헤매고 다니다 폭스 중대Fox Company 병사들의 소총을 훔쳐낸 것이다. 심지어 폭스 중대의 중대장이 부대원 45명을 데리고 찾아올 때까지 그는 자신의 실수를 깨닫지 못했다.

소벨 휘하의 병사들은 그를 조롱하고 우습게 여겼다. 이지 중대가 노르망디로 향할 무렵이 되자 병사들은 유럽에서 전쟁에 투입되면 누가 먼저 소벨을 쏴버릴지 내기하기도 했다. 하지만 소벨은 이지 중대가 전투에 투입되기 전에 보직을 내려놓고 다른 곳으로 전출됐다. 소벨에게도, 대원들에게도 다행스러운 일이었다.

사람들은 리더를 거울처럼 따라 한다

다행히 이지 중대의 리더들은 대부분 훌륭한 사람들이었다. 특히 부대원들은 수훈 십자훈장을 받은 중대장 딕 윈터스Dick Winters를 '제2차 세계대전 최고의 전투 지휘관'으로 꼽았다.[2] 윈터스는 훈련 기간에 이지 중대의 소대장으로 복무하다 노르망디 상륙작전 이후 중대장이 되었고 나중에는 대대장으로 진급했다. 그는 짧은 군대 생활을 소령으로 마감했다.

윈터스는 병사들이 항상 최고의 능력을 발휘할 수 있도록 도왔다. 그는 언제나 선두에서 병사들을 이끌었으며 스스로 모범을 보이고 위험 앞에서 몸을 사리지 않았다. 앰브로스는 윈터스가 전장에서 보여준 리더십의 철학을 '장교들이 앞장서기'Officers Go First라고 표현했다.[3] 병사들이 적의 진지를 공격할 때면 윈터스는 늘 앞장서서 전투를 지휘했다.

한 예로 노르망디 상륙작전 직후 이지 중대가 카랑탕Carentan이라는 마을을 독일군으로부터 탈환하러 가는 도중에 일어난 일을 들 수 있다. 윈터스가 지휘하는 미군 공수부대원들이 마을로 접근하자 독일군들이 기관총 세례를 퍼부었다. 병사들은 길 양쪽 편의 도랑에 몸을 숨긴 채 일어나 전진하라는 명령에도 불구하고 한 발자국도 움직이지 않았다. 하지만 움직이지 않으면 적군의 포화에 온몸이 만신창이가 될 터였다.

윈터스는 총알이 빗발치는 와중에도 길 양쪽 도랑을 오가며 병사들을 어르고 달래고 발로 차면서 그들을 집결시키기 위해 갖은 애를 썼다. 급기야 그는 길 한복판으로 뛰어들어 빗발치는 총탄에도 아랑곳하지 않고 병사들에게 이동하라고 소리쳤다. 모든 병사가 한 사람이 된 듯 벌떡 일어나 전진했다. 그리고 마을을 탈환하는 데 성공했다.

그로부터 45년이 지난 뒤 당시 병장이었던 플로이드 탤버트Floyd Talbert는 윈터스에게 이런 편지를 썼다. "저는 중대장님이 길 한복판에 서 있던 모습을 잊을 수가 없습니다. 너무도 감동적인 순간이었습니다. 다른 부대원들도 똑같이 느꼈을 겁니다."[4]

2006년 윈터스는 리더십에 대한 생각을 이렇게 요약했다. "나는 최고의 전투 지휘관은 아니었지만 항상 그렇게 되려고 노력했다. 나를 의지하는 부대원들 덕분에 모든 전술적 상황을 주의 깊게 분석하고 활용 가능한 자원을 최대한 동원할 수 있었다. 또한 곤경에 빠졌을 때도 부대원들을 먼저 구해야 한다는 생각으로 정신을 바짝 차리고 스스로 모범을 보이면서 부대원들을 이끌 수 있었다."[5]

이지 중대가 전쟁 중 다른 부대에 비해 그처럼 두각을 나타내고 차별화된 모습을 보일 수 있었던 비결은 무엇일까? 앰브로스는 이렇게 명쾌하게 대답했다. "그들이 다른 낙하산부대, 특공대, 해병대보다 능력이 월등히 뛰어났다고 말할 수는 없다. 그저 전쟁에서 싸운 많은 정예 부대 중 하나였을 뿐이다. 하지만 그 수많은 군인 중에서도 이지 중대가 더 특별했던 이유는 훌륭한 리더가 있었기 때문이었다. 이 부대에는 뛰어난 중대장, 소대장, 하사관들이 있었다. 하지만 다른 많은 정예 부대는 그런 리더들을 얻는 행운을 누리지 못했다. 이것이 다른 점이었다."[6]

왜 리더들이 그런 차이를 만들어낸 걸까? 사람들은 자기가 본 대로 따라 행동하기 때문이다. 이것이 모범의 법칙The Law of the Picture이다. 리더들이 올바른 행동으로 모범을 보이면 사람들도 리더의 행동을 본받아 성공에 다가서게 된다.

리더는 비전으로 미래를 보여준다

위대한 리더들은 서로 어울리지 않는 2가지 특성을 동시에 지니고 있다. 즉 높은 비전을 추구하면서도 매우 현실적이다. 그들은 원대한 비전을 바탕으로 눈앞에 닥친 상황 너머를 내다보고 앞으로 어떤 일이 생길지 그리고 무엇을 해야 할지 예상한다. 또한 그들은 다음 일에 대해 잘 알고 이해하고 있다.

- 사명이 목적을 제공한다는 것 = '왜'why 라는 질문에 대한 답
- 비전이 목표를 제공한다는 것 = '무엇을'what이라는 질문에 대한 답
- 전략이 계획을 제공한다는 것 = '어떻게'How 라는 질문에 대한 답

작가이자 리더십 전문가인 한스 핀젤Hans Finzel은 이렇게 말했다. "리더는 월급을 받고 꿈을 꾸는 사람이다. 더 높은 자리에 오를수록 미래에 관한 업무가 늘어난다."[7]

또한 리더는 행동 없는 비전으로는 아무것도 이룰 수 없다는 사실을 이해할 만큼 현실적이어야 한다. 리더는 구성원들이 적절한 행동을 취하도록 독려할 책임이 있다. 하지만 그 일이 항상 쉽지만은 않다. 구성원들은 미래에 어떤 일이 일어날지 상상하는 능력이 리더에 비해 부족하다. 조직을 위해 무엇이 최선인지 깨닫지 못하고 큰 그림을 놓치곤 한다. 왜 그럴까? 비전은 마치 물통에서 물이 새듯 사람의 마음에서 빠져나가는 경향이 있기 때문이다.

위대한 리더들은 높은 비전을 추구하면서도 매우 현실적이라는 특성을 지닌다.

리더는 비전을 관리하는 사람이다. 리더 자신과 조직 구성원들 사이에 존재하는 비전의 격차를 어떻게 메워야 할까? 많은 리더가 비전에 대해 사람들과 소통하면 끝이라고 생각한다. 오해는 하지 마라. 소통 역시 매우 중요한 일이다. 훌륭한 리더는 창의적이고 꾸준한 방식으로 비전에 대해 소통해야 한다. 리더가 효과적으로 소통하면 조직 구성원들 앞에 미래에 대한 그림을 더욱 명확히 제시할 수 있다. 하지만 그것만으로는 부족하다. 비전을 실천해야 한다. 즉 리더가 비전을 직접 행동으로 옮기는 모범을 보여야 자신이 제시한 그림을 살아 숨 쉬게 할 수 있다.

좋은 리더는 자신이 남들에게 본보기가 되고 있으며 자신이 행동이 긍정적이든 부정적이든 구성원들이 따라 한다는 사실을 잘 알고 있다. 일반적으로 리더의 행동이 올바르면 그를 따르는 사람들도 올바르게 행동한다.

리더는 비전을 직접 행동으로 옮기는 모범을 보여야 자신이 제시한 그림을 살아 숨 쉬게 할 수 있다.

물론 리더가 모든 질문의 답을 알고 있어야 하는 것은 아니다. 조금이라도 사람들을 이끌어본 리더는 모든 답을 알기가 불가능하다는 사실을 잘 알고 있다. 그러나 유능한 리더는 불확실성 속에서도 사람들을 효과적으로 이끈다. 뛰어난 리더이자 커뮤니케이터 앤디 스탠리 Andy Stanley도 이 문제를 언급했다. 몇 년 전 그는 리더들을 위한 세미나에 참석해서 다음과 같이 연설했다.

불확실성은 리더십이 부족하다는 표시가 아닙니다. 오히려 그 역할이 필요하다는 뜻입니다. 리더십은 늘 어느 정도의 불확실성을 내포하고 있습니다. 흔히 사람들은 이렇게 생각하곤 합니다. '내가 훌륭한 리더라면 어떤 일을 해야 할지 정확히 알아야 해.' 하지만 리더의 책임이 늘어난다는 말은 그가 더 많은 무형의 요소들을 상대해야 하고 더 복잡한 불확실성과 맞서야 한다는 뜻입니다. 그러나 리더는 불확실한 상황에 놓이더라도 결코 애매모호하게 행동해서는 안 됩니다. 사람들은 우왕좌왕하는 리더를 따르지 않습니다.

어려운 시기가 찾아오고 불확실성이 늘어나고 모두를 위협하는 혼란이 닥칠 때 사람들은 리더에게 분명한 그림을 요구한다. 그들에게는 확실한 행동으로 본보기가 되어줄 리더, 즉 모범의 법칙을 따르는 리더가 필요하다. 리더가 솔선수범하면서 조직 구성원들에게 생생한 비전을 제시해야만 그 조직에 앞으로 계속 나아갈 수 있는 에너지와 열정과 동기가 생겨난다.

> 리더는 불확실한 상황에 놓이더라도 결코 애매모호하게 행동해서는 안 됩니다. 사람들은 우왕좌왕하는 리더를 따르지 않습니다. 앤디 스탠리

리더가 기억해야 할 4가지 진실

최고의 리더가 되고자 하는 사람은 모범의 법칙을 무시해서는 안 된다. 사람들에게 더 나은 본보기를 보여주기 위해 노력하고 있다면 다음 4가지 사항을 기억하라.

1. 구성원들은 언제나 리더를 지켜보고 있다

자녀를 둔 부모라면 아이들이 늘 부모의 행동을 지켜본다는 사실을 알고 있을 것이다. 부모가 아이들에게 무엇을 가르치든 아이들은 부모의 행동에서 가장 많은 것을 배운다. 나와 아내도 부모가 되어 일찌감치 그 점을 깨달았다. 우리가 아이들에게 무엇을 가르치든 아이들은 우리의 행동만을 따라 할 뿐이었다. UCLA의 전설적인 농구 감독 존 우든은 그 점을 완벽하게 묘사하는 시 한 편을 인용한 적이 있다.

어떤 글도
어떤 간곡한 말도
아이들에게 올바른 행동을
가르칠 수 없다.

서가에 가득한 책으로도
안 된다.

아이들을 가르치는 것은
교사 자신이다.[8]

아이들이 부모를 지켜보고 그들의 행동을 따라 하는 것처럼 구성원들도 리더를 지켜본다. 리더가 지각하면 구성원들은 자신들도 지각해도 된다고 생각한다. 리더가 절차를 무시하면 구성원들도 절차를 무시한다. 그들은 본 대로 따라 한다.

사람들은 리더가 한 말을 믿지 않을 때도 있지만 리더가 한 행동은 대체

사람들은 리더가 한 말을 믿지 않을 때도 있지만 리더가 한 행동은 대체로 믿는다.

로 믿는다. 그리고 그 행동을 따라 한다. 콜린 파월은 이렇게 말했다. "당신이 아무리 많은 서면 지침을 내리고 동기부여를 불러일으키는 연설을 한다고 해도, 사람들에게 매일 최선의 노력을 다하는 모습을 보여주지 않으면 그들도 최선을 다하지 않을 것이다."[9]

작가 데이비드 휘틀리David Whitley 역시 이렇게 말했다. "훌륭한 리더는 훈련 교관이라기보다는 촉매catalyst 같은 역할을 하는 사람이다. 그는 영리한 사람들이 기꺼이 따를 만한 분위기를 조성하며 명령하기보다는 설득한다." 자신의 믿음을 스스로 실천하는 것보다 더 설득력이 있는 모습은 없다.

2. 옳은 일을 가르치기는 쉽지만 옳은 일을 하는 것은 어렵다

작가 마크 트웨인은 이렇게 말했다. "올바른 일을 실천하는 것은 멋지다. 올바른 일을 가르치는 것은 더욱 멋지다. 게다가 더 쉽다." 정말 맞는 말 아닌가? 사람들에게 무엇이 올바른지 가르치는 건 직접 실천하기보다

올바른 일을 실천하는 것은 멋지다. 올바른 일을 가르치는 것은 더욱 멋지다. 게다가 더 쉽다. 마크 트웨인

훨씬 쉽다. 수많은 부모 혹은 상사가 "내가 행동하는 대로 하지 말고 내가 말하는 대로 하라."라고 말하는 것도 그런 이유에서다.

내가 처음 리더가 됐을 때 가장 어려웠던 점

하나가 사람들에게 가르치는 내용과 내 삶의 방식을 일치시키는 것이었다. 여러 어려움을 겪으며 나는 직접 해보지 않은 일은 절대 가르치지 않겠다고 마음먹었다. 쉽지 않은 결심이었다. 그러나 당시 젊은 리더로서 그렇게 모범의 법칙을 배워나갔던 것 같다.

작가 노먼 빈센트 필Normal Vincent Peale은 이렇게 말했다. "말로는 훌륭한 조언을 들려주면서 행동으로는 나쁜 모범을 보이는 것처럼 혼란스러운 모습은 없다." 나는 그 말을 이렇게 바꿀 수 있다고 생각한다. "말로 훌륭한 조언을 들려주고 행동으로 훌륭한 모범을 보이는 것처럼 설득력 있는 모습은 없다."

2명의 기자에게서 기업이 직원들에게 윤리를 가르치는 문제에 대한 전화를 받은 날이 있다. 한 사람은 〈시카고 트리뷴〉 소속이었으며 다른 한 사람은 〈USA 투데이〉 기자였다. 두 사람은 비슷한 질문을 했다. 직원들에게 윤리를 가르치는 일이 과연 가능하냐는 것이었다. 나는 '그렇다'고 대답했다.

"하지만 직원들에게 윤리를 가르치는 회사들이 윤리적인 문제를 일으키는 경우가 많지 않습니까?"

한 기자가 물었고 나는 이렇게 대답했다.

"직원들에게 윤리를 심어주려면 윤리를 가르칠 뿐만 아니라 회사가 직접 모범을 보여야 하기 때문입니다."

너무도 많은 리더가 마치 악덕 여행사처럼 행동한다. 본인이 전혀 방문해보지 않은 곳으로 다른 사람들을 보내는 것이다. 진정한 리더는 친절한 여행 가이드처럼 자신이 익숙한 곳으로 사람들을 데려가서 과거의 경험에서 얻은 지혜를 나눠 주어야 한다.

존 우든은 선수들에게 이렇게 말하곤 했다. "무엇을 할 수 있는지 말하지 마라. 무엇을 할 수 있는지 보여줘라." 사람들은 리더에게도 똑같은 것을 원한다고 나는 믿는다. 사람들은 리더가 솔선수범해서 행동하고 최선을 다하고 올바른 방향을 제시하는 모습을 보고 싶어 한다. 저술가 본 페더스톤Vaughn J. Featherstone은 이렇게 말했다.

자신이 가르친 내용을 직접 실천하지 않는 리더는 말만 늘어놓을 뿐 절대 사람들을 이끌 수 없다. 본 페더스톤

"자신이 가르친 내용을 직접 실천하지 않는 리더는 말만 늘어놓을 뿐 절대 사람들을 이끌 수 없다."

3. 리더가 먼저 변해야 한다

리더는 자신이 이끄는 사람들의 성과를 책임진다. 말 그대로 자신이 조직의 책임자이기 때문이다. 리더는 조직 구성원들의 실적 현황을 관찰하고 방향을 제시하고 그들 각자에게 성과에 대한 책임을 할당한다. 또한 리더는 조직의 성과 향상을 위해 '변화 관리자' 역할을 한다. 그러나 성과를 높이는 변화 관리자 역할에서 성공하고자 한다면 사람들을 변화시키기 전에 자신이 먼저 변화해야 한다.

내가 리더로서 가장 먼저 이끌고 싶은 사람은 나 자신이다. 첫 번째로 바꾸고 개선하고 싶은 대상도 바로 나다. 내가 사람들에게 요구하는 탁월함의 기준보다 나 자신에게 요구하는 기준이 더 높다. 조직 구성원에게 신뢰받는 리더가 되려면 가장 먼저, 가장 열심히, 가장 오랫동안 나 자신을 바꾸기 위해 노력해야 한다. 물론 쉽지도 않고 자연스럽지도 않지만 대단히 중요한 일이다.

솔직히 말하면 나는 아이들이 즐겨 보는 만화 〈피너츠〉Peanuts에 나오는 루시를 닮은 것 같다. 루시는 찰리 브라운에게 세상을 바꾸고 싶다고 말한다. 찰리는 너무 거창한 말에 기가 질리지만 무엇을 먼저 바꾸고 싶은지

묻는다. 루시는 이렇게 대답한다. "바로 너야, 찰리 브라운. 나는 너부터 바꾸고 싶어."

얼마 전 사람들에게 '360도 리더'의 개념을 가르친 적이 있다. 아래에 있는 부하직원뿐만 아니라 위의 상사, 옆의 동료까지 모든 사람에게 전방위적으로 영향력을 발휘하는 리더를 부르는 말이다. 질의응답 시간이 되자 한 참석자가 이렇게 물었다.

"어느 쪽을 이끄는 것이 가장 어렵습니까? 위, 옆, 또는 아래?"

"어느 쪽도 어렵지 않습니다. 자기 자신을 이끄는 게 가장 어렵죠."

리더가 직접 모범을 보이지 않고 이끌려고만 하면 사람들은 혼란스러울 수밖에 없다. 먼저 자기 자신을 변화시키는 일을 최우선 순위로 삼고 노력할 때 사람들은 비로소 그 리더를 따를 것이다.

4. 리더가 줄 수 있는 최고의 선물은 모범이 되는 것이다

여론조사 기관 오피니언 리서치 코퍼레이션Opinion Research Corporation은 애질런 파이넌스Ajilon Finance의 의뢰를 받아 미국의 근로자들에게 리더의 가장 중요한 특성에 대해 설문조사를 실시했다. 그 결과는 다음과 같다.[10]

순위	특성	비율
1	솔선수범	26%
2	도덕성	19%
3	해당 분야의 전문성	17%
4	공정성	14%
5	지식과 역량	13%
6	직원들을 인정하고 격려하는 자세	10%

직원들은 다른 무엇보다 생각과 행동이 일치하는 리더를 원한다. 좋은 본보기가 되는 사람이 맨 앞에서 이끌어주기를 바라는 것이다.

리더십은 배우고 익히기보다 직감적으로 깨닫는 것이다. 우리는 리더십을 어떻게 '깨닫게' 될까? 뛰어난 리더들의 행동을 옆에서 지켜보는 것으로 깨달을 수 있다! 그동안 내가 거쳐온 리더십의 여정을 생각해보면 내게는 다행스럽게도 리더십의 다양한 측면을 깨닫게 해준 훌륭한 모범 사례들이 많았다.

- 아비지가 어려운 상황을 극복하는 모습에서 '끈기'가 무엇인지 깨달았다
- 세계적인 리더십 전문가 켄 블랜차드Ken Blanchard가 사람들 한 명 한 명을 존중하고 소중히 대하는 모습을 보며 '격려'의 가치를 깨달았다
- 세계 최대 선교 단체인 국제대학생선교회Campus Crusade for Christ, CCC의 창립자 빌 브라이트Bill Bright가 자신의 비전을 실현하는 과정을 지켜보며 '비전'을 깨달았다

나는 지금도 훌륭한 리더들로부터 계속 배우고 있다. 동시에 내 자녀들과 손주들, 회사의 직원들, 내가 개최하는 세미나에 참석하는 사람들, 내가 쓴 책을 읽는 독자들처럼 나를 따르는 사람들에게 올바른 모범을 보이기 위해 노력한다. 내가 리더로서 해야 할 가장 중요한 일은 가르치는 대로 실천하는 것이다. 노벨평화상을 받은 알베르트 슈바이처는 "모범을 보이는 것이 곧 리더십이다."라고 말했다.[11]

모범을 보이지 않는다면 말장난일 뿐이다

앞서 '끌어당김의 법칙'에서 그동안 수천 명을 훈련하고 강연자와 코치를 키워낸 '존 맥스웰 팀'에 대해 이야기했다. 그리고 우리가 다음과 같은 가치들을 가르친다고 말했다.

- 사람을 가치 있게 여긴다
- 긍정적인 태도를 유지한다
- 매일 조금씩 성장한다
- 솔선수범해서 남들을 이끈다
- 목적의식이 있는 삶을 산다
- 고객의 기대치를 뛰어넘는다
- 사람들을 성장시킨다
- 혁신을 일으키는 촉매 역할을 한다
- 신앙심을 갖는다

나는 어떤 코칭, 강연, 리더십 기술보다 이 가치들이 훨씬 중요하다고 믿는다. 어떻게 보면 훈련 과정에 참가한 사람들에게 내 이름을 빌려준 셈이므로 그들이 나와 똑같은 가치관을 품고 활동해주기를 바란다.

그래서 나는 국제 맥스웰 리더십 인증 행사를 열어 새로운 코치들을 훈련할 때마다 이 가치들을 가르치는 강의를 직접 맡았다. 하지만 새로운 코치들에게 리더십의 모범을 보여주기에 강의만으로는 부족하다고 느꼈다. 행사를 통해 참석자들과 보낼 시간이 며칠밖에 안 되는데 그들에게 어떻게 모범을 보여줄 수 있을까? 고민 끝에 아이디어 하나가 떠올랐다. 우리의 가치를 실천함으로써 성공한 경험 많은 존 맥스웰 팀의 코치들을 참석자들에게 소개하는 것이었다.

그때부터 나는 매년 행사가 열릴 때마다 참석자들이 보고, 배우고, 따를 수 있는 선배 코치들을 초대했다. 그들의 모습은 새로운 코치들에게 길잡이가 돼주었다. 그 결과 새로운 코치들은 훌륭한 리더십의 사례를 직접 볼 수 있었으며, 그들의 귀감이 된 경험 많은 코치들도 자기가 하는 일에 대해 사람들의 인정과 존경을 받을 수 있었다. 모든 사람이 승리하는 게임이었다.

사람들을 이끄는 리더라면 자신의 행동이 조식의 분위기를 좌우한다는 사실을 잊어서는 안 된다. 리더의 가치관은 모든 팀 구성원에게 공유되며, 리더가 열심히 일하면 그들도 열심히 일한다. 리더가 겸손한 자세로 성장하고 배우면 조직 구성원들은 겸손한 자세가 더 큰 성공으로 향하는 길임을 알게 된다. 리더가 풍요의 사고방식을 바탕으로 긍정적인 태도를 보이면 사람들도 긍정적인 태도를 갖는다. 리더가 모든 면에서 높은 도덕성을 발휘하고 규칙과 절차를 지키면 사람들 역시 솔직함과 정직성이 팀의 표준이 되어야 한다는 사실을 깨닫는다. 사람들은 자신이 본 대로 행동한다. 이것이 '모범의 법칙'이다.

모범의 법칙 실천 매뉴얼

1. 당신이 이미 '과정의 법칙'을 실천하고 있다면 기술을 연마하고 리더십 역량을 높이기 위해 노력하는 중일 것이다(만일 그렇지 않다면 지금이라도 시작하라). 하지만 리더십은 기술보다 더 많은 것을 필요로 한다. 성품 역시 리더십의 필수 요소이며 '모범의 법칙'을 통해 사람들에게 전달된다. 성품은 당신의 가치관이 무엇이고 그 가치관을 어떻게 실천하느냐에 따라 결정된다.

당신 자신을 대상으로 본인의 성품에 대한 '감사'를 실시하라. 먼저 정직성, 근면함, 솔직함 같은 당신의 핵심 가치 목록을 작성해보자. 그리고 지난달에 한 행동을 돌이켜보자. 어떤 일들이 그 가치와 일치하지 않았는가? 기억할 수 있는 일들을 최대한 많이 나열해보자. 아무 일도 없었다고 너무 빨리 넘어가지 말고 자신의 잘못을 합리화하지도 말자. 그 일들의 목록은 당신이 고쳐야 할 점이 무엇인지 알려줄 것이다.

2. 믿을 만한 동료나 친구에게 당신을 일정 기간, 예를 들어 일주일이나 1개월 정도 지켜봐달라고 부탁하라. 그리고 당신이 평소에 내세우는 가치관과 일치하지 않는 행동을 관찰하고 기록해달라고 요청하라. 아마도 당신과 그 사람 모두에게 큰 용기를 요구하는 일일 것이다. 사전에 약속한 시간이 지난 뒤에 부탁한 사람을 만나서 결과가 어땠는지 물어보자. 불분명한 점에 대해 간단히 질문할 수는 있지만 자신을 방어하려고 해서는 안 된다. 그런 뒤에 반성의 시간을 보내라. 그리고 자신의 성품을 어떻게 바꿀지 계획하라.

3. 조직 구성원들이 지금보다 나아졌으면 좋겠다고 생각하는 3~5가지 사항을 골라 목록을 작성하라. 이제 각각의 항목에 대해 당신의 성과는 어떤지 점수를 매겨보자. 더 정확히 평가하기 위해 다른 사람에게 점수를 매겨달라고 부탁할 수도 있다. 당신의 점수가 낮다면 사람들의 문제점을 지적하기에 앞서 먼저 당신을 바꿔야 한다. 점수가 높으면 이제 조직 구성원들 앞에 모범을 보이기 위해 더욱 의도적으로 노력할 차례다.

제 14 장

수용의 법칙

The Law of Buy-In

사람들은 비전보다
리더를 먼저 받아들인다

1997년 가을 나는 직원 몇 명과 함께 인도를 방문해 그곳에서 네 차례의 리더십 세미나를 진행할 기회를 얻었다. 그 뒤로 수십 년 동안 우리는 전 세계 모든 곳을 다니며 같은 일을 반복했다. 이 여행은 내게 깊은 인상을 남겼다. 인도는 온갖 다양한 볼것으로 가득한 나라였다. 나는 따뜻하고 멋진 사람들이 살아가는 이 아름다운 땅에서 수용의 법칙The Law of Buy-In을 새삼 떠올렸다.

델리에 처음 발을 디딘 순간은 지금도 잊을 수가 없다. 공항을 빠져나오자마자 마치 다른 별로 이동한 듯한 느낌이 들었다. 어디서나 사람들의 무리가 보였다. 그들은 자전거로 거리를 누비고 자동차를 운전하고 낙타와 코끼리를 타고 다녔다. 거리는 사람들로 가득했으며 일부는 보도 위에서 잠을 자기도 했다. 우리가 가는 곳마다 동물들이 자유롭게 돌아다녔고 모든 것이 살아 움직이는 듯했다. 호텔로 가기 위해 자동차를 타고 시내 중심가를 지날 때 또 다른 뭔가가 눈에 들어왔다. 바로 현수막이었다. 인도 독립 50주년을 축하하는 현수막이 한 사람의 거대한 사진과 함께 사방에 걸려 있었다. 바로 마하트마 간디였다.

인도를 구한 위대한 비전

오늘날 우리는 간디가 위대한 리더라는 사실을 지극히 당연하게 받아들인다. 하지만 그의 리더십과 관련된 이야기는 수용의 법칙을 설명하는 데 대단히 훌륭한 교과서다. 사람들에게 마하트마Mahatma, 즉 '위대한 영혼'이라고 불리는 모한다스 간디Mohandas K. Gandhi는 영국 런던에서 교육을 받았다. 그는 법률 공부를 마친 뒤에 인도로 돌아왔고 얼마 후 다시 남아프리카공화국으로 건너갔다. 그리고 그곳에서 변호사와 정치 운동가로 20년간 활동했다. 그는 남아프리카공화국 정부의 압제 속에서 학대받고 차별받는 인도인들과 여러 소수 민족의 권리를 위해 싸웠으며 그 과정에서 리더의 자질을 갈고닦았다.

1914년 인도로 돌아왔을 때 간디는 이미 고국의 시민들에게 큰 존경을 받는 유명 인사가 되어 있었다. 그 뒤로 수년간 전국 각지에서 시위와 파업을 주도하자 사람들은 그의 주위에 몰려들었고 그가 더 큰 리더십을 보여주길 기대했다. 1920년 간디는 인도로 돌아온 지 불과 6년 만에 '전인도 자치 연맹'All India Home Rule League의 대표로 선출됐다.

간디의 삶에서 가장 놀라운 대목은 인도의 리더가 되었다는 사실보다 자유를 얻는 방법에 대한 국민의 관점을 바꿔놓았다는 점이다. 과거 인도인들은 목표를 달성하기 위해 번번이 폭력을 사용했다. 영국 통치자들에게 대항하기 위한 폭동은 여러 해를 거치며 일상으로 자리 잡았다. 하지만 인도를 변화시키기 위한 간디의 비전은 '비폭력적 시민불복종'이었다. 언젠가 그는 이렇게 말한 적이 있다. "비폭력은 인류가 사용할 수 있는 가장 위대한 힘이다. 사람들이 고안해 낸 어떤 파괴적 무기보다도 강력한 힘을 발휘한다."[1]

리더는 꿈을 찾고 미래를 설계한다

간디는 평화로운 불복종과 비협조로 영국인들의 압제에 맞서야 한다고 인도인들을 독려했다. 심지어 1919년에 영국군이 암리차르Amritsar에서 무려 1,000명이 넘는 시민을 무참히 살육했을 때도 그는 굴하지 말고 일어서되 맞서 싸우지는 말라고 사람들을 다독였다.

물론 그가 생각하는 방향으로 모두를 이끌기는 쉽지 않았다. 하지만 인도인들은 간디를 리더로서 '수용'했기에 그의 비전을 받아들였다. 그리고 충실히 그의 뒤를 따랐다. 간디가 인도 국민에게 싸우지 말라고 당부하자 모두가 싸움을 멈췄다. 모든 국민에게 외국산 옷을 불태우고 집에서 직접 짠 옷감으로만 옷을 만들어 입자고 호소했을 때 수백만 명이 그의 뜻에 동참했다. 소금법Salt Act에 항의하는 차원에서 '바다로의 행진'March to the Sea을 계획하고 이를 영국인들에 대한 시민불복종 운동의 기폭제로 삼기로 했을 때도 인도의 리더들은 그를 따라 단디Dandi 시까지 320킬로미터를 걸었다. 그리고 그곳에서 영국 정부에 체포됐다.

독립을 향한 인도인들의 투쟁은 더디고 고통스러웠다. 그러나 간디는 강력한 리더십을 바탕으로 약속을 지켰다. 1947년 인도는 마침내 독립을

쟁취했다. 인도 국민은 간디를 리더로 받아들였기 때문에 그의 비전을 받

아들였으며 덕분에 독립을 실현할 수 있었다.

수용의 법칙은 이렇게 작동한다. 리더는 먼저

꿈을 발견하고 그 꿈에 동참할 사람들을 찾는

다. 그리고 리더가 아닌 사람들은 먼저 리더를

찾아내고 그의 꿈을 발견한다.

> 리더는 먼저 꿈을 발견하고 그 꿈에 동참할 사람들을 찾는다. 그리고 리더가 아닌 사람들은 먼저 리더를 찾아내고 그의 꿈을 발견한다.

사람들이 당신을 리더로 받아들이는가

나는 리더십 세미나를 할 때마다 비전에 대해 수많은 질문을 받곤 한다.

휴식 시간이 되면 어김없이 누군가 다가와 자신의 비전에 대해 짧게 말하

고 이렇게 묻는다.

"직원들이 내 비전을 받아들일까요?"

그러면 내 대답은 언제나 똑같다.

"그보다 먼저 이 질문에 대답해보세요. 그 사람들은 당신을 리더로 받아

들입니까?"

많은 사람이 비전에 거꾸로 접근한다. 리더가 추구하는 대의가 훌륭하

다면 사람들이 무조건 받아들이고 따르리라고 생각하는 것이다. 하지만

리더십은 대개 그런 식으로 작동하지 않는다. 사람들이 먼저 따르는 것은

비전이 아니다. 그들은 가치 있는 비전을 제시

하는 훌륭한 리더를 따른다. 사람들은 리더를

먼저 받아들이고 그다음에 리더의 비전을 받아

들인다. 이 점을 제대로 이해한다면 리더십이

> 사람들이 먼저 따르는 것은 비전이 아니다. 그들은 가치 있는 비전을 제시하는 훌륭한 리더를 따른다.

무엇인지 다시 생각하게 될 것이다. 그리고 사람들을 이끄는 방식을 근본적으로 바꿀 수 있을 것이다.

과거 닷컴 붐이 한창일 때 《비즈니스 위크》에 실린 기사 한 편을 읽은 적이 있다. 컴퓨터 산업 분야의 벤처캐피털 투자자들과 협력 관계를 맺은 창업가들의 기사였다. 당시 캘리포니아의 실리콘밸리는 컴퓨터 업계에 잠깐 발을 담근 뒤에 회사를 차리기 위해 애쓰는 젊은이들로 넘쳐났다. 매일같이 창업가 수백 명이 아이디어를 현실화하고 창업의 꿈을 이뤄줄 투자자들을 찾기 위해 바쁘게 돌아다녔다. 하지만 그들 대부분이 투자를 받는 데 실패했다.

반면에 사업에서 성공을 거둔 경험이 있는 창업가는 그다음에 회사를 설립하는 데 필요한 돈을 손쉽게 조달했다. 대부분 투자자는 그 창업가의 비전이 무엇인지 관심조차 없었다. 그들은 성공한 경력이 있는 창업가 개인을 인정하고 받아들였기 때문에 그의 아이디어도 기꺼이 받아들인 것이었다.

이 기사를 쓴 사람은 소프트웨어 기업 창업가인 주디스 에스트린Judith Estrin과 그녀의 파트너를 인터뷰했다. 그때까지 그들은 2개의 회사를 창업했다. 첫 번째 회사를 설립했을 때는 아이디어도 좋았고 성공 가능성이 100퍼센트였음에도 불구하고 회사를 개업하기까지 6개월이 걸렸다. 그리고 수많은 투자설명회를 통해 간신히 자금을 조달할 수 있었다. 하지만 2번째 스타트업은 순식간에 문을 열었다. 그녀가 500만 달러를 투자받는 데 필요했던 건 2통의 전화뿐이었으며 통화 시간도 단 몇 분에 불과했다. 에스트린의 말에 따르면 자신이 2번째 회사를 세운다는 소문이 돌자마자 벤처캐피털 투자자들이 너도나도 전화를 걸어 투자를 받아달라고 사정했다고 한다.[2]

왜 모든 상황이 갑자기 바뀐 것일까? 바로 수용의 법칙 때문이었다. 투자자들은 먼저 그녀를 받아들였다. 그래서 앞을 내다볼 수 없는 상황 속에서도 그녀가 어떤 비전을 제시하더라도 이를 기꺼이 받아들일 준비가 되어 있었던 것이다.

리더를 받아들이는 3단계 과정

사람들에게 비전을 제시하기 전에 당신을 리더로 받아들여야 하는 이유를 제공해야 한다. 사람들이 리더를 받아들이는 과정은 다음 3단계를 밟으면서 점진적으로 이뤄진다.

1단계: 리더의 성품을 받아들인다

받아들임의 과정은 항상 신뢰와 함께 시작된다. 그 점에 대해서는 앞서 '신뢰의 법칙'에서 이미 충분히 설명했으니 여기서 너무 많은 이야기를 할 필요는 없을 것 같다. 간단히 말하면 사람들은 당신을 전적으로 신뢰하기까지는 계속 망설이면서 당신과 당신의 리더십을 완전히 받아들이지 않을 것이다.

2단계: 리더의 능력을 받아들인다

능력이 없으면 리더십도 없다. 사람들은 생산성이 낮고 실적이 부족한 리더를 받아들이지 않는다. 당신은 먼저 리더로서 자신의 능력을 입증해야 한다. 더 뛰어난 능력을 보일수록 사람들에게 더 쉽게 받아들여질 것이다.

3단계: 리더의 헌신을 받아들인다

마지막 퍼즐 조각은 헌신이다. 사람들은 헌신이 부족한 리더를 받아들이지 않는다. 오로지 헌신만이 비전에 전념할 수 있는 방법이며 리더는 자신의 헌신을 입증해야만 사람들에게 받아들여질 수 있다.

받아들임의 과정에 대해 하나만 더 말하고 싶다. 사람들이 리더를 수용하는 것은 영원하지 않다. 나는 한때 사람들에게 리더로 받아들여졌지만 내 비전이 바뀌면서 그들의 '수용'을 되찾아야 했던 경험을 몇 차례 했다. 예전에 나는 어느 시골 교회에서 목사로 일하다가 그 자리를 내려놓았다. 그러자 어떤 사람들은 내가 신념을 저버렸다며 항의했다. 그들은 내가 가치관을 배반하고 돈을 좇고 있다고 생각했다. 하지만 나는 그렇게 진로를 바꾼 것이 옳다고 생각했다. 더 많은 사람의 삶에 가치를 더하는 길이며, 더 많은 청중에게 내가 추구하는 가치를 전달하는 방법이었기 때문이다. 그들 일부가 내 결정이 옳았음을 인정하고 나를 다시 리더로 받아들이기까지는 20년이 걸렸다.

또 나는 우리 조직에서 일하는 리더들의 '수용'을 잃었다가 다시 얻어낸 경험도 한 차례 이상 했다. 앞에서도 말했지만 내가 존 맥스웰 팀 설립을 추진했을 때 우리 조직의 리더들은 우리가 실현하고자 하는 가치를 왜곡시킬지도 모르는 수천 명에게 내 이름을 빌려주는 것이 별로 좋지 않은 아이디어라고 했다. 또 내가 우리 단체를 리더를 훈련하는 기관에서 리더를 혁신시키는 조직으로 바꾸려 했을 때도 이사회의 몇몇 이사들은 내 생각을 이해하지 못했고 이사직에서 사임했다. 그 일로 크게 상심했지만 나는 그 결정이 100퍼센트 옳은 선택이라고 자신했다. 나는 나 자신과 내가 추구하는 비전의 가치를 믿었다.

리더로서 조직 구성원들의 수용을 잃었다면 어떻게든 다시 얻어내야 한다. 나는 우리 조직의 리더들에게 어떻게 다시 받아들여졌을까? 행동이 답이었다. 말만으로는 사람들의 지지를 끌어낼 수 없다. 그리고 앞으로 나아가지 않으면 자원과 기회가 주어지지 않는다. 나는 작은 승리들을 통해 내 비전이 효과가 있다는 사실을 보여주었고 내 능력을 입증했다. 비전의 작은 조각들을 계속해서 현실화하는 한편 훌륭한 성품과 꾸준한 헌신을 보여준다면 분명 사람들에게 다시 받아들여질 것이다.

누구나 메시지보다 사람을 먼저 믿는다

모든 메시지는 전달하는 사람을 통해 사람들에게 전해진다. 사람들은 메시지를 전하는 사람이 믿을 만하다고 생각하면 그 메시지에도 가치가 있다고 생각한다. 기업들이 배우나 운동선수들을 고용해 제품을 광고하는 이유도 그 때문이다. 소비자들이 나이키 신발을 구매하는 건 꼭 신발의 품질이 좋아서라기보다 크리스티아누 호날두, 르브론 제임스, 세레나 윌리엄스, 타이거 우즈 같은 사람들을 좋아하기 때문이다.

> 모든 메시지는 전달하는 사람을 통해 사람들에게 전해진다.

어떤 배우가 특정한 비전을 홍보할 때도 마찬가지다. 그가 갑자기 그 분야의 전문가가 된 걸까? 대개는 그렇지 않다. 하지만 상관없다. 사람들이 그의 말을 귀담아듣는 이유는 그를 인간으로서 또는 배우로서 신뢰하기 때문이다. 사람들은 누군가를 받아들이면 그의 비전도 함께 받아들인다. 그들은 자기가 좋아하는 사람의 의견을 따르고 싶어 한다.

> 사람들은 자기가 좋아하는 사람의 의견을 따르고 싶어 한다.

원대한 비전도 리더십이 없다면 빛을 잃는다

리더와 리더가 추구하는 비전을 분리해서 생각할 순 없다. 이는 둘 중 하나를 고르는 문제가 아니기 때문이다. 리더와 비전은 늘 함께 움직일 수밖에 없다. 아래의 표는 사람들이 리더와 그의 비전에 반응하는 다양한 결과 양상을 보여준다.

리더	+	비전	=	결과
좋아하지 않는다		좋아하지 않는다		다른 리더를 찾는다
좋아하지 않는다		좋아한다		다른 리더를 찾는다
좋아한다		좋아하지 않는다		다른 비전을 찾는다
좋아한다		좋아한다		리더를 따른다

각각의 경우를 좀 더 자세히 살펴보자.

1. 리더와 비전을 모두 좋아하지 않을 경우 다른 리더를 찾는다

사람들이 리더와 비전을 모두 좋아하지 않는데도 따른다면 그 이유는 오로지 그 리더가 권력을 쥐고 있기 때문이다. 이는 물리적 폭력의 위협처럼 악의적인 힘일 수도 있고, 직원들에게 급여를 지불하지 않는 것처럼 변변찮은 권한일 수도 있다. 만일 사람들에게 선택의 여지가 있다면 그런 리더를 따르지 않을 것이다. 심지어 선택권이 없을 때도 사람들은 따를 만한 다른 리더를 찾기 시작한다. 이런 상황은 리더와 관련된 사람 모두를 불행하게 만든다.

2. 리더를 좋아하지 않으나 비전을 좋아할 경우 다른 리더를 찾는다

사람들은 리더가 제시한 비전은 좋아하지만 리더를 좋아하지 않으면 다른 리더를 찾는다. 프로 스포츠 감독들이 팀을 자주 옮겨 다니는 이유도 그 때문이다. 어느 팀이나 추구하는 비전은 똑같다. 우승컵을 들어 올리는 것이다. 하지만 선수들이 항상 리더를 신뢰하는 것은 아니다. 구단주가 모든 선수를 해고할 수는 없는 노릇이다. 대신 리더를 내보내고 선수들이 좋아할 만한 다른 감독을 영입할 수밖에 없다. 감독들의 능력은 거의 비슷하다. 시스템의 효율성도 그렇게 다르지 않다. 그들을 차별화하는 요인은 리더십 역량과 선수들에게서 받는 신뢰 수준이다.

3. 리더를 좋아하지만 비전을 좋아하지 않을 경우 다른 비전을 찾는다

사람들은 리더의 비전에 동의하지 못할 때 여러 가지 형태로 반응한다. 비전을 바꾸도록 리더를 설득하기도 하고, 때로는 생각을 바꿔 리더의 관점을 받아들이기도 한다. 혹은 서로 합의에 이를 수 있는 지점을 찾기도 한다. 하지만 리더를 좋아하는 한 전적으로 거부하는 일은 거의 없으며 대개는 리더를 따른다. 이를 잘 보여주는 사례가 영국에서 있었다. 토니 블레어Tony Blair는 오랫동안 영국의 총리로 재임한 인물이다. 그는 선거에서 3번이나 총리로 뽑혔을 정도로 인기 있는 리더였다. 하지만 영국 국민 대다수는 이라크 전쟁에 참전하고자 하는 블레어의 정책에 반대했다. 국민 대다수가 반대하는 정책을 제시한 블레어가 어떻게 총리 자리에 오래 머무를 수 있었던 걸까? 그 이유는 영국 국민이 그를 리더로 받아들였기 때문이다. 그래서 생각이 달랐음에도 그를 용납할 수 있었다.

4. 리더와 비전을 동시에 좋아하는 경우 리더를 따른다

리더를 좋아하고 리더가 제시하는 비전의 가치를 믿는 사람들은 아무리 어려움이 닥치고 역경에 몰려도 그를 따른다. 간디의 시대에 살았던 인도 인들이 영국 군인들의 자국민 학살에 맞서 싸우기를 거부한 것도 그 때문 이다. 인류를 달에 보내겠다는 케네디 대통령의 비전이 미국의 우주개발 프로그램을 통해 실현된 것도 그런 이유에서다. 마틴 루터 킹이 암살된 뒤 에도 사람들이 희망을 품고 킹이 제시한 꿈을 이루기 위해 노력한 이유도 여기에 있다. 리더와 비전을 믿을 때 사람들은 벽에 부딪히고 절망적인 상 황이어도 계속해서 경주를 이어나간다.

원대한 비전이나 거창한 목표를 세우는 것만으로는 사람들을 따르게 할 수 없다. 먼저 자신이 더 나은 리더가 되고 사람들에게 받아들여져야 한 다. 비전을 실현하려면 반드시 그래야 한다. 수용의 법칙을 무시하는 사람 은 리더로 성공할 수 없다.

신뢰는 선순환의 시작이다

과거에 사람들을 설득해서 비전을 따르게 하는 데 실패한 적이 있다면 자신도 모르는 사이에 수용의 법칙을 어겼을지도 모른다. 반대로 어려운 시기에도 팀과 조직을 이끌고 묵묵히 앞으로 나아가고 있다면 사람들에게 전적으로 받아들여졌다는 증거다. 델타 항공Delta Air Lines의 CEO 에드 바스 티안Ed Bastian이 코로나19가 유행할 당시 보여준 모습이 바로 그랬다. 2021년 4월 델타 항공은 직원들에게 본사로 복귀해서 다시 근무를 시작해달라고 요청했다. 2021년 6월 12일 바스티안은 다음과 같은 환영의 메시지를 인스타그램에 게시했다.

> 우리 회사 역사상 가장 힘겨웠던 한 해가 지나고, 글로벌 본사의 문을 공식적으로 다시 열어 델타 항공의 가족 여러분을 애틀랜타로 맞이하게 되어 몹시 기쁩니다. 여러분과 여러분이 만들어내는 문화는 델타의 가장 큰 차별점입니다. 협업은 우리가 창조하는 모든 것에서 가장 핵심을 이룹니다. 그리고 협업의 효과는 우리가 물리적으로 한곳에서 일할 때 가장 큽니다.
>
> 델타 가족 여러분이 지난 한 해 동안 보여준 높은 회복력에 감사드립니다. 늘 미소를 지으며 출근해서 고객들에게 안전하고 쾌적한 경험을 제공하기 위해 매일같이 열심히 준비했던 여러 부서의 직원들에게 고마움을 전합니다. 동료, 가족, 친구들과 이렇듯 안전하게 다시 만났으니 올해 여름은 매우 즐거울 것입니다. 이제 다시 업무에 복귀해서 세계를 만나러 갈 시간입니다.[3]

조사에 따르면 당시 미국 근로자의 81퍼센트가 사무실에 복귀하기를 원치 않았고,[4] 39퍼센트가 회사로 돌아가는 대신 그만둘 생각을 하고 있던 상황에서[5] 델타 항공 직원들은 모두가 회사로 되돌아갔다.[6] 왜 그랬을까? 바스티안이 이 항공사에서 22년을 근무한 경력을 바탕으로 구성원들의 신뢰감을 얻었기 때문이었다. 직원들은 그를 받아들이고 그의 리더십을 따랐다.

바스티안은 1998년 재무 담당 부사장 겸 회계책임자로 델타 항공에 합류했다. 그리고 2년 뒤 수석 부사장으로 승진했다. 2001년 9·11 테러가 발생했을 때 델타 항공은 다른 항공사들과 마찬가지로 심각한 재무적 위기에 빠졌다. 바스티안은 델타 항공이 파산보호를 신청하고 구조조정을 실시해 경영을 대대적으로 개선할 필요가 있다고 믿었다. 하지만 자신의 조언이 받아들여지지 않자 다른 경력을 쌓기 위해 회사를 떠났다.

그로부터 불과 6개월 뒤에 델타 항공의 CEO인 제리 그린스타인Jerry Grinstein은 바스티안을 회사로 다시 불러들여 최고재무책임자CFO로 임명하고 그에게 구조조정 작업을 맡겼다.[7] 바스티안은 회사를 살려내고 성공의 궤도로 되돌려놓는 데 결정적인 역할을 했다.

2007년 비스디안은 델타 항공의 사장이 되었으며 2016년에는 CEO 자리에 올랐다. 델타 항공은 바스티안의 리더십 아래 성장을 거듭했고 재무적으로도 안정을 되찾았다. 또한 직원들에게 수익을 나눠 주었으며 세계에서 가장 많은 상을 받은 항공사가 됐다.[8] 《포춘》은 세계에서 가장 존경받는 회사로 델타 항공을 꾸준히 선정하고 있다.[9]

바스티안은 직원들을 잘 보살핀 덕분에 성공할 수 있었다고 말한다. 그의 리더십은 그가 '선순환'이라고 부르는 개념에 뿌리를 두고 있다. "당신이 직원들을 잘 보살피면 그들은 고객들을 잘 보살핍니다. 덕분에 고객들이 많은 매출을 올려주고 높은 충성도를 보이면 투자자들에게 혜택이 돌아가죠."[10] 바스티안의 비전은 델타 항공을 훌륭한 기업으로 만드는 데서 끝나지 않는다. 그는 성공의 유산을 창조하길 바라며 '델타 항공을 차세대 항공사로 성장시킨 사람'으로 세상에 알려지고 싶어 한다.[11] 오직 리더가 조직 구성원들에게 전적으로 받아들여졌을 때만 그런 일이 가능하다.

당신은 구성원들에게 받아들여지고 있는가? 그들은 당신과 당신의 비전을 따르고 있는가?

> 당신의 성공은 사람들이 원하는 곳으로 그들을 데려갈 수 있는 능력에 좌우된다. 하지만 그러기 위해서는 먼저 그들에게 리더로 받아들여져야 한다.

리더로서 훌륭한 비전을 제시하지 못하면 사람들의 신뢰를 얻지 못한다. 반면에 아무리 옳은 가치관을 내세워도 조직을 발전시키지 못하면 칭찬받지 못한다. 당신의 성공은 사람들이 원하는 곳으로 그들을 데려갈 수 있는 능력에 좌우된다. 하지만 그러기 위해서는 먼저 그들에게 리더로 받아들여져야 한다. 그것이 '수용의 법칙'이다.

수용의 법칙 실천 매뉴얼

1. 리더십과 조직을 위한 비전이 있는가? 당신이 성취하기 위해 노력하고 있는 일은 무엇인가? '비전 선언문' Vision Statement을 작성하고 여기에 당신의 생각을 적어보자.

_____

_____

위에 쓴 비전은 당신이 시간과 노력을 들일 만큼 가치가 있는가? 삶의 많은 부분을 기꺼이 쏟을 만한가? 그렇지 않다면 당신이 지금 어떤 일을 왜 하고 있는지 다시 생각해보자.

2. 당신의 팀은 당신을 리더로 받아들이는가? 팀의 규모가 작다면 모든 구성원의 이름을 적어보자. 팀이 크다면 가장 영향력이 큰 핵심 구성원들만 적는다. 그리고 그들 각자가 당신을 리더로 얼마나 전적으로 받아들이는지 1~10점까지(1점은 당신을 따르지 않는다는 것이고 10점은 당신을 어디라도 따른다는 것이다) 점수를 매겨보자. 그런 다음에는 숫자를 합산해 평균을 낸다. 만일 평균 점수가 5점 이하보다 낮다면 당신은 그들에게 리더로서 받아들여지지 않았다는 의미다. 그들은 당신의 비전을 실천하는 데 도움을 주지 않을 것이다.

3. 구성원들 각자의 삶에 가치를 더하고 그들의 신뢰를 얻을 전략을 개발하라.

다음 몇 가지 전략을 참고하자.

- 그들과 더 나은 관계를 맺는다
- 그들에게 정직하고 진정성 있는 태도를 보여 신뢰를 쌓는다
- 그들에게 좋은 본보기가 된다
- 그들이 더 성공할 수 있도록 돕는다
- 그들이 개인적 목표를 달성할 수 있도록 돕는다
- 그들을 리더로 성장시킨다

리더가 아닌 사람들은 먼저 리더를 찾아내고
그의 꿈을 발견한다.

제 15 장

승리의 법칙

The Law of Victory

리더는 무조건
조직을 승리로 이끈다

승리하는 리더와 패배하는 리더의 차이점은 무엇일까? 승자와 패자의 특성을 분명히 구분해서 말하기는 쉽지 않다. 리더십의 상황은 모두 다르고 모든 위기에는 저마다의 특수한 문제가 있기 때문이다. 하지만 승리하는 리더들에게는 공통적인 특성이 하나 있다. 바로 패배를 용납하지 않는 마음가짐이다. 그들은 이기는 것 외에는 그

승리하는 리더들은 패배를 용납하지 않는다. 그들은 이기는 것 외에는 그 무엇도 대안으로 여기지 않는다.

무엇도 대안으로 여기지 않으며 어떻게 해서든 승리할 방법을 찾아낸다.

히틀러의 위협에 굴복하지 않은 처칠

위기는 최고의 리더를 만들기도 하고 최악의 리더를 만들기도 한다. 위

기가 닥치면 압박감은 극에 이르고 리스크는 하늘 높이 치솟는다. 제2차 세계대전 중에 아돌프 히틀러가 유럽을 무너뜨리고 멋대로 재편하려고 했을 때도 마찬가지였다. 하지만 히틀러와 나치에 대항해 반드시 이기고 말겠다는 각오로 승리의 법칙The Law of Victory을 실천한 리더가 있었다. 바로 영국의 총리 윈스턴 처칠이다. 그는 영국인들을 독려해서 히틀러에게 저항했으며 전쟁을 승리로 이끌었다.

처칠은 1940년에 총리의 자리에 오르기 훨씬 전부터 나치를 조심해야 한다고 목소리를 높였다. 1932년 그는 이렇게 경고했다. "우리 자신을 속여서는 안 됩니다. 독일이 원하는 것이 그저 다른 나라와 동등한 지위를 얻는 것뿐이라고 믿지 마십시오. 그들은 무기를 비축하고 있습니다. 무기를 손에 넣는 순간 그들은 잃어버린 땅과 식민지들을 돌려달라고 요구할 것입니다."[1] 그러나 당시에는 그의 의견에 동조하는 사람이 별로 없었다.

처칠은 앞으로 일어날 일을 우려하며 곧 전쟁이 닥쳐올 것이라 예상하고 이를 대비하기 위해 몇 년간 갖은 노력을 쏟았다. 하지만 당시의 총리 네빌 체임벌린Neville Chamberlain을 비롯해 영국의 리더들은 히틀러를 신경 쓰지 않았다. 그들은 아무런 준비가 되어 있지 않았고 결국 유럽의 많은 국가가 나치의 수중에 떨어졌다.

1940년 중반이 되자 유럽 대부분이 독일의 지배하에 들어갔다. 하지만 바로 그때 역사의 흐름을 자유세계 쪽으로 바꿔놓은 일이 생겼다. 한평생 승리의 법칙을 실천해온 윈스턴 처칠이 65세의 나이로 영국의 총리 자리에 오른 것이었다. 그는 총리가 된 뒤에 첫 번째로 했던 연설에서 다음과 같이 말했다.

우리는 혹독한 시련을 눈앞에 두고 있습니다. 앞으로 우리는 오랜 시간에 걸쳐 많은 괴로움과 고난에 시달릴 겁니다. 여러분은 이렇게 묻습니다. 우리의 정책은 무엇인가? 저는 이렇게 말하고 싶습니다. 우리의 정책은 전쟁에 나서는 것입니다. 신이 부여한 모든 능력과 힘을 동원해 바다와 땅과 하늘에서 전쟁을 수행할 것입니다. 극악무도한 독재자에 맞서 싸우고 사악하고 비열한 인류적 범죄에 굴하지 않고 싸우는 것, 그것이 바로 우리의 정책입니다. 또 이렇게 묻는 사람도 있습니다. 우리의 목표는 무엇인가? 저는 한마디로 대답할 수 있습니다. 바로 승리입니다. 어떤 대가를 치르더라도, 어떤 공포가 닥쳐도, 아무리 멀고 험난해도 승리를 쟁취하는 것입니다. 승리 없이는 생존도 없기 때문입니다.[2]

처칠과 영국인들은 독일의 침략 위협에 저항하며 1년 이상 외롭게 싸웠다. 독일이 영국을 폭격하기 시작했을 때도 영국인들은 굳세게 버텼다. 처칠은 불리한 상황에서도 승리를 향한 길을 모색했으며 자신에게 주어진 권력을 바탕으로 전쟁에서 이길 수 있는 모든 방법을 찾아냈다. 무솔리니의 군대에 대항하기 위해 지중해 방면에 병력을 배치했고 공산주의를 싫어했지만 소련의 스탈린과 손잡고 원조를 제공했다. 영국 내에서도 물자가 부족하고 나라의 운명이 불투명한 상황이었지만 굴하지 않았다.

우리의 목표는 무엇인가? 저는 한마디로 대답할 수 있습니다. 바로 승리입니다. 어떤 대가를 치르더라도, 어떤 공포가 닥쳐도, 아무리 멀고 험난해도 승리를 쟁취하는 것입니다. 승리 없이는 생존도 없기 때문입니다. 윈스턴 처칠

또 그는 미국과 동맹을 맺고자 프랭클린 루스벨트 대통령과 개인적인 관계를 돈독하게 쌓았다. 그리고 그의 노력은 결실을 맺었다. 1941년 12월 7일 일본이 진주만을 폭격하면서 미국이 전쟁에 뛰어들자 처칠은 이렇게 중얼거렸다고 한다. "결국 우리가 이겼군."

전쟁은 온 세상을 풍전등화의 위험 속으로 몰아넣었다. 퓰리처상을 받은 역사학자 아서 슐레진저 2세Arthur Schlesinger Jr.는 이렇게 말했다. "제2차 세계대전은 민주주의의 사활이 걸린 전쟁이었다. 1941년 당시 지구상에 남은 민주주의 국가는 10여 개에 불과했다. 그러나 때맞춰 등장한 위대한 리더들이 민주주의 세력을 결집했다."[3] 루스벨트와 처칠은 한 팀이 되어 마치 권투의 원투펀치 같은 리더십을 발휘했다. 영국의 총리가 영국인들을 하나로 끌어모았듯이 미국의 대통령도 미국인들을 공통의 비전 아래 뭉치게 했다. 이런 일은 그전에도 없었고 그 후에도 없었다.

처칠과 루스벨트에게 승리는 유일한 선택지였다. 만일 두 사람이 승리 이외의 목표를 추구했다면 오늘날 세상은 전혀 다른 모습으로 바뀌었을지도 모른다. 슐레진저는 이렇게 말했다. "현대의 세계를 돌아보라. 분명 히틀러의 세상이 아니다. 그가 꿈꿨던 천년왕국은 엄청난 피를 뿌리며 불과 몇 년 만에 사라졌다. 또한 스탈린의 세상도 아니다. 그가 추구했던 끔찍한 세계는 우리 눈앞에서 스스로 무너져내렸다."[4]

처칠과 영국이 아니었다면 유럽 전역은 독재자의 발아래 쓰러졌을 것이며 미국과 루스벨트가 없었다면 유럽은 자유를 되찾지 못했을 것이다. 히틀러와 막강한 제3제국 군대도 승리의 법칙에 헌신한 두 리더의 상대가 되지는 못했다.

위대한 승리자, 넬슨 만델라

위대한 리더는 어려운 상황이 닥쳤을 때 최고의 능력을 발휘한다. 잠재된 모든 역량을 남김없이 밖으로 꺼내 사람들을 승리로 이끌 방법을 찾아

내기 때문이다. 1994년 넬슨 만델라는 남아프리카공화국 정부가 인종차

위대한 리더는 어려운 상황이 닥쳤을 때 최고의 능력을 발휘한다. 잠재된 모든 역량을 남김없이 밖으로 꺼내기 때문이다.

별 정책을 폐지한 뒤 치러진 최초의 보통선거에서 대통령으로 당선됐다. 남아프리카공화국 국민의 위대한 승리였으며 쟁취하는 데 참으로 오랜 시간이 걸린 승리이기도 했다. 하지만 만델라는 승리를 얻기까지 27년이라는 세월을 감옥에서 보내야 했다. 그는 이 과정에서 실패를 승리로 바꾸는 방법을 찾아냈고 승리에 한 발자국 더 다가서기 위해서라면 어떤 일이든 서슴없이 행동에 옮겼다. 만델라는 나중에 불법단체로 낙인찍힌 아프리카 국민회의African National Congress에 가입해 평화로운 시위를 주도했다. 그는 지지자들을 끌어모으기 위해 지하로 숨거나 외국으로 나갔다. 필요하다고 생각되면 의연하게 재판을 받고 감옥에 갔다. 그리고 여건이 마련되었다고 판단했을 때 프레데리크 빌렘 데 클레르크Frederik Willem de Klerk 대통령과 정부의 정책을 바꾸는 문제를 두고 협상을 벌였다.

만델라는 자신을 가리켜 "평범하지 않은 환경 덕분에 리더가 된 평범한 사람"이라고 했다.[5] 하지만 그는 훌륭한 성품과 승리에 헌신하는 마음가짐 덕분에 리더가 된 비범한 사람이다. 만델라는 승리하는 방법을 찾아냈다. 이것이 리더가 자신을 따르는 사람들을 위해 해야 할 일이다. 최고의 리더는 힘겨운 도전이 닥쳐도 꿋꿋이 맞서 자신의 권한으로 할 수 있는 모든 일을 함으로써 사람들에게 승리를 안겨준다. 그들은 이렇게 생각한다.

- 리더십은 책임을 지는 것이다
- 패배는 용납할 수 없다
- 열정은 막을 수 있는 건 없다

- 창의력은 필수다
- 포기는 생각조차 하지 않는다
- 헌신은 당연하다
- 승리는 필연적이다

최고의 리더는 이런 마음가짐을 바탕으로 비전을 세우고 구성원들을 반드시 승리로 이끌겠다는 각오로 문제에 접근한다.

승리를 만드는 3가지 조건

승리의 법칙은 모든 유형의 팀과 조직에 똑같이 적용된다. 훌륭한 리더는 전쟁, 기업, 교육, 비영리단체, 정치 등을 가리지 않고 어떤 환경에서든 팀을 승리로 이끌 방법을 찾아낸다. 그리고 다음 3가지 요인이 충족되면 반드시 승리를 쟁취할 수 있다고 믿는다.

1. 비전의 통일

스포츠팀은 선수들의 비전이 일치할 때만 성공할 수 있다. 아무리 재능과 잠재력이 뛰어난 선수들이라도 제각기 다른 의도를 품고 경기에 임한다면 팀은 우승하기 어렵다. 스포츠도, 기업도, 비영리단체도 그 점에서는 다를 바가 없다.

> 아무리 재능과 잠재력이 뛰어난 선수들이라도 제각기 다른 의도를 품고 경기에 임한다면 팀은 우승하기 어렵다.

나는 고등학교 시절 학교 대표 농구팀 선수로 활동하며 이 교훈을 배웠다. 우리 팀에는 재능이 뛰어난 선수들이 많았다. 전문가들은 우리 팀이

주州 선수권대회에서 우승할 것이라고 예상했다. 하지만 우리 팀에는 문제가 있었다. 상급생과 하급생의 사이가 좋지 않아 함께 운동하려 하지 않았고 심지어 경기 중에 상대방에게 패스조차 하지 않았다. 승리할 방법을 찾기는커녕 갈등이 너무 심해지다 보니 감독은 선수들을 한 팀으로 구성하기를 포기하고 상급생 팀과 하급생 팀으로 나눠 경기에 투입했다. 그 결과 우리 팀은 참담한 성적표를 받아들 수밖에 없었다. 우리가 진 이유는 공통의 비전을 추구하지 않았기 때문이다. 우리는 팀이 아니라 자기 학년 선수들을 위해 경기를 뛰었다.

2. 다양한 능력의 구성원들

팀이 다양한 기능을 지닌 선수들을 보유하는 건 너무도 당연한 사실이다. 골키퍼만으로 이뤄진 하키팀을 상상할 수 있을까? 쿼터백밖에 없는 미식축구팀은? 영업사원과 회계 담당자만 근무하는 회사는? 기금 모집을 담당하는 사람이나 전략 담당자만 있는 비영리단체는? 물론 말도 안 되는 이야기다. 모든 조직은 성공을 위해 다양한 재능을 지닌 사람들을 필요로 한다.

하지만 일부 리더는 그런 현실을 잘 받아들이지 못한다. 나 역시 그런 사람이었다. 부끄러운 이야기지만 사람들 모두가 나를 닮아야 성공할 거라고 믿었던 시기가 있었다. 이제 조금 현명해진 나는 모든 사람이 각자 다른 방식으로 조직에 기여한다는 사실을 잘 알고 있다. 우리는 인간 신체의 일부와도 같다. 사람의 몸이 최고의 기능을 발휘하려면 모든 부위가 꼭 필요하며 각각의 부위가 맡은 역할을 성실하게 수행해야 한다. 나는 우리 팀의 구성원들이 저마다 특별한 기술을 활용해서 조직에 공헌하고 있다는 사실을 잘 알고 있다. 그래서 그들에게 감사한다.

리더로 활동한 시간이 짧고 타고난 리더십 역량이 뛰어날수록 다른 구성원들의 중요성을 대수롭지 않게 여길 가능성이 크다. 절대로 이런 함정에 빠져서는 안 된다.

3. 승리를 위해 노력하며 구성원들의 잠재력을 끌어올리는 리더

다양한 기술을 지닌 뛰어난 선수들을 보유하는 것도 물론 중요하다. 노트르담대학교의 미식축구팀 감독을 지낸 루 홀츠Lou Holtz는 이렇게 말했다. "팀이 우승하려면 감독이 누구든 일단 선수들의 기량이 뛰어나야 한다. 문제는 좋은 선수들이 있을 때 승리할 수도 있지만 때로 패배할 수도 있다는 것이다. 감독은 바로 그 때문에 필요하다." 다시 말해 승리를 위해서는 리더십이 꼭 필요하다.

비전의 통일은 저절로 이뤄지지 않는다. 다양한 기술을 적절하게 지닌 선수들이 자기들끼리 알아서 똘똘 뭉치는 경우는 거의 없다. 바로 리더가 그런 일을 하는 것이다. 리더는 선수들에게 동기를 부여하고 권한을 위임하고 방향을 제시해 팀을 승리로 이끈다.

리더의 책무는 승리하는 것이다

스포츠 경기에서는 승리의 법칙을 흔히 목격할 수 있다. 스포츠 외의 다른 분야에서는 리더가 대부분의 일을 무대 뒤에서 수행하기 때문에 그 모습을 관찰하기가 어렵다. 하지만 스포츠 경기, 특히 구기 종목에서는 리더가 승리를 위해 노력하는 장면을 누구나 생생하게 지켜볼 수 있다. 그리고 경기가 끝난 뒤에는 어떤 팀이 이겼고 어떤 팀이 졌는지, 그 이유가 무엇

> 팀이 우승하려면 감독이 누구든 일단 선수들의 기량이 뛰어나야 한다. 문제는 좋은 선수들이 있을 때 승리할 수도 있지만 때로 패배할 수도 있다는 것이다. 감독은 바로 그 때문에 필요하다. 루 홀츠

인지 정확히 알 수 있다. 결과가 곧바로 나오고 측정할 수 있기 때문이다.

스포츠에서 승리의 법칙을 잘 보여주는 대표적인 인물은 바로 마이클 조던이다. 그는 훌륭한 선수이면서 뛰어난 리더이기도 했다. 선수 생활을 하는 동안 그는 매일같이 승리의 법칙을 실천하며 살았다. 최근 넷플릭스에서 방영한 〈마이클 조던: 더 라스트 댄스〉를 시청하고 다시금 그 사실을 깨달았다. 조던은 경기가 어려운 상황에 놓이면 어떻게든 팀을 승리로 이끌 방법을 찾아냈다.

전기 작가 미첼 크루걸Mitchell Krugel에 따르면 조던은 삶의 모든 영역에서 승리를 향한 집념과 열정을 드러냈다고 한다. 심지어 그는 소속팀 시카고 불스에서 선수들끼리 연습 경기를 할 때도 그런 집념과 열정을 내비쳤다.

시카고 불스 선수들은 연습 경기를 할 때 한 팀이 흰색 유니폼, 다른 팀이 붉은색 유니폼을 입었다. 케빈 루거리Kevin Loughery 감독은 연습 경기 첫날 조던을 흰색 팀에서 뛰게 했다. 흰색 팀은 조던이나 올랜도 울리지Orlando Woolridge 같은 선수들의 활약으로 11점을 내는 게임에서 8 대 1, 7 대 4로 손쉽게 경기를 앞서나갔다. 게임에서 지는 선수들은 공식 훈련을 마친 뒤에 달리기 훈련을 해야 했다. 그러면 곧 루거리 감독이 조던에게 붉은색 유니폼을 입혔다. 그러면 그때부터는 붉은색 팀이 연습 경기에서 이기는 횟수가 지는 횟수보다 많아졌다.[6]

조던은 코트에 나설 때마다 이런 불굴의 집념을 보여주었다. NBA에서 처음 경력을 시작했을 때만 해도 게임에서 승리하기 위해 개인적 재능과

노력에 많은 것을 의지했다. 하지만 팀 동료들에게 존경받고 리더로서 성숙해지면서 그는 팀 전체가 더 나은 경기력을 보이는 데 관심을 기울이게 됐다.

조던은 많은 사람이 팀의 경기력과 리더십에 대해 간과한다고 생각한다. "제가 경기에 결장하면 사람들은 이렇게 생각하죠. 조던 없이 이길 수 있을까? 제가 팀에 어떻게 기여하는지, 그 이유가 무엇인지 묻는 사람은 왜 아무도 없는 걸까요? 제가 경기에 나가지 않았을 때 관중은 저의 리더십이나 동료들의 경기력을 높이는 능력을 보지 못하는 것 같습니다."

그렇지만 그는 자신의 팀을 위해 훌륭한 리더십을 발휘했다. 리더는 항상 팀을 승리로 이끌 방법을 찾아낸다. 시카고 불스는 조던의 리더십 아래 NBA 우승컵을 6번이나 들어 올렸다. 시카고 불스의 단장이었던 제리 크라우스Jerry Krause가 팀을 해체하고 다시 만드는 사건이 없었다면 조던은 분명 7번째 우승을 따냈을 것이다.[7]

팀을 승리로 이끄는 방법을 찾아내는 건 뛰어난 운동선수들의 공통적인 특징이다. NBA의 보스턴 셀틱스에서 센터로 활약했던 빌 러셀Bill Russell은 팀 전체의 경기력을 높이는 데 얼마나 기여했는지를 기준으로 자신의 플레이를 평가했다. 덕분에 그는 NBA에서 11번이나 챔피언 타이틀을 따냈다. 최근에는 르브론 제임스LeBron James 역시 팀의 성적을 올리는 데 혁혁한 공을 세우고 있다. 내가 이 글을 쓰는 시점에 그는 NBA에서 4번 우승했고 NBA 결승전 MVP와 리그 MVP로 각각 4번씩 선정됐으며 NBA 올스타에 17번이나 뽑혔다.[8]

메이저리그 야구에서는 거의 20년 동안이나 뛰어난 리더로 활약한 데릭 지터Derek Jeter가 소속팀 뉴욕 양키스에 월드시리즈 우승을 5번 선사했다. 축구에서는 크리스티아누 호날두가 개인 기록을 수없이 경신하면서 소속

팀을 5번이나 우승으로 이끌었다.[9] 미식축구에서는 페이튼 매닝Peyton Manning이 NFL의 올스타전인 프로볼Pro Bowl에 팬들의 투표로 14번 참가했고 리그 MVP에 5번 뽑혔으며 슈퍼볼도 2번이나 들어 올렸다.[10] NFL에서 MVP에 3번이나 오른 톰 브래디Tom Brady는 슈퍼볼에서 7번 우승했다. 심지어 그의 최근 우승은 43세의 나이로 팀을 옮긴 뒤였다.[11]

승리의 법칙을 실천하는 리더는 이길 때까지 계속 싸우며 쉬지 않고 팀을 승리로 이끌 방법을 찾는다. 그렇다고 항상 승리하기만 하는 걸까? 물론 그렇지는 않다. 하지만 패배를 통해 교훈을 얻는다면 패배 역시 승리로 바뀔 수 있다. 사실 패배는 승리보다 더 많은 것을 가르쳐준다. 존 우든은 농구 감독으로서 가장 싫은 것이 '값싼 승리'라고 내게 말한 적이 있다. 팀이 승리를 거둘 자격이 없는데 경기에서 이겼을 때가 그런 순간이라는 것이다. "선수들은 일단 이기고 나면 남의 말을 듣지 않습니다. 지고 난 뒤에야 비로소 말을 들어요." 우든은 선수들이 경기뿐만 아니라 삶에서도 승리할 방법을 찾는다.

당신은 팀을 성공으로 이끄는 데 얼마나 기여하고 있는가? 당신의 팀이 게임에서 승리할 방법을 찾는 데 얼마나 전념하는가? 당신은 승리의 법칙을 경기에서 실천할 수 있는가? 팀을 승리하게 만들 방법을 꾸준히 찾는가, 아니면 어려운 상황이 닥쳤을 때 포기를 선언하는가? 이 질문들에 대한 답은 당신의 성공과 실패는 물론이고 팀의 성패를 결정할 것이다.

승리의 법칙 실천 매뉴얼

1. 승리의 법칙을 실천하는 첫 번째 단계는 당신이 이끄는 팀, 부서, 조직의 성공에 책임을 지는 것이다. 즉 책임을 개인적으로 받아들이겠다는 마음가짐이다. 팀의 성공을 위한 당신의 각오는 팀 구성원들의 각오보다 더욱 굳어야 한다. 또한 지치지 않는 열정과 의심의 여지가 없을 만큼 전폭적인 헌신이 따라야 한다. 당신은 그렇게 헌신하고 있는가? 그렇지 않다면 자신을 돌아볼 필요가 있다. 당신이 자신을 성찰하고 난 뒤에도 그런 헌신을 발휘하기가 어렵다면 아마 다음 3가지 중 하나 때문일 것이다.

- 잘못된 비전을 추구하고 있다
- 잘못된 조직에서 일하고 있다
- 그 일에 적합한 리더가 아니다

당신은 어떤 경우인가? 어떻게 해야 적절히 조치할 수 있는지 생각해보자.

2. 팀을 승리로 이끌기 위해 헌신하고 있다면 팀에 적절한 인재를 보유하고 있어야 승리할 가능성이 커진다. 목표를 달성하기 위한 기술들이 무엇인지 생각해보고 종이에 적어보자. 그리고 팀원들이 지닌 기술들과 그 목록을 비교해보자. 만일 이 목록에 팀원 중 누구도 수행할 수 없는 기술이나 직무가 있다면 새로운 사람을 팀에 받아들이거나 기존의 팀원들을 훈련해야 한다.

3. 팀을 승리로 이끌기 위한 또 다른 중요한 요인은 '비전의 통일'이다. 구성원들을 대상으로 소규모의 비공식적인 설문조사를 실시해 그들이 가장 소중하게 여기는 것이 무엇인지 파악하라. 그들 각자가 개인적으로 어떤 목표를 달성하기를 원하는지 물어보라. 그리고 팀, 부서, 조직의 목적이나 사명이 무엇인지 질문해보라. 모두가 각자 다른 대답을 한다면 모든 사람이 정확히 이해할 때까지 하나의 비전을 분명하면서도 창의적으로 꾸준히 소통해야 한다. 또한 구성원 각자와 함께 일하면서 그들의 개인적 목표와 팀의 목표가 어떻게 연결될 수 있는지 보여줘야 한다.

제16장

모멘텀의 법칙

The Law of the Big Mo

모멘텀은 리더의
성공과 실패를 가르는 분기점이다

원대한 비전을 실현하는 데 필요한 열정과 도구 그리고 인재들을 모두 보유하고도 조직을 올바른 방향으로 이끌지 못하면 리더로서 실패했다고 볼 수 있다. 조직을 움직이지 못하면 성공은 불가능하다. 만일 조직을 이끌기 어려운 상황에 놓여 있다면 어떻게 해야 할까? 바로 모멘텀의 법칙The Law of the Big Mo을 사용해야 한다. 리더의 가장 소중한 친구인 모멘텀Momentum의 힘에 대해 알아보자.

픽사의 시작

에드 캣멀Ed Catmull은 어린 시절 애니메이션 영화제작자가 되고 싶었다. 그러나 대학에 입학한 뒤에 자신이 미술가로서 재능이 부족하다는 사실을 깨달았다. 그는 물리학과 컴퓨터공학으로 전공을 바꿔 4년 만에 학사 학위 2개를 따냈다. 그리고 몇 년간 직장에서 일했다. 하지만 캣멀은 컴퓨터공학 내에 컴퓨터 그래픽이라는 새로운 분야가 생겼다는 사실을 알게 되면서 다시 한번 영화제작자의 꿈을 불태우기 시작했다. 그는 대학원에 진학했고 컴퓨터 그래픽 전공으로 박사학위를 받았다.

그로부터 5년 뒤인 1979년 영화제작자 조지 루카스George Lucas는 캣멀을 영입해 루카스 영화사Lucasfilm Ltd.의 컴퓨터 그래픽 사업부를 맡겼다. 캣멀은 7년 동안 이 회사에서 일하며 편집 시스템과 소프트웨어를 개발하고 미국 최고의 기술자와 인재들을 채용했다. 그중 한 사람이 한때 디즈니에서 근무했던 존 래시터John Lasseter였다.

두 사람은 〈스타트렉 2: 칸의 분노〉Star Trek II: The Wrath of Khan에 순수한 컴퓨터 기반의 애니메이션 장면을 사상 최초로 삽입하는 등 이 분야에서 새로운 지평을 개척했다.[1] 하지만 그들은 제대로 된 시장을 찾아내지 못했고 모멘텀을 만들어내지 못했으며 수익을 올리는 데도 실패했다. 그들이 이끄는 컴퓨터 그래픽 사업부는 운영에 많은 돈이 들어간 데다 당시의 기술 수준도 아직 초보 단계에 불과했다. 1986년 루카스는 결국 포기하고 이 사업부를 스티브 잡스에게 500만 달러에 매각했다. 잡스는 여기에 500만 달러를 더 투자하고 회사의 이름을 픽사Pixar로 바꿨다. 하지만 픽사 역시 어려움을 겪기는 마찬가지였다.

작고 더딘, 그러나 확실한 전진

성공으로 향하는 길을 개척하기 위해 필사적으로 매달린 픽사는 몇 편의 단편영화를 제작하면서 점차 기술력을 입증하기 시작했다. 그렇게 만들어진 첫 번째 영화가 〈룩소 2세〉였다. 이 애니메이션은 책상 위에 놓인 2개의 탁상용 스탠드가 마치 부모와 자식처럼 서로 대화를 나누며 살아가는 이야기를 그린 작품이었다.

당시 컴퓨터 기반의 애니메이션 영화가 개봉된 뒤에는 전문가들이 그 영화에 사용된 알고리즘이나 소프트웨어에 관해 궁금해하는 게 관행이었다. 하지만 전문가들이 가장 먼저 이 영화에 나오는 '부모' 스탠드가 엄마인지 아빠인지를 묻는 걸 지켜본 캣멀과 래시터는 그들이 괄목할 만한 진전을 이뤄냈다는 사실을 깨달았다. 컴퓨터 애니메이션도 스토리텔링에 성공적으로 활용될 수 있다는 점이 입증되었기 때문이었다. 래시터는 나중에 이렇게 말했다.

우리에겐 돈도, 컴퓨터도, 사람도, 시간도 없었습니다. 우리는 카메라를 한곳에 고정한 채 배경조차 없이 영화를 찍었지만 오히려 그 덕분에 관객들은 영화에서 가장 중요한 요소에 몰두했습니다. 바로 줄거리와 등장인물이죠. 이 영화는 사상 최초로 만들어진 컴퓨터 애니메이션 영화로 관객들에게 큰 즐거움을 선사했습니다. [2]

〈룩소 2세〉는 아카데미상 후보에 오를 만큼 훌륭한 작품이었지만 픽사의 상황은 크게 달라지지 않았다. 캣멀은 여전히 회사를 살리기 위해 열심히 일해야 했다. 픽사는 생존을 위해 컴퓨터 애니메이션 기반의 광고를 제작하기 시작했다.

그러던 어느 날 존 래시터가 예전에 일했던 디즈니에 1시간짜리 특집 TV 프로그램 아이디어를 제안하면서 픽사는 처음으로 큰 기회를 잡게 됐다. 디즈니는 TV 프로그램을 만드는 대신 픽사가 컴퓨터 애니메이션 기반의 장편영화를 제작하고 디즈니가 이를 배급하는 것이 어떠냐고 제안했다. 마침내 애니메이션 영화 제작이라는 캣멀의 꿈을 이룰 기회를 얻은 것이었다.

그렇게 제작을 시작한 영화가 바로 〈토이 스토리〉였다. 하지만 영화의 등장인물과 줄거리를 구성하는 데 애를 먹었다. 게다가 그들은 작품을 제작하는 동시에 컴퓨터 애니메이션 기술을 개발하는 작업도 함께 진행해야 했다. 이 기술들은 나중에 〈쥬라기 공원〉이나 〈터미네이터 2〉 같은 작품들에 사용됐다. 캣멀은 당시 상황을 이렇게 회고했다. "좌절감을 느낄 수밖에 없었죠. 디즈니를 위한 영화를 만드느라 바쁜 사이에 다른 영화를 만든 사람들이 모든 공을 차지했으니까요. 하지만 그들이 사용한 소프트웨어를 개발한 것은 바로 우리입니다!"[3]

픽사는 〈토이 스토리〉를 제작하느라 2년간 갖은 고생을 했지만 결국 디즈니의 애니메이션 부서 책임자로부터 이런 통보를 받았다. "여러분이 문제를 해결하려고 아무리 노력해도 소용이 없네요. 이런 식으로는 안 될 것 같습니다."[4]

성공은 쉽게 다음 성공으로 이어진다

래시터는 디즈니에 마지막으로 기회를 달라고 사정했다. "우리는 모든 인력을 총동원하고 밤새워 일해서 〈토이 스토리〉의 첫 부분을 2주 만에 완전히 뜯어고쳤습니다. 우리가 그 작품을 보여주자 디즈니에서 깜짝 놀라더군요."[5]

처음 디즈니의 임원들로부터 참담한 반응을 얻었던 래시터의 프로젝트는 결국 그들을 완전히 사로잡기에 이르렀다. 픽사에 필요했던 것은 바로 그 모멘텀이었다. 이후 영화가 완성되기까지 2년이라는 시간이 더 걸렸지만 그들은 결국 해냈다. 사상 최초로 컴퓨터 기반의 장편 애니메이션 영화를 만들어낸 것이다. 〈토이 스토리〉는 1995년 11월에 개봉됐다.

픽사가 디즈니와 처음 계약을 맺었을 때 스티브 잡스는 이렇게 예측했다. "첫 번째 영화가 입장권 수익 7,500만 달러라는 중간 정도의 성공을 거둔다면 디즈니와 픽사는 모두 본전을 기록할 것이다. 만일 수익이 1억 달러가 된다면 두 회사는 어느 정도 돈을 벌 수 있다. 이 영화가 진정한 블록버스터가 되어 2억 달러의 입장권 수익을 올린다면 우리도 많은 돈을 벌 것이고 디즈니는 더 엄청난 돈을 벌어들일 것이다."[6]

〈토이 스토리〉는 개봉 첫 주말에 그동안 제작에 들어간 비용을 모두 회수했다. 하지만 이 영화가 전 세계적으로 3억 9,400만 달러의 매출을 올릴 것이라고 예상한 사람은 아무도 없었다.[7]

3년 뒤 캣멀과 픽사는 〈벅스 라이프〉로 3억 6,300만 달러의 매출을 거두면서 〈토이 스토리〉의 성공이 우연이 아니었음을 입증했다.[8] 그리고 1년 뒤에 개봉한 〈토이 스토리 2〉는 전 세계적으로 4억 9,700만 달러의 매출을 기록했다.[9] 픽사는 많은 돈을 벌었을 뿐만 아니라 세간의 큰 찬사를 받았다. 픽사가 새로운 영화를 출시하면 사람들은 환호하며 기대해 마지않았다. 회사는 해를 거듭할수록 더 많은 모멘텀을 얻었다.

이 글을 쓰는 시점에서 픽사는 20편이 넘는 애니메이션을 포함해 74편의 영화를 제작했다. 그리고 이 영화들을 통해 전 세계에서 총 14.7조 달러의 매출을 올렸다.[10] 픽사는 23개의 아카데미상을 받았고 60번이 넘게 수상 후보작에 올랐으며 아카데미 장편 애니메이션 상을 10번 수상했다.[11] 게다가 40개가 넘는 특허를 따내기도 했다.[12] 이 엄청난 성공을 바탕으로 픽사는 2006년 디즈니에 회사를 매각할 수 있었다. 한때 애니메이션 영화제작자를 꿈꿨지만 미술가의 자질이 부족하다는 이유로 좌절했던 에드 캣멀은 마침내 월트 디즈니 애니메이션 영화사Walt Disney Animation Studio의 사장이 되었다.[13]

모멘텀에 대한 7가지 진실

왜 모멘텀이 리더의 가장 좋은 친구일까? 그 이유는 모멘텀이 조직의 실패와 승리를 가르는 유일한 요인이기 때문이다. 모멘텀이 없다면 가장 단순한 과업조차 해내지 못할 수 있다. 그런 조직에서는 사소한 문제도 극복하기 어려운 장애물이 된다. 구성원들의 사기는 바닥을 치고 미래는 암울하게 느껴진다. 모멘텀을 상실한 조직은 완전히 멈춘 기차와도 같다. 정지한 기차를 다시 움직이기는 어렵다. 때론 선로에 놓인 작은 나뭇조각조차 기차를 꼼짝 못 하게 할 수 있다.

왜 모멘텀이 리더의 가장 좋은 친구일까? 그 이유는 모멘텀이 조직의 패배와 승리를 가르는 유일한 요인이기 때문이다.

반면 조직에 모멘텀이 있다면 미래는 밝게 빛나고 장애물은 실제보다 작게 보이며 문젯거리들은 대수롭지 않게 느껴진다. 모멘텀으로 넘쳐나는 조직은 시속 100킬로미터로 달리는 기차와도 같다. 콘크리트 벽으로 선로를 가로막는다고 해도 기차는 거침없이 돌파한다. 조직이나 부서 또는 팀의 성공을 원한다면 모멘텀의 법칙을 배워 최대한 활용해야 한다. 모멘텀에 대해 알아야 할 몇 가지 핵심 사항을 살펴보면 다음과 같다.

1. 모멘텀은 배율 높은 확대경이다

스포츠 경기에서는 모멘텀의 법칙이 어떻게 적용되는지 쉽게 관찰할 수 있다. 모멘텀 때문에 단 몇 분 사이에 경기의 흐름이 달라지는 장면이 종종 연출되기 때문이다. 게임이 잘 풀릴 때는 어떤 플레이도 잘 통하는 것처럼 느껴진다. 선수들이 슛을 던지면 던지는 족족 점수로 이어진다. 안 되는 일이 없다. 하지만 반대의 상황도 벌어진다. 팀이 슬럼프에 빠지면 아무리 노력을 쏟아붓고 온갖 해결책을 동원해도 효과가 없는 것처럼 보인다.

모멘텀은 확대경처럼 사물을 실제보다 더 크게 보여준다. 리더들이 모멘텀을 만들어내기 위해 그토록 애쓰는 이유도 그 때문이다. 또한 모멘텀이 발휘하는 힘은 대단히 크기 때문에 리더는 상황과 분위기를 통제하려고 애쓴다. 예를 들어 농구 경기에서 상대 팀이 일방적으로 점수를 올리면 현명한 감독은 타임아웃을 요청한다. 왜 그럴까? 모멘텀이 너무 강해지기 전에 흐름을 끊어주어야 하기 때문이다. 타임아웃을 걸지 않으면 상대 팀은 도저히 따라잡지 못할 만큼 점수차를 벌릴지도 모른다.

모멘텀은 확대경처럼 사물을 실제보다 더 크게 보여준다.

우승의 문턱에 거의 도달한 팀이 선수들의 부상을 불평하는 모습을 본 적이 있는가? 팀원들의 능력이 부족하다고 볼멘소리를 하거나 전략을 바닥부터 재검토하는 모습을 본 적이 있는가? 그런 일은 없다. 선수들이 아무도 부상당하지 않았고 모든 일이 완벽하게 돌아가기 때문일까? 그렇지 않다. 그들이 불평을 늘어놓지 않는 이유는 모멘텀이라는 확대경이 성공의 가능성을 실제보다 크게 보여주기 때문이다. 모멘텀을 얻은 조직의 구성원들은 사소한 문제를 신경 쓰지 않으며 큰 문제도 저절로 해결될 것이라 믿는다.

2. 모멘텀은 리더의 모습을 실제보다 미화시킨다

리더가 모멘텀을 얻으면 사람들은 그를 천재로 여긴다. 그들은 리더의 결점을 바라보지 않고 과거에 저질렀던 실수도 잊어버린다. 한마디로 모멘텀은 리더에 대한 관점을 바꿔놓는다. 사람들은 승리자와 함께하는 삶을 살고 싶어 한다.

젊은 리더들은 종종 능력보다 낮은 평가를 받는다. 하지만 나는 그들에게 벌써부터 상심할 필요가 없다고 말해준다. 새롭게 경력을 시작한 리더들에게는 아직 모멘텀이 없는 게 당연하다. 그러나 작은 성공을 하나 거두고 이를 바탕으로 경력을 조금씩 쌓다 보면 어느 순간 사람들은 그를 능력보다 더 높이 평가한다. 왜 그럴까? 바로 모멘텀의 법칙 때문이다. 모멘텀은 리더의 성공을 확대해서 보여주고 그의 모습을 실제보다 더 낫게 보여준다. 공정하지 않다고 생각할지 모르지만 모멘텀의 힘이 작용하는 방식이 이렇다.

3. 모멘텀은 구성원들이 더 큰 성과를 내도록 해준다

강력한 리더십과 모멘텀이 있는 조직의 구성원들은 더 높은 성과를 달성하도록 동기부여되고 영감을 받는다. 그리고 기대했던 수준을 훨씬 뛰어넘는 성공을 거둔다. 1980년 동계올림픽에 출전한 미국 아이스하키 대표팀이 바로 그런 경우였다.

이 팀을 기억하고 있는 사람들이나 이 팀을 소재로 한 영화를 본 적이 있는 사람들은 내가 무슨 말을 하는지 잘 알 것이다. 대표팀의 능력은 훌륭했지만 금메달을 딸 실력까지는 아니었다. 그런데도 그들은 금메달을 손에 넣었다. 어떻게 그런 일이 가능했을까? 그들은 강팀들을 차례로 제압하며 결승전에 진출했다. 그 과정에서 모멘텀이 생겨났고 이를 바탕으로 모든 사람의 기대를 뛰어넘는 경기력을 발휘했다. 결국 그들은 소련 팀까지 꺾고 금메달을 향해 질주했다. 모멘텀을 얻은 그들의 승리를 막을 사람은 아무도 없었다.

회사나 비영리단체에서도 똑같은 일이 생긴다. 조직에 강력한 모멘텀이 생겨나면 모든 사람이 성공을 거둔다. 그러나 그 안에서 일하는 사람들은 모멘텀이 얼마나 큰 도움이 되는지 깨닫지 못한다. 조직을 떠나 다른 곳으로 자리를 옮기고 나서 자신의 성과가 갑자기 평범한 수준으로 추락하고 난 후에야 이전의 조직에서 모멘텀의 법칙이 작동하고 있었다는 사실을 알게 된다. 강력한 모멘텀이 존재하는 조직에서는 평범한 구성원들이 평범함을 훨씬 뛰어넘는 성과를 올린다.

강력한 모멘텀이 존재하는 조직에서는 평범한 구성원들이 평범함을 훨씬 뛰어넘는 성과를 올린다.

4. 모멘텀은 시작이 어렵다

혹시 수상스키를 타본 적이 있는가? 수상스키는 처음 물 위에서 몸을 일으키기가 물 위로 일어선 다음 앞으로 나아가기보다 훨씬 어렵다. 수상스키를 타본 적이 있다면 처음 탔던 순간을 떠올려보라. 물 위에서 일어나기 전 보트가 자신의 몸을 앞으로 끌고 나가면 가슴과 얼굴로 마구 쏟아져 들어오는 물살 때문에 손을 놓칠 것 같다는 생각이 든다. 더 이상 줄을 잡고 버티지 못하겠다고 느껴지는 순간, 물의 힘 덕분에 스키가 수면으로 떠오르고 몸이 앞으로 나간다. 몸을 일으키고 물 위로 일어서는 이 시점에 도달하기만 하면 무게 중심을 이 발에서 저 발로 살짝 옮기기만 해도 쉽게 방향을 바꿀 수 있다. 리더십의 모멘텀도 바로 그런 방식으로 작용한다. 처음 출발하기는 어렵지만 일단 앞으로 나아가기만 하면 놀라운 일이 시작되는 것이다.

5. 모멘텀은 가장 강력한 변화 촉진제다

픽사의 사례는 모멘텀의 위력을 잘 보여주는 대표적인 경우다. 돈도, 인력도 없이 오직 생존에만 급급했던 일개 조직이 모멘텀 덕분에 엔터테인먼트 업계의 강자로 우뚝 선 것이다. 모멘텀이 생겨나기 전이었던 창업 초기에 그들은 의료 기업들에 판매할 MRI 자료를 저장 및 판독하는 하드웨어를 제조하는 사업을 검토하기도 했다. 만일 그랬다면 픽사는 그 분야에서 가장 재능이 뛰어나고 생산성 높은 직원들을 잃었을지도 모른다. 하지만 이제는 애니메이션의 대부인 디즈니에 과거의 영광을 되찾을 방법을 가르쳐줄 정도로 탁월한 조직으로 거듭났다.

모멘텀이 존재하는 조직은 어떤 변화도 가져올 수 있다. 사람들은 승자의 대열에 합류하고 싶어 한다. 조직 구성원들은 실적이 검증된 리더를 신뢰하며 과거 그들을 승리로 이끌었던 리더가 변화를 요구하면 이를 기꺼이 받아들인다. 또다시 승리할 수 있다는 기대감을 주기 때문이다.

6. 모멘텀을 만드는 것은 리더의 책임이다

모멘텀을 만들어내는 것은 리더다. 구성원들은 모멘텀을 포착하고 관리자는 이를 조직에 유리한 방향으로 활용한다. 그리고 그렇게 얻은 모멘텀의 혜택은 모든 사람에게 돌아간다. 하지만 모멘텀을 창조하려면 비전이 있고 좋은 팀을 구축하는 능력이 뛰어나며 사람들에게 동기를 부여하는 누군가가 필요하다. 조직에 긍정적인 변화를 불러일으키는 것은 리더의 가장 큰 자질이다. 모든 사람은 훌륭한 리더와 함께 일할 자격이 있다.

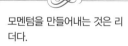

모멘텀을 만들어내는 것은 리더다.

리더가 자신에게 동기부여를 해줄 누군가를 찾고 있다면 그 조직은 문제가 있는 것이다. 리더가 저절로 모멘텀이 생겨나기를 기다리고 있다면 그 조직도 문제가 있다. 모멘텀을 불러일으키고 지속시키는 일은 리더의 책임이다. 해리 트루먼Harry Truman 대통령은 이렇게 말했다. "주방의 열기를 견디지 못하는 사람은 주방 밖으로 나가라." 하지만 리더들을 위해서는 이렇게 말을 바꿔야 한다. "스스로 열기를 만들어내지 못하는 사람은 주방 밖으로 나가라."

> 스스로 열기를 만들어내지 못하는 사람은 주방 밖으로 나가라.

7. 모멘텀은 리더의 내면에서 시작된다

모멘텀은 리더의 내면에서 비전, 열정, 의욕, 에너지와 더불어 시작된다. 작가 엘리너 도언Eleanor Doan은 이렇게 말했다. "자신의 내면을 불태우지 못하는 사람은 타인의 가슴에 불을 지를 수 없다."

비전의 가치를 믿고 열정적으로 추구하지 않는 사람, 비전을 실현하기 위해 최선을 다하지 않는 사람은 모멘텀을 창조하는 작은 성과들을 이뤄낼 수 없다. 반면 구성원들에게 매일같이 열정을 보이고, 생각이 비슷한 사람들을 팀에 영입해서 동기를 부여하는 리더는 조금씩 앞으로 나아갈 수 있다. 모멘텀은 바로 그런 과정을 거치며 서서히 형성된다. 현명한 리더라면 리더의 가장 친한 친구인 모멘텀을 소중히 여겨야 한다. 모멘텀을 얻는 순간 거의 어떤 일이라도 해낼 수 있기 때문이다.

리더의 노력이 모멘텀을 창조한다

그동안 만났던 리더들 중에서 가장 크게 좌절감을 호소한 이들은 관료

주의적인 조직에 모멘텀을 불러일으키기 위해
애쓰던 사람들이었다. 그런 조직에서 일하는
구성원들은 종종 아무런 발전 없이 제자리걸음
을 걷는 길을 택한다. 변화를 아예 바라지 않거

자신의 내면을 불태우지 못하
는 사람은 타인의 가슴에 불
을 지를 수 없다. 엘리너 도언

나 변화가 가능하다는 사실조차 믿지 않고 포기를 선언한다.

모멘텀이 존재하지 않는 조직에서 사람들이 겪는 좌절감을 다룬 영화로
〈스탠드 업〉이 있다. 실화를 바탕으로 한 이 영화는 로스앤젤레스 동부의
가필드고등학교Garfield High School에서 교사로 근무했던 볼리비아 출신의 하
이메 에스칼란테Jaime Escalante가 훌륭한 선생님으로 성장하는 과정을 그린
작품이다. 43세의 에스칼란테는 이 학교에 컴퓨터과학 교사로 부임했다.
그러나 학교에는 컴퓨터가 없었다. 학교 측은 에스칼란테에게 기초 수학
과정을 맡아달라고 부탁했다. 하지만 눈앞에서 매일같이 펼쳐지는 난장판
같은 교실을 생각하면 학생들을 가르치는 것은 거의 불가능해 보였다. 질
서나 기강은 어디서도 찾아볼 수 없었다. 매일 싸움판이 벌어지고 어디에
나 쓰레기와 낙서가 넘쳐났다. 학생들은 근처에 거주하는 외부인들과 뒤
섞여 온종일 캠퍼스를 배회했다. 불량 학생들의 비행은 걷잡을 수 없이 심
각했다. 그야말로 악몽 같은 상황이었다.

에스칼란테는 학교를 그만둘까 고민하기도 했지만 가르침에 대한 열정
과 학생들의 삶을 더 낫게 만들겠다는 헌신적인 마음가짐으로 끝까지 포
기하지 않았다. 그는 리더의 직관을 바탕으로 학교가 변화하지 않으면 학
생들의 앞날이 어둡다는 사실을 알고 있었다. 아이들의 삶은 빠른 속도로
뒷걸음치는 중이었다. 그들을 앞으로 나아가게 만들고 모멘텀을 창조하려
면 뭔가가 필요했다.

에스칼란테는 교내에서 가장 우수한 학생들을 대상으로 대학교 학점을

미리 딸 수 있는 AP Advanced Placement (대학 과목 선이수제 — 옮긴이) 시험의 미적분 준비반을 개설하면 학교를 개선할 수 있을 거라고 믿었다. 과거 몇몇 학생이 스페인어 AP 시험을 치른 적이 있었고, 이따금 물리나 역사 시험에 도전한 학생도 있었다. 하지만 수학 시험에 응시한 학생은 한 명도 없었다. 즉 이 학교에는 수학 과목에서 AP 시험에 응시한다는 비전을 제시한 리더가 없었다. 바로 그곳에 에스칼란테가 나타난 것이다.

한순간의 모멘텀이 불러온 변화

1978년 에스칼란테는 가필드고등학교 전교생 3,500명 중 가능성이 있는 14명을 모아 처음으로 미적분 준비반을 개설했다. 2주가 지나자 그중 절반이 포기했다. 남은 학생들도 미적분을 공부할 준비가 되어 있지 않았다. 늦은 봄이 되자 남은 학생은 5명으로 줄었다. 그들 모두 5월에 실시된 AP 시험에 응시했지만 합격자는 2명에 불과했다.

에스칼란테는 실망했지만 포기하지 않았다. 그는 학생들에게 작은 승리라도 경험하게 해준다면 자신감과 희망을 안겨줄 수 있으리라고 믿었다. 아이들에게 동기를 부여하는 일이라면 그 무엇도 마다하지 않았으며 의욕을 불러일으키기 위해 갖은 노력을 쏟았다.

다음번 가을 학기가 되자 에스칼란테는 또 미적분 준비반을 만들었다. 이번에 등록한 학생은 9명이었다. 그중 8명이 그해 말에 있었던 AP 시험에 응시해서 6명이 합격했다. 학생들이 조금씩 성과를 이뤄내자 주변에 소문이 퍼져나가기 시작했다. 가필드고등학교에서 대학교 학점을 공짜로 얻게 해준다는 소식이 학생들 귀에 들어가면서 AP 시험 준비반의 규모가 점점 커졌다. 1980년 가을이 되자 미적분 준비반 학생의 수는 15명으로 늘었다. 그중 14명이 AP 시험에 합격했다. 에스칼란테의 프로그램은 차근차근 모멘텀을 쌓아올리고 있었다.

그다음 미적분 준비반에 등록한 학생 18명이 바로 영화 〈스탠드 업〉의 주인공들이었다. 학생들은 선배들처럼 열심히 미적분을 배웠다. 매일 아침 7시에 등교해서 정식 수업이 시작되기 전까지 1시간 반 동안 꼬박 공부에 매달리기도 했다. 학생들은 종종 오후 7시까지 학교에 남아 공부에 열중했다. 시험을 주관한 ETSEducational Testing Service에서 학생들이 첫 번째 치른 시험에 부정행위가 있었다는 이의를 제기하면서 재시험을 봐야 했지만 그럼에도 전원이 합격했다.

에스칼란테의 미적분 준비반은 큰 모멘텀을 얻으며 폭발적으로 성장했다. 1983년이 되자 AP 시험에 합격한 학생의 수는 18명에서 31명으로 늘었다. 그다음 해에는 합격자 수가 2배로 늘어났으며 날이 갈수록 증가했다. 1987년에는 85명이 AP 시험에 합격해서 대학교 학점을 취득했다. 한때 이 지역에서 불량배들의 소굴로만 여겨졌던 가필드고등학교는 이제 AP 미적분 시험에 합격한 전체 멕시코계 학생의 27퍼센트를 배출하는 학교가 됐다.

모멘텀은 연쇄적으로 작용한다

이 이야기가 여기서 끝이었다면 단지 조금 특별한 미담에 그치고 말았을지도 모른다. 하지만 에스칼란테가 미적분 준비반에서 쌓아 올린 모멘텀은 가필드고등학교의 모든 학생에게 영향을 미쳤다. 학교는 학생들을 위해 다른 과목의 AP 시험 준비반도 만들기 시작했다. 스페인어, 역사, 유럽 역사, 생물, 물리, 프랑스어, 행정, 컴퓨터과학 등을 가르치는 AP 준비반을 정식으로 개설했으며 총 325명을 AP 시험에 응시시키는 성과를 거두었다.

이 준비반들이 학생들에게 부러움의 대상이 되다 보니 가필드고등학교에 들어오기 위해 대기 명단에 이름을 올린 주변 지역의 학생 수가 400명을 넘을 정도였다. 과거 이 지역에서 사람들의 웃음거리가 되고 인가를 취소당하기 직전까지 갔던 학교가 미국에서 3위 안에 드는 이너 시티Inner City(미국의 도시에서 소수 민족 주민의 비중이 높고 저소득층 시민들이 주로 거주하는 지역—옮긴이) 고등학교가 된 것이다.[14] 모멘텀이 발휘하는 힘은 이토록 놀랍다.

모멘텀의 법칙 실천 매뉴얼

1. 모멘텀은 리더의 내면에서 시작되어 밖으로 확산된다. 당신은 조직을 위해 모멘텀을 만들어낼 책임을 느끼는가? 당신의 비전에 열정을 품고 있는가? 사람들 앞에서 의욕을 보이는가? 그들에게 용기를 불어넣는가? 팀을 승리로 이끌 방법을 찾아내는가? 리더라면 이런 책임들을 감당해야 한다.

2. 모멘텀을 만들어내는 데 필요한 핵심은 동기부여다. 사람들에게 동기를 부여하기 위한 첫 번째 단계는 그들에게서 동기를 빼앗는 요인들을 제거하는 것이다. 조직 구성원들에게 열정과 의욕을 빼앗아가는 것은 무언인가? 그런 요인들을 없애거나 최소한으로 줄일 수 있는가? 먼저 팀의 의욕을 높이는 리더가 되어야 한다.

3. 모멘텀을 독려하려면 조직 구성원들이 이룬 업적을 축하해야 한다. 각 분야에서 진전을 이룬 사람들에게 꾸준히 공을 돌려라. 사람들이 기울인 노력을 칭찬하되 오직 그들이 성취한 것에만 보상을 제공하라. 더 많이 보상할수록 더 많은 사람이 성공하기 위해 노력할 것이다.

모멘텀이 있다면 미래는 밝게 빛나고
장애물은 실제보다 작게 보이며
문젯거리들은 대수롭지 않게 느껴진다.

제17장

우선순위의 법칙

The Law of Priorities

훌륭한 리더는
무엇이 더 중요한지를 안다

리더는 낮은 자리에 있든 높은 자리에 있든 우선순위에 따라 일해야 한다는 사실을 잊어서는 안 된다. 기업가치가 수십억 달러에 이르는 대기업을 이끌든, 소도시에서 조그만 기업체를 경영하든, 교회를 이끄는 목사든, 스포츠팀을 지도하는 감독이든, 소규모 그룹의 대표든 리더라면 늘 모든 일에 우선순위를 부여해야 한다. 훌륭한 리더는 반드시 우선순위를 지켜야 한다는 사실을 직관적으로 알고 있다. 하지만 모든 리더가 우선순위를 철저히 지키며 일하는 것은 아니다. 왜 그럴까? 아마도 다음과 같은 이유 때문일 것이다.

첫째, 바쁘게 일할 때는 자신이 뭔가를 성취해나가고 있다고 믿게 된다. 하지만 '바쁨'과 '생산성'은 동의어가 아니며 모든 '활동'이 꼭 '성과'로 이어지는 것도 아니다. 둘째, 우선순위를 정하기 위해서는 꾸준히 앞날을 내다보고 가장 중요한 일이 무엇인지 파악해야 한다. 또한 다음에 할 일을 미리 계획하고 모든 일이 전체적인 비전에 어떻게 연관되는지 판단해야 한다. 이는 매우 어려운 작업이다. 셋째, 우선순위를 정하는 것으로 때로 불편하거나 고통스러운 일을 감수해야 하는 상황에 놓일 수도 있다.

리더는 우선순위를 다르게 매긴다

우선순위를 재검토하는 일의 고통을 나 역시 경험한 적이 있다. 1996년 나는 지구상에서 가장 좋아하는 도시 샌디에이고에서 살고 있었다. 샌디에이고는 전 세계에서 가장 기후가 좋은 도시다. 주민들은 걸어서 몇 분이면 해변으로 나갈 수 있고 몇 시간만 이동해도 스키장에 도착할 수 있다. 이 도시는 풍부한 문화, 유명 프로 스포츠팀, 멋진 식당들로 넘쳐나며 1년 내내 골프를 즐길 수 있는 곳이기도 하다. 그런 곳을 굳이 떠날 이유가 있을까? 나는 남은 일생을 여기서 보내게 되리라 생각했다. 정말로 편안한 장소였기 때문이다. 하지만 리더십은 편안함과는 아무런 관계가 없으며 모든 것은 오직 '발전'을 위해 존재한다.

당시 나는 비행기 안에서 많은 시간을 보냈다. 샌디에이고에 거주하다 보니 연결 항공편을 이용하기 위해 댈러스, 시카고, 애틀랜타 같은 허브 공항들로 이동하는 데만 온종일을 소비하곤 했다. 강연이나 컨설팅 업무가 주로 있었던 곳이 미시시피강 동쪽 지역이었기 때문에 긴 이동 시간은 큰 골칫거리였다.

아무래도 뭔가 바꾸지 않으면 안 된다고 생각했다. 나는 비서 린다에게 우리가 정확히 얼마나 많은 시간을 이동에 쓰고 있는지 계산해달라고 부탁했다. 결과는 충격적이었다. 지난 해에 연결 항공편을 이용하기 위해 샌디에이고에서 댈러스 공항으로 이동하는 데만 무려 27일을 소비했다. 나는 일단 자리에 앉아 차분히 삶의 우선순위를 재검토해야 했다.

내가 설정한 우선순위를 충실히 지키며 살아가려면 집과 회사를 허브 공항이 있는 도시로 옮기는 것이 옳았다. 리더십 분야의 권위자인 스티븐 코비는 이렇게 말했다. "리더란 가장 높은 나무에 올라 전체 상황을 살펴보고 '이 정글이 아니다!'라고 외칠 수 있는 사람이어야 한다." 나는 우리가 샌디에이고를 떠나 다른 도시로 이주해야 한다는 사실을 깨달았을 때도 이와 비슷한 느낌을 받았다.

리더란 가장 높은 나무에 올라 전체 상황을 살펴보고 '이 정글이 아니다!'라고 외칠 수 있는 사람이어야 한다. 스티븐 코비

우리는 많은 조사와 검토를 거친 끝에 주요 허브 공항 도시 중 하나인 애틀랜타에 자리를 잡았다. 덕분에 나와 직원들은 이곳에서 단 2시간만 비행하면 미국의 약 80퍼센트에 이르는 지역에 도착할 수 있었다. 게다가 이 도시 역시 장점이 많았다. 나는 직원들이 행복한 삶을 누릴 수 있으리라 확신했다. 쉽지 않았지만 우리에게는 꼭 필요한 이주였다.

애틀랜타로 회사를 옮긴 지 약 25년이 지났다. 지금 생각해봐도 이 결정은 매우 가치 있는 일이었다. 직원들은 예전보다 훨씬 쉽게 출장을 다닐 수 있었고 덕분에 생산성도 빠르게 올랐다. 당신의 삶에서 매년 27일이라는 시간을 돌려받는다고 상상해보라. 나는 애틀랜타로 이사한 지 25년이 지났으니 그동안 675일을 벌어들인 셈이다. 보통 사람이 한 해에 직장에서 근무하는 날이 250일 정도라면 나는 무려 3년 가까운 시간을 절약했고 그만큼 생산성을 올린 것이다. 그리고 출장을 가더라도 밤에 호텔 방에서 지내기보다 그날 저녁 집으로 돌아와서 아내와 시간을 보낼 수 있으니 얼마나 좋은 일인가!

우선순위를 결정하는 3가지 질문

리더는 고정적인 사고의 틀 속에 머물러서는 안 된다. 때로 사고의 틀을 다시 짜거나 틀 자체를 포기해야 한다. 경영자이자 저술가인 맥스 드 프리Max De Pree는 이렇게 말했다. "리더의 첫 번째 책임은 현실을 정의하는 것이다." 현실을 올바르게 파악하고 정의하는 데 필요한 것이 바로 우선순위의 법칙The Law of Priorities이다. 리더는 테이블 위에 모든 선택지를 올려두고 고려의 대상으로 삼아야 한다.

나는 해마다 12월이 되면 2주에 걸쳐 삶의 우선순위를 점검하는 시간을 갖는다. 한 해 동안의 일정을 돌이켜보고 앞으로의 계획을 검토한다. 일뿐 아니라 가정생활이 어땠는지도 평가하고 장래의 목표에 대해서도 생각한다. 또 현재 내가 하는 일이 나의 가치관 및 우선순위와 일치하는지 큰 그림을 본다.

이 과정에서 내가 활용하는 원칙은 '파레토의 법칙'Pareto Principle이다. 나는 이 원리를 사람들에게 오랫동안 가르쳐왔으며 《리더십의 법칙 2.0》이라는 책에서 상세히 설명하기도 했다. 이 원리의 핵심은 가장 중요한 일 20퍼센트에 집중했을 때 80퍼센트의 성과를 거둘 수 있다는 것이다. 예를 들어 직원이 10명이라면 그중 가장 우수한 2명에게 80퍼센트의 시간과 노력을 쏟아야 한다. 만일 100명의 고객이 있다면 그중 상위 20명이 80퍼센트의 매출을 올려주기 때문에 그들에게 집중해야 한다. 또 '해야 할 일 목록'에 10개의 항목이 적혀 있다면 그중 가장 중요한 2가지 항목이 당신의 시간과 노력에 대한 보상을 80퍼센트 제공할 것이다.

아직 이 현상을 관찰해보지 않은 사람이 있다면 직접 실험해보라. 정말로 20퍼센트에 집중했을 때 80퍼센트의 성과가 나는 것을 확인할 수 있을 것이다. 어느 해인가 나는 이런 검토 과정을 거친 끝에 내가 운영하는 한 회사의 우선순위를 완전히 바꾸고 구조를 새롭게 조정하기도 했다.

내가 우선순위를 평가할 때 활용하는 또 다른 기준은 3개의 'R'이다. 책임Requirement, 성과Return, 보상Reward을 뜻하는 영어의 머리글자를 나타내며 리더로서 성공하려면 다음 3가지 질문을 반드시 해야 한다.

1. 나는 어떤 '책임'을 지고 있는가?

우리는 우리가 하는 일에서 고용주, 이사회, 주주, 정부 등을 비롯해 누군가를 위해 일할 책임을 지고 있다. 또 배우자, 자녀, 부모님처럼 삶에서 중요한 사람들에 대해서도 책임을 진다. 따라서 모든 우선순위의 목록은 자신의 책임과 관련된 항목부터 시작해야 한다.

나는 나 자신에게 이렇게 묻는다. '오직 나 혼자만 할 수 있거나 나 혼자 해야만 하는 일은 무엇인가?' 이제 나이가 들다 보니 그런 일의 목록이 갈수록 짧아지지만 지금 내가 불필요한 일을 하고 있다면 그 일은 목록에서 제거해야 한다. 또는 필요한 일을 하고 있더라도 반드시 내가 직접 해야 하는 경우가 아니라면 남에게 위임해야 한다.

2. 가장 큰 '성과'를 가져오는 일은 무엇인가?

리더는 자신의 강점을 가장 잘 발휘할 수 있는 분야에 시간을 집중해야 한다. 베스트셀러 작가인 마커스 버킹엄Marcus Buckingham과 심리학자 도널드 클리프턴Donald O. Clifton은 이 주제에 대한 광범위한 연구를 바탕으로《위대한 나의 발견 강점 혁명》을 펴냈다. 이 책에 따르면 사람들은 타고난 재능과 강점을 발휘할 수 있는 분야에서 더 높은 생산성을 보이고 더 큰 만족감을 느낀다고 한다. 가장 이상적인 상황은 리더가 자신의 안전지대를 떠나 강점지대Strength Zone에 머무르는 것이다.

이 원리를 현실에 적용하는 실용적인 방안은
무엇일까? 내가 개인적으로 사용하는 방법은

이렇다. 내가 하는 일을 누군가가 80퍼센트 이상의 완성도로 대신할 수 있다면 그 일을 남에게 위임한다. 또는 누군가가 그 정도로 잠재력이 있다면 그 사람의 능력을 계발하거나 훈련시켜서 일을 위임한다. 리더가 어떤 일을 할 능력이 있다고 해서 꼭 그 일을 해야만 하는 건 아니다. 리더는 '활동'이 곧 '성과'를 의미하지는 않는다는 사실을 정확히 이해해야 한다. 이것이 우선순위의 법칙이다.

3. 가장 '보상'이 큰 일은 무엇인가?

마지막 질문은 개인적인 만족감과 관련이 있다. 레드먼드 리더십Redmond Leadership 연구소장 팀 레드먼드Tim Redmond는 "내 시선을 끄는 일은 수없이 많지만 내 마음을 끄는 일은 얼마 되지 않는다."라고 말했다.

좋아하는 일을 포기하고 살기에는 우리의 인생이 너무 짧다. 나는 리더십을 가르치는 일을 좋아한다. 글쓰기와 강연하기도 좋아하는 일이다. 아내, 자식, 손주들과 함께 시간을 보내는 일도 매우 즐겁다. 또 나는 골프도 좋아한다. 만일 다른 직업을 갖더라도 그런 일을 할 시간은 남겨둘 것이다. 그 일들은 내 삶을 밝히는 불빛처럼 에너지를 주고 열정을 불어넣는다. 열정은 삶을 살아가는 데 꼭 필요한 연료를 제공한다.

우선순위가 낮은 일은 과감히 버려라

몇 년 전 나는 삶의 우선순위를 재조정하면서 내가 시간을 사용하는 방식을 점검해봤다. 그리고 앞으로는 다음과 같은 비율로 업무 시간을 할애하기로 마음먹었다.

분야	시간
리더십	19%
소통	38%
창의적 업무	31%
네트워킹	12%

위 4가지는 나의 가장 큰 강점이라고 할 수 있다. 내 경력을 통틀어 지금까지 가장 큰 보상을 돌려주었고 내가 회사에서 맡은 책임과도 밀접하게 연관된 분야다.

나는 우선순위를 검토하는 과정에서 내가 각 분야의 균형을 제대로 맞추지 못하고 있음을 깨달았다. 한 회사를 직접 경영하느라 너무 많은 시간을 소비하고 있었고 그 때문에 우선순위가 더 높은 다른 일을 제대로 하지 못하고 있었다. '활동'이 꼭 '성과'를 의미하지 않는다는 사실을 다시 한번 깨달았다. 이제 또 하나의 어려운 사업적 결정을 내려야 할 때가 왔다. 내 비전을 실현하고 성공적인 삶을 지속하고자 한다면 우선순위의 법칙에 따라 일하는 방식을 바꿔야 한다.

결국 나는 그 회사를 매각하기로 했다. 쉽지는 않았지만 반드시 해야만 하는 일이었다.

성공하는 리더는 중요한 일이 무엇인지 안다

성공적인 리더들의 삶을 살펴보면 그들 모두가 각자의 우선순위를 세우고 그에 따라 행동한다는 것을 알 수 있다. 효과적이고 성공적인 리더들은 우선순위의 법칙을 철저히 지키며 살아간다. 그들은 활동이 곧 성과를 의미하지 않는다는 사실을 잘 알고 있다. 나아가 최고 수준의 리더십을 발휘하는 리더들은 하나의 활동으로 여러 가지의 우선순위를 동시에 만족시키며 우선순위의 법칙을 더 효과적으로 활용한다. 그렇게 하면 처리해야 할 업무의 수를 줄이고 우선순위 중에서도 더 중요한 일에 집중할 수 있다.

이 분야에서 달인의 면모를 보여준 사람이 UCLA의 농구부 감독을 지낸 존 우든이었다. 그가 '웨스트우드의 마법사'라는 별명을 얻은 것은 대학 스포츠 분야에서 마법과 같은 업적을 달성했기 때문이다. 우든의 능력은 그가 채택한 훈련 방식에서 엿볼 수 있다. 그는 노트르담대학교 미식축구팀 감독 프랭크 레이히Frank Leahy가 선수들을 훈련하는 모습을 지켜보며 우선순위의 중요성을 배웠다고 했다.

"프랭크가 선수들을 훈련하는 곳을 종종 방문해서 훈련 시간을 어떻게 나눠서 사용하는지 관찰했습니다. 그리고 집에 돌아가 그가 왜 그런 방식을 택했는지 분석했죠. 선수들 입장에서 생각해보면 당시 우리가 실시하던 훈련에 시간을 낭비할 만한 요소가 많다는 사실을 깨달았습니다. 리의 훈련 방식은 내 생각을 더욱 굳혀주었고 현재 내가 선수들에게 적용하고 있는 훈련 방식에 큰 도움을 주었습니다."

선택하라, 그리고 집중하라

군대를 다녀온 사람들은 지시를 받고 서둘러 일하다 어느 순간 할 일이 없어져서 마냥 기다리던 때가 종종 있었다고 말한다. 이는 스포츠에서도 마찬가지다. 감독은 선수들을 1분 동안 숨이 턱에 차도록 훈련시키다 곧 아무것도 하지 않고 그냥 있게 한다. 하지만 우든의 훈련 방식은 달랐다. 그는 선수들의 행동 하나하나가 구체적인 목표를 위해 나아가도록 훈련 시간 전체를 종합적으로 조율했다. 말하자면 '동작의 경제'economy of motion 를 도입한 것이다. 그의 훈련 방식은 다음과 같았다.

우든은 전 시즌에 관찰한 바를 바탕으로 팀의 우선순위 목록을 매년 새롭게 작성했다. 예를 들면 '선수들에게 자신감 심어주기', '3 대 2 훈련을 일주일에 3회 이상 꾸준히 실시하기' 같은 항목들이었다. 시즌 전체를 통틀어 그가 달성하고자 했던 우선순위 항목은 대체로 10여 개 내외였다. 하지만 우든은 매일같이 팀의 목표를 신중하게 검토했고 코치들과 함께 당일의 훈련 계획을 세심하게 수립했다. 그날 실시할 훈련 전략을 짜는 데는 대개 2시간 정도가 소요되어 실제 훈련보다 더 많은 시간이 걸릴 정도였다.

우든은 항상 가지고 다니는 작은 연습장에 그때그때 필요한 내용이나 생각을 메모했으며 여기서 많은 아이디어를 얻곤 했다. 그는 모든 훈련을 분 단위로 계획했으며 훈련에 앞서 모든 정보를 노트에 미리 기록했다. 누군가 팀이 1963년의 어느 날 오후 3시에 어떤 훈련을 했느냐고 갑자기 물어도 정확히 대답할 정도였다. 모든 훌륭한 리더가 그렇듯 우든 역시 남보다 한발 앞서 미래를 생각함으로써 팀에게 혜택을 안겨주기 위해 노력했다.

우든은 항상 중요한 일에 집중했으며 선수들에게도 같은 마음가짐을 주문했다. 특히 그는 여러 우선순위의 일을 동시에 해내는 데 뛰어났다. 예를 들면 대부분의 선수가 지루하게 여기는 자유투 연습을 돕기 위해 연습 경기에 자유투와 관련된 규칙을 도입했다. 그 규칙은 연습 경기 때 벤치로 나온 선수가 일정한 숫자의 자유투를 성공시키면 곧바로 경기에 다시 투입하는 것이었다. 가드, 포워드, 센터 등 포지션별로 채워야 할 자유투의 숫자를 계속 바꿔가면서 선수들이 코트에 들어가고 나가는 로테이션의 비율을 각자 다르게 조정했다. 이 자유투 연습 규칙 덕분에 모든 선수가 자유투 실력을 늘리는 것은 물론 포지션이나 주전 여부와 관계없이 동료들 모두와 경기를 뛸 수 있었다. 이는 우든이 팀워크를 발전시킬 때 가장 강조했던 대목이었다.

우선순위에 대한 우든의 집중력을 가장 잘 보여주는 사실은 경쟁 팀의 선수를 스카우트한 적이 없다는 것이다. 대신 그는 기존의 선수들에게서 최대한의 잠재력을 끌어내는 데 집중했다. 이를 위해 계획적인 훈련과 선수 개개인에 대한 세심한 코칭이 훈련의 중심이 되었다.

단지 선수권대회에서 우승하거나 다른 팀을 이기는 것은 우든의 목표가 아니었다. 그는 모든 선수가 최대한의 잠재력을 발휘해 경기를 펼치고 경기력을 최대로 높여 모든 농구팀 중에서도 최고의 팀이 되기를 원했다. 물론 그는 놀라운 실적을 달성했다. 그가 감독으로 재직한 40년 동안 부임 첫해를 제외하고는 패배가 승리보다 많았던 해는 없었다. 그가 이끄는 UCLA 팀은 4번이나 시즌 무패 기록을 세웠으며 NCAA 우승컵도 10번이나 들어 올렸다.[1]

아마도 우든은 모든 스포츠 종목을 통틀어 가장 뛰어난 리더였을 것이다. 그는 날마다 우선순위의 법칙을 충실하게 지키며 살았다. 당신도 우선순위의 법칙에 따라 팀을 이끌어야 한다.

우선순위의 법칙 실천 매뉴얼

1. 진정으로 삶의 방식을 바꿔 안전지대를 벗어나 우선순위에 따라 살 준비가 되었는가? 많은 일을 하는데도 기대만큼 성과를 거두지 못하는 분야는 무엇인가? 하지 말아야 할 일을 하고 있는가? 그것들을 삶에서 제거하라. 남에게 위임해야 하는 일은 무엇인가? 다른 사람을 훈련시켜 그 일을 하게 하라. 오직 당신만이 할 수 있는 일은 무엇인가? 그 일을 우선순위로 삼아라.

2. 예전에 우선순위를 정해본 적이 없는 사람은 시간을 내서 다음 3가지 질문에 답해보자.

- 나는 어떤 '책임'을 지고 있는가?
- 가장 큰 '성과'를 가져오는 일은 무엇인가?
- 가장 '보상'이 큰 일은 무엇인가?

경력과 관련된 일뿐만 아니라 가족을 포함한 다른 책임들에 대해서도 답해보자. 우선 이 질문들에 답한 뒤에 현재 하는 일 중에서 위 3가지 사항에 해당되지 않는 게 있다면 그 목록을 작성해보자. 그런 다음에는 그 일들을 제거하거나 다른 사람에게 위임할 방법을 찾아보자.

3. 파레토의 법칙을 바탕으로 당신의 일상에 우선순위를 매겨보자. 앞으로 2주

동안 하루에 해야 할 일의 목록을 매일 아침 미리 작성하고, 중요한 순서에 따라 각 항목에 번호를 붙이자. 그리고 1번부터 일을 해나가라. 목표는 그 목록에 적힌 일들을 모두 끝내는 게 아니라 상위 20퍼센트의 일을 완수하는 것이다. 3주가 지난 뒤에 당신의 생산성이 이전과 비교해서 어떻게 달라졌는지 검토해보자.

리더는 고정적인 사고의 틀 속에
머물러서는 안 된다.

제18장

희생의 법칙

The Law of Sacrifice

희생을 감내하는 리더만이
정상에 오른다

왜 리더는 앞에 나서서 사람들을 이끌려고 하는 걸까? 그 이유는 저마다 다르다. 누구는 생존을 위해, 누구는 돈을 벌기 위해 사람들 앞에 나선다. 또 많은 사람이 기업이나 조직을 만들고 싶어서 리더가 되려고 한다. 그런가 하면 세상을 바꾸기 위해 대중을 이끄는 사람도 있다. 마틴 루터 킹이 바로 그런 경우였다.

위대한 리더의 탄생

킹의 리더십은 대학교 시절부터 빛을 발했다. 물론 그는 예전에도 훌륭한 학생이었다. 중학교에 다닐 때 3학년을 월반하고 고등학교에 진학했으며 고등학교 때도 미리 대학 입학시험에 응시해서 마지막 학년을 다니지 않고 애틀랜타의 모어하우스칼리지Morehouse College에 입학했다. 18세가 되던 해에는 목사 자격증을 땄다. 19세에는 목사 안수를 받았고 사회학 학사 학위도 함께 따냈다.

그는 펜실베이니아의 크로저신학교Crozer Seminary에 들어가서 공부를 계속했다. 이곳에 머물 때 그에게 2가지 중요한 사건이 일어났다. 하나는 평생의 지침이 된 마하트마 간디의 삶과 가르침에 대한 메시지를 접한 일이었고, 다른 하나는 동료들 사이에서 리더가 되어 학생 대표로 선출된 일이었다. 이후 킹은 보스턴대학교의 박사과정에 다시 입학했고 여기서 코레타 스콧Coretta Scott을 만나 결혼했다.

리더는 늘 희생과 함께한다

1954년 킹은 앨라배마주 몽고메리에 있는 덱스터 애비뉴 침례교회의 목사로 부임해서 가족들과 함께 정착했다. 다음 해 11월에는 첫아이도 태어났다. 하지만 평화는 오래가지 못했다. 그로부터 한 달이 채 지나기도 전에 로자 파크스Rosa Parks라는 흑인 여성이 버스 안에서 백인 승객에게 자리를 양보하지 않았다는 이유로 체포된 사건이 발생했다.

지역의 흑인 지도자들은 그녀를 체포한 행위에 항의하고 흑인 분리 정책에 저항하는 의미로 하루 동안 몽고메리의 대중교통을 거부하는 운동을 펼쳤다. 이 운동이 성공하자 그들은 몽고메리 권익향상협회Montgomery Improvement Association를 조직해서 보이콧을 계속 이어가기로 했다. 이 지역 흑인 공동체에서 이미 리더로 인정받고 있던 킹은 만장일치로 대표로 선출됐다.

이듬해에 접어들면서 킹은 보이콧을 계속 이끄는 한편 도시의 리더들과 협상에 나서 버스 운영 책임자들이 흑인들을 존중하고 승객들이 탑승 순서대로 자리에 앉을 수 있도록 하며 흑인 운전사들을 고용해야 한다는 주장을 펴나갔다. 또한 공동체 리더들과 협력해서 '승용차 나눠 타기' 운동을 벌이고 기금을 모아 버스 보이콧을 지원했다. 그는 설교와 연설로 군중을 동원했으며 전미 유색인권익향상협회National Association for the Advancement of Colored People, NAACP와 연계해서 법적 투쟁에 나섰다. 1956년 11월 미국 연방 대법원은 버스에서 인종별로 좌석을 분리할 수 있는 법률을 폐지한다는 판결을 내렸다.[1]

몽고메리의 버스 보이콧은 미국의 인권운동 역사에 한 획을 그었으며 눈에 보이는 큰 성과를 낸 운동이었다. 하지만 킹은 이때부터 개인적으로 어려움을 겪기 시작했다. 보이콧이 시작된 지 얼마 후에 그는 사소한 교통 위반을 했다는 이유로 체포됐다. 집 현관 앞에 난데없이 폭탄이 날아들기도 했으며 '정당한 법적 사유' 없이 업무 방해를 모의했다는 혐의로 기소되기도 했다.[2]

더 높이 올라갈수록 더 큰 대가를 치른다

킹이 인권운동의 리더로서 더 크게 성장하고 지위가 오를수록 그가 치러야 할 대가도 점점 커졌다. 그의 아내 코레타 스콧 킹은 저서《마틴 루터 킹 2세와 함께한 나의 삶》My Life with Martin Luther King, Jr.에서 당시 상황에 대해 이렇게 썼다. "밤낮없이 전화벨이 울렸다. 어떤 사람들은 전화로 욕설을 퍼붓기도 했다. 도시를 떠나지 않으면 죽여버리겠다는 협박 전화도 종종 받았다. 하지만 이 모든 위협과 우리의 사생활에 닥친 혼란에도 불구하고 나는 오히려 뿌듯한 느낌이 들었다. 아마 기뻤다는 표현이 더 적합할지도 모른다."

킹은 리더로서 위대한 일을 이뤄냈다. 대통령을 만났고 미국 역사상 가장 훌륭한 연설이라고 알려진 감동적인 연설들을 했다. 또 25만 명의 시민을 이끌고 워싱턴을 향해 평화로운 행진에 나서기도 했다. 그는 노벨평화상을 수상했으며 미국의 변화를 주도했다.

하지만 희생의 법칙The Law of Sacrifice에 따르면 위대한 리더일수록 더욱 큰 대가를 치르곤 한다. 킹은 이 시기에 여러 차례 체포되어 감옥에 드나들었다. 돌팔매질을 당하고 칼에 찔리고 폭행을 당하기도 했다. 심지어 집에서 폭탄이 터진 적도 있었다. 그의 비전과 영향력은 나날이 커졌지만 그는 자신이 소유한 모든 것을 희생해야 했다. 그러나 그는 자신이 포기해야 했던 것들과 미련 없이 결별했다. 멤피스에서 암살당하기 하루 전, 그는 연설에서 이렇게 말했다.

앞으로 제게 어떤 일이 닥칠지 모릅니다. 우리의 앞길은 순탄치 않습니다. 하지만 저는 아무것도 개의치 않습니다. 이미 정상에 올랐기 때문입니다. 저는 그런 것에 마음을 쓰지 않습니다. 저도 남들처럼 오래 살고 싶습니다. 장수한다는 것도 나름대로 의미가 있는 일이기 때문입니다. 하지만 걱정하지는 않습니다. 저는 단지 신의 뜻을 따르기를 원합니다. 신은 제가 산 정상에 오를 수 있도록 허락했습니다. 저는 그곳에서 아래를 내려다보고 약속의 땅을 찾아냈습니다. 어쩌면 그곳까지 여러분과 동행하지 못할지도 모릅니다. 하지만 오늘 밤 이곳에 참석하신 분들은 약속의 땅에 도달할 수 있을 것입니다. 그래서 저는 행복합

니다. 저는 그 누구도 두려워하지 않습니다. "내 눈은 주님이 오시는 영광된 모습을 보았노라."³

다음 날 그는 목숨이라는 마지막 대가를 치렀다. 킹의 영향력은 매우 컸다. 그는 수백만의 시민을 움직여 흑인을 배척하는 사회와 시스템을 상대로 평화로운 투쟁을 이어가게 했다. 미국은 여전히 개선할 점이 많은 나라지만 그의 리더십으로 위대한 변화를 이뤄낼 수 있었다.

모든 것을 희생할 각오를 품어야 한다

리더가 아닌 사람들이 오해하는 점 하나는 조직 내에서 얻는 지위와 혜택, 권력 등이 리더십의 전부라는 것이다. 오늘날 기업에서 일하는 수많은 사람이 신분 상승의 사다리를 오르기 위해 애쓰는 이유는 자신이 정상에 도달했을 때 자유, 권력, 부 같은 것들이 기다리고 있다고 믿기 때문이다. 사람들에게는 리더의 삶이 화려해 보일지 모르지만 현실에서 리더는 큰 희생을 치른다. 리더로서 성장하기 위해서는 많은 것을 포기해야 한다. 그동안 우리는 수많은 리더가 개인적 이익을 위해 조직을 이용하는 모습이나 그들의 탐욕과 이기심이 낳은 추악한 스캔들을 지켜봤다. 그러나 위대한 리더십의 핵심은 개인적인 이익이 아니라 희생이다.

> 위대한 리더십의 핵심은 개인적인 이익이 아니라 희생이다.

최고의 리더는 자신을 기꺼이 희생해 조직의 발전을 도모하고 사람들을 이끄는 사람이다. 그러기를 바라는 사람은 먼저 희생의 법칙과 관련된 다음 사항들을 기억해야 한다.

1. 희생 없이는 성공도 없다

성공한 사람들은 그 자리에 이르기까지 여러 가지를 희생한 사람들이다. 많은 사람이 사회생활을 시작하기 전에 수만 달러에서 수십만 달러의 학비를 내고 4년 이상의 시간을 들여 대학에 다니는 것도 하나의 예다. 운동선수들은 체육관이나 연습장에서 수많은 시간과 노력을 희생해 경기력을 높이고, 부모들은 개인적인 시간과 돈을 희생해 아이들을 더 잘 키우려고 한다. 철학자이자 시인인 랠프 월도 에머슨Ralph Waldo Emerson은 이렇게 말했다. "우리는 뭔가를 포기한 대가로 다른 뭔가를 얻는다. 또 뭔가를 얻는 대신 다른 것을 포기한다."

삶은 수많은 주고받음의 연속이다. 하나를 얻으려면 다른 하나를 포기해야 한다. 리더는 더 높은 곳에 오르기 위해 더 많은 걸 희생한다. 어떤 분야에 있는 리더든 그 점에서는 다르지 않다. 최고가 되기 위해 자신이 좋아하는 많은 것을 포기하는 것이다. 이것이 리더들이 기억해야 할 희생의 법칙이다.

2. 리더는 다른 사람들보다 더 많은 것을 희생해야 한다

리더십의 핵심은 자신보다 다른 사람들을 먼저 생각하고 조직을 위해 최선이라고 생각되는 일을 선택하는 것이다. 그렇기에 리더는 자신의 권리를 기꺼이 포기할 수 있어야 한다. 리더십 전문가이자 목사인 제럴드 브룩스Gerald Brooks는 이렇게 말했다. "당신은 리더가 되는 순간 당신 자신에 대해 생각할 권리를 잃는 것이다."

아무런 책임을 맡지 않은 사람은 어떤 일을 해도 무방하다. 하지만 리더로서 일정 책임을 받아들이는 순간 할 수 있는 일이 제한되기 시작한다. 그리고 책임을 더 떠안을수록 고를 수 있는 선택지도 그만큼 적어진다.

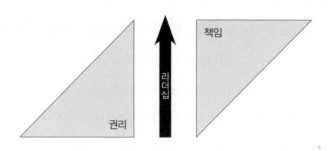

| 리더십 비용 |

리더로 성장할수록 책임은 증가하고 권리는 줄어든다

컴퓨터회사 디지털 이큅먼트 코퍼레이션Digital Equipment Corporation의 CEO
였던 로버트 파머Robert Palmer는 한 인터뷰에서 이렇게 말했다. "나의 경영
모델에서는 내가 운신할 수 있는 폭이 매우 좁다. 경영자가 되고 싶은 사
람은 그에 따르는 책임과 의무를 받아들여야 한
다."[4] 그가 이야기하는 것이 바로 위 그림에 표현
된 리더십 비용이다. 리더는 자신이 이끄는 사람
들보다 훨씬 많은 것을 포기해야 한다.

당신은 리더가 되는 순간 당
신 자신에 대해 생각할 권리
를 잃는 것이다. 제럴드 브룩스

하지만 희생의 모습은 사람마다 다를 수 있다. 리더에 따라 포기해야 하
는 기회의 형태는 각자 다르다. 어떤 사람은 좋아하는 취미를 포기하고 어
떤 사람은 사생활을 포기한다. 마틴 루터 킹처럼 목숨을 기꺼이 포기하는
리더도 있다. 사람들이 처한 환경은 저마다 다르지만 기본적인 원리는 변
함이 없다. 리더십은 곧 희생을 의미한다는 것이다.

3. 리더로 머물려면 희생을 계속해야 한다

희생은 리더가 된 초기부터 필요하다. 리더로서 명성을 얻으려면 때로

원치 않는 일도 해야 한다. 지금보다 조금 더 나은 자리를 잡으려고 별로 마음에 들지 않는 도시로 온 가족이 이사해야 할 수도 있다. 승진을 위해 일시적으로 급여가 깎이는 상황을 감수하는 사람도 있다. 문제는 리더가 되고 나면 더 이상 희생하지 않아도 될 권리를 얻어냈다고 착각한다는 것이다. 그러나 리더가 되었다고 해서 희생이 끝난 것은 아니다. 리더십에서 희생은 일회성 사건이 아니라 지속적인 과정이다.

리더십에서 희생은 일회성 사건이 아니라 지속적인 과정이다.

　리더로 성장하려면 희생을 감수해야 하지만 리더의 자리에 계속 머물려면 더 큰 희생이 필요하다. 스포츠팀 중에 2개 시즌 연속해서 우승컵을 들어 올리는 팀이 그토록 적은 이유가 무엇일까? 이유는 간단하다. 어떤 리더가 팀을 이끌고 대회에서 우승했다고 하자. 그는 올해 했던 일을 내년에도 그대로 반복하면 같은 결과를 얻어낼 수 있다고 생각한다. 그러나 다음 시즌은 분명 올해보다 훨씬 어려워질 것이다. 오프 시즌에 더 많은 희생을 치러야 겨우 가능할지 모른다. 내일의 성공에 가장 큰 위협이 되는 것은 바로 오늘의 성공이다. 팀을 정상으로 이끌었던 요인이 다음에도 정상을 보장해주지는 않는다.

　최고의 자리를 지키기 위한 유일한 방법은 더 많이 희생하는 것이다. 성공하는 리더십은 지속적인 변화, 부단한 개선, 꾸준한 희생을 요구한다. 내 경우에도 마찬가지였다. 나는 회사를 설립하고 사업에 뛰어들기 전까지는 새로운 자리를 맡을 때마다 급여가 깎이는 것을 감수해야 했다. 하지만 리더로서 성장하고 영향력을 확대하기 위해서는 반드시 지불해야 하는 비용이었다.

리더로 성장하려면 희생을 감수해야 하지만 리더의 자리에 계속 머물려면 더 큰 희생이 필요하다.

4. 리더의 위치가 높을수록 희생도 더 크다

혹시 경매에 참여해본 적이 있는가? 꽤 흥미로운 경험이다. 새로운 물건이 소개되면 방 안에 있는 사람 모두가 흥분한다. 경매가 시작되면 참가자들이 앞다퉈 가격을 제시한다. 하지만 가격이 오를수록 입찰자의 수는 줄어든다. 가격이 낮을 때는 모두가 입찰에 참여하지만 결국은 그 물건의 가장 높은 가격을 부른 마지막 한 사람이 낙찰을 받는다.

리더십도 마찬가지다. 높은 위치에 오를수록 치러야 할 비용도 커진다. 당신이 어떤 리더십 분야를 선택했든 반드시 뭔가를 희생하게 된다. 리더로 성장하기 위해서는 많은 것을 포기해야 한다.

한번은 세미나에서 한 사람이 쉬는 시간에 내게 와서 말했다.

"저도 선생님과 같은 일을 하고 싶습니다."

그는 리더가 발휘하는 영향력이나 많은 청중을 상대로 연설하는 일의 짜릿함 같은 것들을 매력으로 느꼈던 것 같다. 나는 그의 열정을 높이 평가했지만 이렇게 묻지 않을 수 없었다.

"당신은 제가 지금의 자리에 오르기 위해 감수해야 했던 일들을 해낼 수 있나요?"

아마도 그는 내가 강연자로 일하기 시작했던 초창기에 어떤 일을 겪었는지 모를 것이다. 그때는 나도 텅텅 비다시피 한 강연장에서 연설하는 일이 예사였다. 처음으로 연 리더십 세미나에 참석한 사람이 너무 적어 금전적으로 타격을 입기도 했다. 몇 년씩이나 자원봉사자들의 도움을 얻어 강의에서 사용할 물건들을 상자에 포장해서 겨우 세미나 장소로 보내기도 했고, 집에서 멀리 떨어진 공항에서 발이 묶여 옴짝달싹하지 못한 적도 한두 번이 아니었다.

강연자로서 경력을 쌓으려고 내가 직장에서 정규직 직원으로 일한 것을 포함해 이 분야에서 성공하기 위해 감수해야 했던 수많은 일을 그가 이해하기는 어려울 것이다. 물론 그도 희생의 법칙을 알고 있었을지도 모른다. 그랬기를 바란다. 리더로 성장하려면 수많은 것을 희생해야 한다. 그것이 희생의 법칙이다.

리더는 희생하며 위대한 가치를 남긴다

희생 없이는 성공도 없다. 어떤 성공이든 그 뒤에는 누군가의 희생이 있었다고 확신해도 좋다. 그리고 리더로서 뭔가를 희생했다면 이후의 성공을 직접 지켜보지는 못해도 미래에 다른 누군가가 혜택을 입을 게 분명하다.

마틴 루터 킹도 그랬다. 그는 자신의 희생이 만들어낸 성공 대부분을 직접 목격하지는 못했지만 수많은 사람이 그 열매를 누렸다. 1954년 인종차별이 극심했던 앨라배마주 버밍엄에서 태어난 한 흑인 소녀도 그중 하나였다. 나이에 비해 조숙했던 소녀는 인권운동과 관련된 기사는 물론 그날그날의 뉴스에 많은 관심을 보였다. 한 이웃 주민은 그녀를 두고 이렇게 회고했다.

"정치에 관심이 많은 아이였어요. 걸핏하면 저를 불러 세우고 '오늘 인종차별주의자 불 코너Bull Connor 시장이 무슨 짓을 했는지 아세요?'라고 묻곤 했죠. 어린 소녀였지만 늘 그런 식이었어요. 덕분에 저도 신문을 꼼꼼히 읽는 습관이 생겼죠. 그 애가 갑자기 무슨 말을 꺼낼지 모르니까요."[5]

시사에 관심이 많기도 했지만 그녀가 가장 열정을 보인 분야는 음악이었다. 3살 때부터 할머니에게 피아노 레슨을 받기 시작한 그녀는 주위 사람들에게 신동으로 불렸다. 그녀의 성장기에서는 음악이 큰 비중을 차지했다. 심지어 그녀의 이름도 음악과 관련이 있었다. 부모님은 '부드럽게 연주하라'라는 의미를 지닌 악상기호 '콘 돌체자'Con Dolcezza에서 힌트를 얻어 그녀의 이름을 '콘돌리자'Condoleezza로 지었다.

콘돌리자 라이스Condoleezza Rice는 여러 세대에 걸친 희생의 덕을 크게 입은 인물이었다. 할아버지 존 웨슬리 라이스 2세John Wesley Rice Jr.는 노예의 아들이었지만 반드시 교육을 받고야 말겠다는 굳은 결심을 품고 '목화를 팔아 모은 돈으로 학비를 마련해서' 앨라배마주 터스컬루사Tuscaloosa에 있는 스틸먼칼리지Stillman College에 입학했다. 그리고 학교를 졸업한 뒤에 장로교 목사가 되었다. 1920년대의 남부에 거주했던 흑인으로서는 결코 작은 성공이라고 할 수 없었다. 그는 가족들 모두에게도 교육을 받을 수 있는 길을 열어주었다.

라이스의 할아버지가 품었던 교육에 대한 열정은 같은 이름의 아들 존을 거쳐 손녀인 콘돌리자에게 대물림됐다. 그녀의 외가 쪽도 모두 근면했고 교육에 대한 열의가 높은 사람들이었다. 콘돌리자의 친구인 코이트 블래커Coit Blacker 스탠퍼드대학교 교수는 이렇게 말했다. "미국의 가정 중에 그녀의 집처럼 부모가 대학을 졸업했을 뿐만 아니라 할아버지, 사촌 형제, 숙모, 숙부까지 모두 대학을 나온 집안은 많이 보지 못했습니다."[6]

자신을 위해서도 희생해야 한다

라이스는 어렸을 때 프랑스어를 공부했고 발레 수업을 받았다. 그리고 아버지에게 미식축구와 야구에 대해 배웠고 피겨 스케이트도 탔다. 그녀는 열정을 추구하며 기꺼이 많은 것을 희생했다. 다른 아이들은 나가서 뛰어놀 때 학업에 열중했고 피아노를 연습했다. 그녀의 하루 일정은 매우 빡빡했다. 놀라울 정도로 자기절제력이 강했던 라이스는 새벽 4시 반에 일어나 학교 공부, 피겨 스케이팅, 피아노 연습을 병행했다.

그녀를 가르쳤던 한 교사는 이렇게 말했다. "콘돌리자의 가장 큰 특징은 자기가 무엇을 하고 싶은지 정확히 알았고, 이를 위해 다른 모든 것을 기꺼이 희생했다는 점입니다. 제 생각에 그 아이의 마음속에서는 그게 희생이 아니었을 거예요. 그저 목표를 향해 꾸준히 나아가는 데 필요한 일들이었을 뿐이죠."[7] 라이스의 부모도 딸의 성공을 위해 많은 것을 희생했다. 1969년에 그들은 1만 3,000달러의 대출을 받아 딸에게 중고 스타인웨이 그랜드피아노를 사주었다.

15세가 되던 해에 고등학교를 조기 졸업한 라이스는 장차 전문적인 콘서트 피아니스트가 되겠다는 꿈을 품고 덴버대학교에 입학해서 음악을 공부했다. 하지만 2학년이 되면서 피아니스트로 정상에 오르기에는 재능이 부족하다는 사실을 깨닫고 음악을 포기했다. "11살 된 한 아이는 제가 꼬박 1년이 걸려 배운 작품을 즉석에서 연주했어요. 나중에 제가 술집이나 백화점 같은 곳에서 피아노를 연주할 순 있겠지만 카네기홀에 서기는 어렵겠다는 생각이 들었죠."[8]

라이스는 러시아 문화와 소련 정부 분야로 전공을 바꿔 다시 공부했다. 덴버대학교에서 정치학 학사과정을 마친 뒤 노트르담대학교에서 석사학위를 받고 다시 덴버대학교에서 박사학위를 받았다. 이후 스탠퍼드대학교에서 연구원 자리를 제안받았고 그다음 해에는 정식으로 이 학교의 교수진으로 합류했다. 스탠퍼드대학교에서 승승장구한 라이스는 얼마 되지 않아 조교수로 임명됐다. 그녀의 전기 작가 안토니아 펠릭스Antonia Felix는 이렇게 썼다.

콘디Condi(콘돌리자의 애칭―옮긴이)는 소련을 연구하고 학생들을 가르치는 일에 열정적이었다. 스탠퍼드대학교에서의 삶은 여러모로 풍요로웠다. 그녀는 학생들을 가르치고 자문을 제공하고 연구를 하고 글을 썼다. 또한 피아노를 연주하고 웨이트 트레이닝을 하고 데이트를 했으며, TV 앞에 앉아 꼬박 12시간 동안 미식축구 경기를 시청하기도 했다.[9]

라이스는 미국 국방성의 자문위원으로 위촉되어 한 해 동안 일한 뒤 다시 스탠퍼드대학교로 돌아왔다. 벗지고 이상적인 삶을 누렸던 그녀는 1987년에 이 대학의 정규직 교수로 임용됐다.[10]

대부분의 대학 교수가 자신의 완벽한 삶에 안주하려 하지만 라이스는 그렇지 않았다. 1989년 백악관이 라이스에게 구애의 손길을 내밀었을 때 그녀는 제안을 받아들여 국가안전보장회의National Security Council, NSC 의 소련 및 동유럽 담당 국장으로 취임했다. 당시 소련이 해체되고 있던 상황에서 조지 부시George H. W. Bush 대통령의 소련 문제 관련 핵심 참모가 된 것이다. 그녀는 독일의 통일 관련 정책을 입안하는 일을 도왔으며 이 주제에 관해서는 세계 최고의 권위자 중 한 사람으로 떠올랐다.

라이스는 1991년 다시 학교로 돌아갔다. 그녀의 말에 따르면 '2년 내로 학교에 복귀하지 않을 경우' 학자로서 경력을 유지하기가 어려울 것 같다는 판단 때문이었다고 한다.[11] 2년 뒤 그녀는 38세의 나이로 정교수가 됐고 한 달 뒤에는 교무처장으로 임명됐다. 여성이면서 유색인종이고 게다가 50세 미만의 나이에 이 자리에 오른 사람은 그녀가 처음이었다. 라이스는 15억 달러에 이르는 학교 예산을 관리하면서 과거 2,000만 달러가 넘던 적자를 1,450만 달러의 흑자로 돌려놓았다.

하지만 당시 텍사스 주지사였던 조지 부시George W. Bush가 라이스에게 대외 정책에 대해 가르쳐달라고 부탁했을 때 그녀는 모든 명예를 포기하고 그 제안을 수락했다. 그리고 부시가 대통령으로 당선되자 그녀는 대통령 국가안보 보좌관으로 선임됐다. 4년간 그 자리에서 일한 뒤에는 미국의 국무장관으로 임명됐다.

현재 라이스는 스탠퍼드대학교로 돌아온 상태다. 후버 연구소Hoover Institution의 테드 앤드 다이앤 타우버Tad and Dianne Taube 이사로 재직 중이며 토머스 앤드 바버라 스티븐슨Thomas and Barbara Stephenson 대외정책 담당 선임연구원으로 일하고 있다. 또 그녀는 라이스, 해들리, 게이츠 앤드 마누엘Rice, Hadley, Gates&Manuel이라는 국제전략 컨설팅 회사의 창립 파트너이면서 각계에 영향력이 큰 여러 단체의 이사회에서 활발하게 활동 중이다. 하지만 그녀는 필요하다면 자신이 가진 모든 것을 다시 한번 내려놓고 미국과 세계의 발전을 위해 리더로서 봉사할 준비가 되어 있다. 리더로서 희생의 법칙을 잘 이해하고 받아들인 대표적인 사례라 하겠다.

희생의 법칙 실천 매뉴얼

1. 더 큰 영향력을 발휘하는 리더가 되기 위해 희생을 감수할 준비가 되었는가? 당신이 이끄는 사람들을 위해 자신의 권리를 기꺼이 포기할 의사가 있는가? 잠시 생각해보고 다음 2가지에 대해 목록을 작성해보자. 첫째, 리더로서 성장하기 위해 기꺼이 포기할 수 있는 것. 둘째, 결코 포기할 수 없는 것. 작성한 다음에는 둘 중 어느 목록에 건강, 결혼, 자녀와의 관계, 경제적 문제 등이 포함되어 있는지 살펴보자.

2. 희생의 법칙에 따라 살아간다는 말은 당신이 가진 소중한 것을 포기하고 더 소중한 것을 얻기 위해 노력한다는 의미다. 마틴 루터 킹은 사람들에게 자유를 안겨주기 위해 자신의 개인적 자유를 포기했다. 콘돌리자 라이스는 스탠퍼드 대학교에서 누렸던 특혜와 영향력을 포기하고 나라와 정부에 헌신해 세계적인 영향력을 발휘할 수 있었다. 더 큰 영향력을 얻고 긍정적인 변화를 이끌기 위해 당신은 무엇을 포기할 수 있는가?

3. 리더에게 가장 해로운 사고방식 중 하나가 '종착역 병'destination disease이다. 자신이 리더로서 목적지에 '도착'했기 때문에 더 이상 희생할 수 없다고 생각하는 것이다. 이런 식으로 사고하는 리더는 희생하기를 멈추고 더 큰 영향력을 얻어내기 위한 노력도 중단하게 된다.
 · 당신이 '종착역 병'에 걸릴 만한 분야가 무엇인지 생각해보고 글로 적어보

자. 그리고 각각의 항목에 대해 자신에게 지속적인 성장을 독려하는 글귀를 쓰고 이를 해독제로 삼아라. 예를 들어 학교를 졸업하는 순간 배우는 일이 끝났다는 생각이 들면 이렇게 적는다. "나는 매년 하나의 중요한 분야를 정해 꾸준히 학습할 것이다."

리더로 성장하려면
수많은 것을 희생해야 한다.

제19장

타이밍의 법칙

The Law of Timing

리더는 리더십을 발휘할 때를
정확히 알아야 한다

2005년 8월 말에서 9월 초 사이의 며칠 동안 뉴올리언스에서 발생한 사건은 리더십에서 타이밍이 얼마나 중요한지 잘 보여준다. 뉴올리언스는 평범한 도시가 아니라 이탈리아 베네치아처럼 시 전체가 물로 둘러싸인 곳이다. 북쪽에는 폰차트레인Pontchartrain 호수가 자리 잡고 있으며 남쪽으로는 미시시피강이 웅장한 모습으로 흐른다. 동쪽과 서쪽은 저지대의 습지이고 운하가 도시 한복판을 이리저리 관통하며 지나간다. 자동차로 뉴올리언스에 진입하거나 빠져나오려면 반드시 큰 다리를 건너야 한다.

겉으로는 별문제가 없어 보이지만 사실 이 도시의 대부분은 해수면보다 낮다. 뉴올리언스는 마치 밥그릇처럼 한가운데가 움푹 파인 모양을 하고 있다. 도시 전체가 해수면보다 평균 1.8미터 정도 낮고 가장 낮은 지역은 바다보다 2.7미터 아래쪽에 있다. 게다가 뉴올리언스의 땅은 해마다 바닷속으로 조금씩 가라앉는 중이다. 시민들은 이 지역에 강력한 태풍이 닥칠 경우 도시 전체가 큰 피해를 입을 가능성이 있다고 수십 년 전부터 우려했다.

타이밍을 놓치게 될 때

2005년 8월 24일 수요일, 새로 발생한 열대 폭풍 카트리나가 뉴올리언스 시민들이 오랫동안 걱정해왔던 초대형 허리케인으로 발달하리라고는 그 누구도 예상하지 못했다. 국립 허리케인 센터National Hurricane Center는 금요일인 8월 26일이 되어서야 카트리나가 다음 주 월요일 뉴올리언스에서 남동쪽으로 100킬로미터 떨어진 루이지애나주 버래스Buras에 상륙할 거라고 예보했다.

허리케인은 이미 심상치 않은 움직임을 보이고 있었다. 다음 날인 8월 27일 토요일 오전에는 세인트찰스St. Charles, 플래크마인즈Plaquemines, 제퍼슨Jefferson 지역 일부 그리고 뉴올리언스 북쪽의 가장 고지대에 있는 세인트태머니St. Tammany 등 루이지애나주의 각 지방 정부에서 주민들에게 강제 대피 명령을 내렸다.

그런데 뉴올리언스에서는 무슨 일이 있었던 걸까? 왜 이 도시의 시장인 레이 내긴은 다른 지역의 책임자들처럼 강제 대피 명령을 내리지 않았을까? 어떤 사람들은 뉴올리언스 주민 중에 운명론적인 성향을 지닌 사람이 많아서 시에서 대피 명령을 내린다고 해도 신속하게 움직이지 않았을 것이라고 했다. 또 시장에 당선되기 전 사업가로 일했던 내긴이 강제 대피에 따르는 법적·경제적 충격을 우려했기 때문이라고 말하는 사람들도 있었다. 하지만 나는 내긴을 비롯해 시 정부의 관료들이 리더로서 반드시 알아야 할 타이밍의 법칙The Law of Timing을 이해하지 못했기 때문이라고 생각한다. 리더가 사람들을 '언제' 이끌 것인가의 문제는 그가 어떤 일을 하고 어느 곳으로 향할 것인가의 문제 못지않게 중요하다.

뉴올리언스 주민들을 대피시키기에 가장 적절했던 시기는 다른 지방 정부들이 강제 대피 명령을 내렸을 때였다. 하지만 내긴은 아무런 조치도 취하지 않았다. 그는 토요일 저녁이 되어서야 뉴올리언스 주민들에게 '자발적' 대피 명령을 내렸다. 토요일 밤 국립 허리케인 센터의 국장 맥스 메이필드Max Mayfield가 전화를 걸었을 때 내긴은 비로소 뭔가 특단의 조치를 해야 한다는 위기감을 느꼈다. 통화 후 내긴은 이렇게 말했다고 한다. "맥스에게 전화를 받으니 겁이 덜컥 나더군."[1]

너무 늦게 그리고 너무 부족하게

다음 날 오전 9시, 내긴은 마침내 허리케인의 상륙 예상 시간까지 24시간도 채 남지 않은 상황에서 강제 대피 명령을 내렸다. 하지만 뉴올리언스의 주민 대부분에겐 너무 늦은 시점이었다. 이렇게 촉박한 통보 탓에 미처 도시를 떠나지 못한 주민들을 그는 어떻게 지원할 작정이었을까? 내긴은 시민들에게 수단과 방법을 가리지 말고 이 도시의 마지막 피난처인 슈퍼돔Superdome으로 모이라고 지침을 내렸다. 하지만 슈퍼돔으로 피신할 사람들을 위한 준비는 아무것도 해두지 않은 상태였다. 그는 기자회견에서 이렇게 말했다.

도시를 떠나지 못한 시민들은 슈퍼돔으로 오시기 바랍니다. 충분한 음식을 챙겨오세요. 앞으로 사흘에서 닷새 동안 상하지 않고 먹을 수 있는 식품이어야 합니다. 이불과 베개도 가져오길 바랍니다. 무기와 술, 마약은 반입하면 안 됩니다. 주지사가 말한 대로 캠핑 간다고 생각하세요. 그곳의 상황이 어떨지 잘 모르시겠다면 그저 잠을 잘 수 있고 편하게 생활하는 데 필요한 물건을 가능한 한 많이 챙겨오길 바랍니다. 최고의 환경은 아니겠지만 적어도 안전하기는 할 겁니다.[2]

내긴의 부실한 리더십은 어떤 결과를 초래했을까? 카트리나가 뉴올리언스를 강타했을 때 그리고 그 뒤에 폐허가 되어버린 도시의 모습이 전국적으로 방송을 탔다. 월요일 오전 9시가 되자 도시 곳곳이 물에 잠기기 시작했다. 슈퍼돔에 수용된 시민들의 처지는 말이 아니었다. 미처 도시를 빠져나가지 못한 주민들은 컨벤션 센터로 몰려들었다. 자기 집의 지붕 위에서 구조를 기다리는 사람도 많았다. 내긴은 어떻게 반응했을까? 그는 기자회견을 열고 언론 매체들에 불만을 터뜨렸을 뿐이었다.

최악의 리더십 타이밍

이런 상황에서는 지방 정부 차원이 아니라 더 상위의 조직이 개입해서 주도적으로 문제를 풀어야 했다. 사람들 대부분은 연방정부가 리더십을 발휘해주기를 기대했다. 하지만 연방정부의 리더들 역시 타이밍의 법칙을 어겼다. 국토안보부 장관 마이클 처토프Michael Chertoff 는 8월 31일 수요일이 돼서야 카트리나를 국가적 재난 사태로 선포하고 연방정부의 신속한 협조를 촉구했다.[3] 부시 대통령 역시 그다음 날 국무회의를 주재하며 허리케인 카트리나에 대응하기 위한 백악관 태스크포스 설치 방안을 논의했다. 그러는 사이에도 뉴올리언스에 갇힌 시민들은 도움의 손길을 애타게 기다리고 있었다.

다음 날인 9월 1일 목요일, 적십자는 이 도시에서 오도 가도 못 하는 시민들에게 물과 음식을 포함한 보급품을 제공할 수 있게 해달라고 요청했다. 하지만 국토안보부의 루이지애나 지부는 그 요청을 거절하고 하루를 더 기다리라고 답했다.[4] 시민들이 슈퍼돔에서 벗어날 수 있었던 것은 홍수가 발생한 지 엿새 만인 9월 4일 일요일이었다.

관계자들은 최악의 리더십 타이밍을 보여주는 방식으로 카트리나에 대처했다. 지위의 고하를 막론하고 모든 사람이 엉망진창이었다. 차라리 이 지역의 동물 보호소가 재난에 대응한 방식이 뉴올리언스 시장보다는 훨씬 나았다. 동물 보호소는 카트리나가 상륙하기 이틀 전에 이미 수백 마리의 동물을 텍사스주 휴스턴으로 피신시켰다.[5] 결국 이 허리케인으로 루이지애나주에서는 1,577명이 목숨을 잃었다.[6] 사망자의 80퍼센트는 올리언스Orleans와 세인트버나드St. Bernard 지역에서 발생했으며 그중에서도 뉴올리언스의 사망자가 대부분을 차지했다.[7] 리더들이 '무엇'을 해야 하는지에 관심이 있었던 만큼 '언제' 그 일을 해야 하는지에도 주의를 기울였다면 수많은 사람의 목숨을 건질 수 있었을 것이다.

타이밍은 행동의 옳고 그름을 앞선다

뛰어난 리더는 어떤 일을 하고 어디로 갈 것인지 못지않게 언제 그 일을 해야 하는지도 잘 알고 있다. 타이밍과 관련해 리더가 취하는 행동의 결과는 다음 4가지 경우 중 하나로 귀결된다.

1. 잘못된 시기에 잘못된 행동은 재앙을 낳는다

잘못된 시기에 잘못된 행동을 하는 리더는 최악의 결과로 고통받는다. 허리케인 카트리나가 뉴올리언스에 접근하는 과정에서 벌어진 상황도 그랬다. 내긴의 부실한 리더십은 부적절한 시기에 부적절한 행위들을 남발했다.

그는 강제 대피 명령을 발동해야 하는 시기를 어물거리다 놓쳐버렸고 뒤늦게 지역 교회들에 팩스를 보내 주민들의 대피를 도와달라고 요청했지만 팩스를 받을 사람이 아무도 없었다. 모두가 교회를 떠난 지 오래였기 때문이었다. 또 주민들의 최종 대피소도 잘못된 장소를 선택했다. 게다가 이재민들에게 충분한 보급품을 지급하는 일도 소홀히 했고 주민들이 대피소에 도착할 수 있도록 교통수단을 마련하는 데도 실패했다. 그의 연이은 실책은 결국 큰 재앙으로 이어졌다.

물론 내긴 시장의 경우처럼 모든 리더십 의사결정에 그토록 큰 위험이 따르는 것은 아니다. 하지만 어떤 상황이 벌어지든지 리더는 반드시 타이밍의 법칙에 따라 행동해야 한다. 한 부서를 이끄는 관리자든, 작은 팀을 이끄는 팀장이든 잘못된 시기에 잘못된 행동을 취하면 구성원들이 고통을 받는다. 아무리 사소한 일이라도 리더가 반복적으로 잘못된 의사결정을 내리면 사람

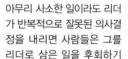

아무리 사소한 일이라도 리더가 반복적으로 잘못된 의사결정을 내리면 사람들은 그를 리더로 삼은 일을 후회하기 시작할 것이다.

들은 그를 리더로 삼은 일을 후회하기 시작할 것이다. 그리고 그의 리더십도 추락할 것이다.

2. 잘못된 시기에 올바른 행동은 저항을 낳는다

조직이나 팀의 방향에 대한 비전을 수립하고 이를 실현할 방법을 찾아내는 것만으로는 훌륭한 리더가 될 수 없다. 리더가 올바른 행동을 취하더라도 그 시기가 올바르지 않으면 성공할 수 없다. 조직 구성원들이 저항하기 때문이다. 좋은 리더십의 타이밍은 다음 조건들을 충족해야 한다.

- 이해: 리더는 상황을 정확히 파악하고 있어야 한다
- 성숙도: 리더의 동기가 올바르지 않으면 팀이 아닌 자신에게 유리한 타이밍을 택한다
- 자신감: 사람들은 무엇을 해야 할지 확실히 아는 리더를 따른다
- 결단력: 우유부단한 리더는 우유부단한 구성원을 만든다
- 경험: 경험이 부족한 리더는 경험이 풍부한 사람들에게 지혜를 빌려야 한다
- 직관: 타이밍은 종종 모멘텀이나 의욕 같은 무형의 요소들에 좌우된다
- 준비성: 리더는 상황이 좋지 않을 때도 유리한 상황을 만들어내야 한다

이런 요인들을 잘 이해한다면 리더십 타이밍이 크게 향상될 것이다.

3. 올바른 시기에 잘못된 행동은 실수다

선천적으로 사업가적 기질을 타고난 사람들은 대체로 타이밍에 대한 감각이 탁월하다. 그들은 언제 행동에 돌입하고 기회를 잡아야 할지 직관적으로 알고 있다. 물론 그런 사람들도 때로는 결정적인 순간에 실수를 저지

르기도 한다. 뛰어난 사업가인 내 동생 래리는 이 분야에서 내게 많은 조언을 들려주었다. 래리는 사업가들이 저지르는 가장 큰 실수가 손실을 줄이거나 투자를 늘려 수익을 극대화할 시기를 놓치는 것이라고 했다. 즉 많은 리더의 실수가 올바른 시기에 잘못된 행동을 취하기 때문에 초래된다는 것이다.

나도 그와 비슷한 경험을 한 적이 있다. 나는 사람들에게 커뮤니케이터로 알려져 있어서 오래전부터 라디오 프로그램을 진행해보라는 권고를 많이 받았다. 하지만 그 제안을 매번 거절하곤 했다. 그런데 1990년대 중반에 들어서면서 신앙인들의 영적 성장을 돕는 전문 프로그램이 필요하다는 사실을 새롭게 인식하게 됐고 마침내 〈성장하는 오늘〉Growing Today 이라는 프로그램을 만들기로 했다.

하지만 문제가 하나 있었다. 바로 프로그램의 포맷이었다. 비슷한 프로그램들은 대개 청취자들의 기부로 제작비를 지원받고 있었다. 그러나 나는 시장경제에 기반을 둔 제작 방식이 더 낫다고 믿었다. 그래서 이 프로그램도 다른 상업적 프로그램들처럼 광고 수익금을 기반으로 운영비를 자체 조달할 수 있기를 바랐다. 하지만 그건 실수였다. 이 프로그램은 손익분기점을 넘지 못했다. 시기는 좋았지만 잘못된 생각이었다. 타이밍의 법칙이 다시 한번 모습을 드러낸 순간이었다.

4. 올바른 시기에 올바른 행동은 성공을 낳는다

올바른 리더와 올바른 시기가 결합되면 놀라운 일이 생긴다. 조직은 목표를 달성하고 큰 보

올바른 리더와 올바른 시기가 결합되면 놀라운 일이 생긴다.

상을 얻고 모멘텀을 만들어낸다. 그런 조직은 필연적으로 성공할 수밖에 없다. 어느 조직의 역사를 들여다봐도 올바른 리더가 올바른 시기에 올바

른 행동을 취해 조직을 혁신시킨 중대한 순간들이 있었음을 알 수 있다.

윈스턴 처칠의 위대한 리더십도 타이밍의 법칙과 무관하지 않다. 그는 리더가 올바른 시기에 올바른 행동을 취했을 때 얻을 수 있는 영향력과 만족감에 대해 이렇게 말했다. "모든 사람의 삶에는 이 세상에 태어난 이유를 설명해주는 특별한 순간이 찾아오기 마련이다. 이 특별한 기회를 잡는 다면 오직 자신만 달성할 자격이 있는 사명을 이뤄낼 수 있다. 바로 그때가 그의 위대함이 발휘되는 순간이며 그의 인생에서 가장 빛나는 순간이다." 모든 리더가 그런 순간을 경험할 수 있기를 바란다.

남북전쟁에서 보여진 '타이밍의 실수'

타이밍의 법칙은 많은 것이 걸려 있고 위험 부담이 큰 상황 속에서 극적으로 그리고 즉각적으로 발휘된다. 전쟁 시기라면 두말할 나위가 없다. 큰 전투가 벌어질 때마다 타이밍의 중요성은 명백히 드러난다. 남북전쟁 당시 있었던 게티즈버그 전투Battle of Gettysburg도 대표적인 예라고 할 수 있다.

1863년 6월 하순에 남군의 로버트 리Robert E. Lee 장군은 북부 버지니아군을 이끌고 펜실베이니아로 진입하면서 3가지 목표를 세웠다. 첫째, 북군을 버지니아에서 몰아낸다. 둘째, 펜실베이니아 지역의 자원을 활용해서 부대원들에게 재보급을 실시한다. 셋째, 적진 한가운데에 침투해 전투를 벌여 북군이 준비되지 않은 상태에서 허둥지둥 싸움에 뛰어들게 만든다.

전쟁은 벌써 3년 차에 접어들었고 북군과 남군은 모두 지칠 대로 지친 상태였다. 리 장군은 자신의 작전이 성공해서 목표를 이루고 전쟁이 끝나기를 기대했다. 그는 전투에 나서기 며칠 전 아이작 트림블Isaac R. Trimble 장군에게 이렇게 말했다.

우리 군은 사기가 높고 그렇게 피로한 상태도 아니기 때문에 24시간 안에 어떤 곳에라도 화력을 집중할 수 있소. 북군이 우리의 위치를 알아낸다면 부대를 이끌고 우리 쪽으로 진군하겠지요. 그들은 오랜 행군으로 피로와 굶주림에 지친 채 모습을 드러낼 것이오. 펜실베이니아에 도착할 때쯤이면 대열은 길게 늘어지고 사기는 바닥에 떨어졌을 게 틀림없어요. 나는 바로 그때 압도적인 전력을 동원해서 적군의 선두를 박살 내고, 그 성공을 발판으로 적의 부대를 하나씩 물리친 다음 연이은 공격과 급습을 감행해서 적을 허둥지둥하게 만들어 정신 차릴 틈도 주지 않고 그들을 궤멸시킬 생각이오.[8]

리 장군은 그가 말한 목표대로 압도적인 승리를 거둘 기회를 노렸다. 하지만 그는 7월 1일 아침까지도 북군이 이미 북쪽으로 이동했다는 사실을 알지 못했다. 게다가 북군의 일부 병력은 벌써 게티즈버그 서쪽의 체임버즈버그 도로Chambersburg Road에서 남군과 전투를 시작한 상태였다. 상황이 이렇게 전개되자 리 장군이 처음 구상했던 전략은 수포로 돌아가고 타이밍은 빗나가버렸다.

그의 머리에 첫 번째로 떠오른 생각은 일단 교전을 중단하고 대규모 전투에 대비하기 위해 부대의 화력을 최대한 결집할 시간을 벌어야 한다는 것이었다. 하지만 타이밍의 중요성을 늘 염두에 두고 있던 그는 상황이 남군에게 유리하게 돌아가고 있다는 사실을 간파했다. 근처의 언덕 위에서 전투를 지켜보던 중 북군이 싸움에서 밀리면서 퇴각하는 모습을 목격한 것이다. 전투를 승리로 이끌 기회는 아직 남아 있었다.

남군 측에서 보면 북군이 소수의 보병과 포병만으로 방어 중이던 세메터리 힐Cemetery Hill이라는 이름의 고지대를 공격해서 점령할 절호의 기회였다. 남군이 이곳을 차지한다면 이 지역 전체를 통제할 수 있다는 것이 리의 판단이었다. 그렇게만 된다면 남군이 전투에서 승리를 거두고 나아가 전쟁을 끝낼 수도 있을 터였다.

세메터리 힐을 공격할 임무를 맡은 사람은 리처드 유얼Richard S. Ewell 장군이었다. 아직 이른 아침이었기 때문에 만일 유얼이 곧바로 공격을 시작했다면 언덕을 차지할 수도 있었을 것이다. 하지만 유얼은 자신의 이점을 활용할 때가 왔음에도 불구하고 적군과 싸우려들지 않았고 상황을 관망하다 기회를 놓쳐버렸다. 결국 남군은 세메터리 힐을 **빼앗는** 데 실패했다. 다음 날 오전, 북군은 기존에 점령 중이던 진지들에 대한 방어 태세를 강화했다. 남군의 기회는 영영 사라졌다. 북군과 남군은 이틀 동안 더 전투를 벌였고 리의 부대는 7만 6,300명 중 3만 3,000명이 죽거나 부상당하는 참담한 패배를 겪어야 했다.[9] 그들이 할 수 있었던 유일한 일은 버지니아로 후퇴하는 것뿐이었다.

타이밍을 아는 리더가 성공한다

게티즈버그 전투에서 패하고 나서 리 장군은 조지 미드 장군이 이끄는 북군이 즉시 반격에 나서 이미 큰 타격을 입고 비틀거리는 남군을 완전히 끝장낼 거라고 생각했다. 이는 게티즈버그에서 북군이 거둔 승전 소식을 전해 들은 링컨이 기대했던 바이기도 했다. 타이밍의 법칙에서 최고의 결과를 거두길 원했던 링컨은 1863년 7월 7일 헨리 할렉Henry Halleck 장군을 통해 미드 장군에게 메시지를 전했다.

장군에게 다음과 같은 메시지를 전하라는 지시를 대통령으로부터 받았습니다.

"우리가 입수한 정보에 따르면 7월 4일 빅스버그Vicksburg가 율리시스 그랜트Ulysses S. Grant 장군에게 항복했다고 합니다. 이제 미드 장군이 리의 군대를 완벽하게 궤멸해서 임무를 완수하고 이 반란을 종식할 때가 왔습니다."[10]

링컨은 북군에 절호의 기회가 찾아왔다는 사실을 알고 있었다. 남아 있는 남군의 병력을 완전히 소탕해서 전쟁을 끝낼 기회였다. 하지만 남군이 전투를 승리로 이끌 기회를 눈앞에서 놓쳤듯이 북군도 기회를 살리는 데 실패하고 말았다.

미드 장군은 리 장군의 군대를 적극적으로 추적하지 않고 뜸을 들였다. 그는 "침략자들이 우리 땅에 한 명도 발붙이지 못하도록 모두 몰아내는 것"이 목표라고 말하며 남군을 후퇴시키는 데 만족했다. 링컨은 미드가 한 말을 전해 듣고는 이렇게 한탄했다. "세상에, 그게 전부란 말이야?" 링컨은 북군의 기회가 사라지고 있다고 생각했고 그의 판단은 옳았다.

북부 버지니아 군의 패잔병들이 전멸을 피해 포토맥강을 넘어 도주한 뒤 전쟁은 약 2년 더 이어졌으며 그사이 수십만 군인이 목숨을 잃었다. 링컨은 미드 장군이 취한 행동이 마치 "거위 떼를 개울 건너편으로 쫓아내는 할머니"를 연상케 했다고 말했다.[11] 양쪽의 리더들은 승리를 거두는 방법은 알았으나 결정적인 순간을 포착해서 행동을 개시하고 전투를 끝까지 마무리하는 데는 실패했다.

상황을 읽어내고 무엇을 해야 할지 판단하는 것만으로는 성공을 거둘 수 없다. 조직과 부서, 팀을 승리로 이끌기 위해서는 타이밍에 각별히 주의를 기울여야 한다. 오직 올바른 때에 올바른 행동을 해야 성공할 수 있다. 그렇지 않으면 비싼 대가를 치른다. 타이밍의 법칙에서 자유로운 리더는 아무도 없다.

타이밍의 법칙 실천 매뉴얼

1. 관리자는 주어진 일을 올바른 방법으로 해내는 사람이고, 리더는 올바른 일을 하는 사람이라는 말이 있다. 성공적인 리더는 타이밍의 법칙에 따라 올바른 때에 올바른 일을 한다. 당신은 사람들을 이끌 때 얼마나 많이 타이밍을 고려하는가? 자신의 행동이 적절한지 생각하는 것만큼 그 행동을 취할 올바른 시기가 언제인지 생각하는가? 과거에 주도했던 행동들을 돌이켜보고 그 행동들이 타이밍에 맞게 나왔는지 검토해보라.

2. 시간을 내어 최근에 추진했던 계획 중에서 성공하지 못했던 일 하나를 분석해보자. 실패의 원인이 올바르지 못한 행동 탓이었는지, 올바르지 못한 타이밍 탓이었는지 생각해보라. 다음 질문들에 답하다 보면 분석에 도움이 될 것이다.

- 그 계획의 목표는 무엇이었는가?
- 그 계획을 책임진 담당자는 누구였는가?
- 그 계획에 대한 전략을 세울 때 어떤 요인들을 고려했는가?
- 누구의 경험을 바탕으로 계획의 전략을 세웠는가?
- 그 계획을 출범시킬 때 조직의 상황이나 분위기는 어땠는가?
- 시장이나 업계의 환경은 어땠는가?
- 그 계획을 추진하는 데 어떤 도구를 활용했는가?
- 어떤 요인들이 그 계획에 지장을 초래했는가?

- 그 계획을 더 일찍 또는 더 늦게 추진했다면 성공했을까?
- 그 계획이 실패로 돌아간 궁극적인 이유는 무엇이었는가?

3. 미래를 준비하기 위한 계획을 세울 때는 앞에서 논의했던 바와 같이 타이밍과 관련된 다음 요인들을 참고하라.

- 이해: 리더는 상황을 정확히 파악하고 있어야 한다
- 성숙도: 리더의 동기가 올바르지 않으면 팀이 아닌 자신에게 유리한 타이밍을 택한다
- 자신감: 사람들은 무엇을 해야 할지 확실히 아는 리더를 따른다
- 결단력: 우유부단한 리더는 우유부단한 구성원을 만든다
- 경험: 경험이 부족한 리더는 경험이 풍부한 사람들에게 지혜를 빌려야 한다
- 직관: 타이밍은 종종 모멘텀이나 의욕 같은 무형의 요소들에 좌우된다
- 준비성: 리더는 상황이 좋지 않을 때도 유리한 상황을 만들어내야 한다

올바른 시기에 올바른 리더십 행동만이 팀과 부서, 조직을 승리로 이끄는 길이라는 사실을 기억하라.

제 20 장

곱셈의 법칙

The Law of Explosive Growth

조직을 성장시키려는 리더는
다른 리더를 양성해야 한다

리더십에 관한 내 생각이 언제나 똑같았던 건 아니다. 리더십의 힘에 대한 믿음이나 리더를 양성하고자 하는 열정은 지금껏 이 일을 하며 살아오는 동안 꾸준히 발전하고 변화했다.

처음 사회에 나와 일하기 시작했을 때는 세상에 영향력을 발휘하게 해주는 핵심 요소가 개인적 성장이라고 생각했다. 어렸을 때 아버지는 내가 더 많은 경험을 하도록 이끌었다. 내게 용돈을 주면서 좋은 책을 읽게 했고 10대 때는 각종 세미나에 참석하게 했다. 그런 경험들은 내 삶의 든든한 바탕이 되어주었다. 사회에 첫발을 내디디면서는 '과정의 법칙'을 발견했고 개인적 성장을 위해 더 노력하게 되었다.

그래서 나는 사람들이 성공할 수 있도록 도와달라고 하면 개인적인 성장 방법을 가르치는 데 초점을 맞추게 되었다. 그리고 40살이 되어서야 '이너서클의 법칙'을 이해했고 팀을 개발하는 일의 중요성을 알게 됐다. 그

때부터 조직을 성장시키고 더 큰 목표를 지향하는 능력이 향상되기 시작했다. 리더로서 더 큰 도전에 직면할수록 좋은 팀을 만들 필요성이 커진다.

하지만 시간이 지나며 더 많은 리더를 영입하고 이들을 계발하는 데 집중하면서 내 사고방식은 또 다른 차원으로 진화했다. 선하고 재능 있고 능력을 갖춘 '구성원'Follower 들을 모은다면 팀의 역량은 강화될 것이다. 분명 가치 있는 일이다. 하지만 팀에 '리더'Leader를 영입할 때 얻어낼 수 있는 영향력과는 비교할 수 없다. 단순한 성장을 위해서는 구성원들을 이끌어야 하고 폭발적인 성장을 위해서는 리더들을 양성해야 한다. 이것이 곱셈의 법칙The Law of Explosive Growth 이다.

리더를 양성하는 리더가 되다

1990년 아내와 함께 남아메리카로 여행 갔을 때 일이다. 이때 나는 추종자로 구성된 팀과 리더로 이뤄진 팀의 차이를 명확하게 깨달았다. 나는 그곳에서 열리는 국가 차원의 세미나에서 리더십 강의를 하기로 되어 있었다. 사회적 영향력이 큰 사람들에게 리더십을 가르치는 일은 내 삶에서 누리는 가장 큰 기쁨 중 하나다. 나는 리더들의 삶에 가치를 더해 그들이 다른 이들의 삶에 가치를 더하도록 돕는 일을 좋아한다. 이 세미나를 고대했던 이유도 그 행사가 평소 내 영향력이 미치지 못하는 지역의 사람들에게 가치를 더할 기회였기 때문이었다. 하지만 그 기회는 내가 기대했던 대로 흘러가지 않았다.

세미나가 처음 시작됐을 때는 모든 것이 순조로웠다. 참석자들은 점잖았고 언어나 문화의 차이에도 불구하고 그들과 소통할 수 있었다. 하지만 오래 지나지 않아 참석자들과 나 사이에 뭔가 거리감이 존재한다는 느낌이 들었다. 내 강의가 그들에게 가닿지 않는 것 같았다. 참석자들은 강의에 집중하지 못했으며 내가 전달하고자 했던 내용은 그들에게 아무런 감흥을 주지 못했다.

첫 강의가 끝난 뒤에 내 느낌이 옳았다는 사실이 밝혀졌다. 처음에 개인적으로 대화를 나눴던 사람들은 리더십에 대해 이야기하고 싶어 하지 않았다. 그들은 조직을 성장시키거나 비전을 달성하는 방법에 대해서는 궁금해하지 않았고 그보다는 개인적인 문제나 인간관계의 갈등을 해결하는 법을 알고 싶어 했다. 나는 사회생활 초기로 되돌아간 섯 같은 느낌을 받았다.

그 뒤 사흘이라는 시간이 흐르는 동안 나는 점점 좌절감에 빠졌다. 강의를 듣는 사람들은 리더십을 이해하지 못했을 뿐만 아니라 배우려는 마음조차 없었다. 세상의 모든 것이 리더십에 따라 상승하고 추락한다고 믿는 나로서는 얼마나 좌절감을 느꼈는지 모른다.

물론 그런 좌절감을 경험한 것이 이번이 처음은 아니었다. 과거 여러 개발도상국에서 리더십을 가르쳤을 때도 비슷한 상황이 펼쳐졌다. 부패한 리더들이 넘쳐나는 문화 속에서 살아가는 정직한 사람들은 리더가 되기를 원치 않았다. 사회 기반시설이 없으며 주력 산업과 기업이 부족하고 정부가 국민의 자유를 보장하지 않는 나라에서는 리더를 양성하기가 어려웠다. 나는 세미나를 마치고 집으로 돌아가는 비행기 안에서 아내에게 답답한 심정을 털어놓았다.

"결국 사람들에게 사소한 개인 상담을 해주기 위해 수천 마일을 날아온 셈이야. 그들이 리더십에 관심을 돌린다면 삶이 변화되는 경험을 할 수 있을 텐데! 이제 이런 세미나는 더 이상 하고 싶지 않아."

내 말을 차분히 듣고 있던 아내는 이렇게 대답했다.

"그 문제를 해결할 사람은 바로 당신일지도 모르겠네요."

100만 명의 리더를 양성하기

해외에서 부딪쳤던 리더십 문제에 대해서 내가 해야 할 일이 있을 것이라는 아내의 조언은 내 마음속에 있었던 그 무언가를 움직였다. 1996년 나는 몇몇 리더와 함께 비영리단체를 하나 조직했다. 이 단체의 목표는 미국을 비롯해 전 세계의 정부, 교육, 종교 공동체 등에서 활동할 리더를 양성하는 것이었다. 조직의 이름은 '이큅'EQUIP으로 '사람들에게서 계발되지 않은 자질을 일깨우기'Encouraging Qualities Undeveloped In People 라는 말의 머리글자를 따 지었다.

이큅은 처음에 목표했던 바를 어느 정도 달성했으나 2001년 9월 11일 테러리스트들이 미국을 공격하는 사태가 터지면서 어려운 시기를 겪었다. 우리는 직원들의 절반을 내보내야 하는 상황에 놓였지만 이 위기를 조직의 우선순위를 되돌아보는 기회로 삼기로 했다.

우리는 사업 영역을 축소하고 전 세계적으로 리더들을 양성한다는 과업에 집중하기로 했다. 하지만 그렇게 세운 목표조차 너무나 벅차고 거창해서 달성하기가 거의 불가능해 보였다. 우리는 2008년까지 전 세계에 100만 명의 리더를 양성하기로 했다. 직원이 고작 몇 명에 불과한 작은 비영리단체가 어떻게 그런 엄청난 목표를 달성할 수 있을까? 비결은 '곱셈의 법칙'에 있었다.

곱절로 늘어난 리더들

나중에 '100만 리더 양성'Million Leader Mandate, MLM이라고 불린 이큅의 전략은 먼저 전 세계 국가에서 4만 명의 리더를 개발하는 것부터 시작된다. 우리는 1년에 2번씩 3년 동안 각 나라를 자비로 여행하고 그곳에서 리더들을 양성할 의지가 있는 리더를 자발적 트레이너로 선발했다. 이큅은 리더를 훈련하는 데 필요한 모든 자료를 그들에게 제공하기로 했다. 리더들에게 그들이 사는 도시와 마을로 돌아가 그 훈련 자료들을 가지고 1명당 리더 25명을 양성할 것을 요청했다.

2002년 이큅은 본격적으로 MLM 전략을 출범시키고 인도, 인도네시아, 필리핀에서 사업을 시작했다. 반응은 뜨거웠다. 배움에 목마른 수백 명의 리더가 각 지역에서 열리는 행사 현장을 방문해 이틀간의 훈련에 참여했다. 어떤 이들은 무려 닷새 동안 걸어와 행사에 참석하기도 했다. 우리는 훈련이 끝날 때마다 참석자들에게 우리가 제공하는 자료를 활용해서 3년 동안 1명당 리더 25명을 양성해달라고 부탁했다. 참석자 90퍼센트 이상이 그 요청에 서약했다.

그렇게 첫 성공을 거둔 뒤 우리는 성장의 고삐를 더욱 바짝 당겼다. 그다음 해에는 아시아의 다른 지역들과 중동에서 리더들을 훈련하기 시작했다. 2004년에는 아프리카, 2005년에는 유럽, 2006년에는 남아메리카에서 각각 훈련에 돌입했다. 놀랍게도 100만 리더 양성이라는 목표를 원래 계획했던 일정보다 2년 앞당겨 달성했다. 하지만 우리는 아직 사명을 완수하지 못했다는 생각으로 더 원대한 목표를 설정했다. UN이 국가로 승인한 전 세계 모든 나라에서 도합 500만 명의 리더를 양성한다는 목표를 세운 것이다. 그리고 2011년, 그 목표도 이뤘다.

폭발적 성장은 리더를 양성할 때 시작된다

훌륭한 리더들에겐 비전이 있다. 그들은 팀 또는 조직이 현재 어디쯤 와 있고 앞으로 어디에 도달해야 하는지, 비전의 달성을 위해 택해야 할 길이 무엇인지 정확히 알고 있다. 행동을 중요하게 생각하고 성장을 기쁘게 여긴다. 또한 빠르게 행동하며 비전이 달성되는 것을 속히 확인하고 싶어 한다. 그래서 조직의 현재 위치와 나아가야 할 미래 위치 사이에서 답답함을 느끼고 갈등한다.

나 역시 평생에 걸쳐 그런 갈등을 느꼈다. 조직에 들어갈 때마다 그 조직이 어딘가를 향해 나아가야 한다는 강렬한 느낌에 휩싸이곤 했다. 심지어 어린아이였을 때도 그런 느낌을 받았다(어디론가 가야 한다는 생각이 항상 옳았던 것은 아니지만 나는 그곳에 대해 잘 안다고 생각했다). 조직이 현재 있는 곳과 앞으로 도달해야 할 곳 사이에서 발생하는 갈등을 어떻게 해소해야 할까? 그 대답은 곱셈의 법칙에서 찾을 수 있다.

- 자기 자신을 계발하면 개인적으로 성공할 수 있다
- 팀을 계발시키면 조직이 성장할 수 있다
- 리더를 계발시키면 조직이 폭발적으로 성장할 수 있다

물론 구성원들을 이끌기만 해도 어느 정도 조직을 성장시키고 목표를 달성할 수 있다. 많은 리더가 그런 길을 택한다. 하지만 짧은 시간에 리더십을 극대화하고 조직의 잠재력을 최대한 발휘하고자 한다면 리더를 양성해야 한다. 그 외에는 폭발적 성장을 경험할 방법이 없다.

팀에 훌륭한 리더들을 영입하는 순간 내가 '리더의 셈법'이라고 부르는

공식이 완성된다. 구성원 1명을 팀에 받아들이면 1명만큼의 재능 또는 노력을 얻는다. 하지만 리더 1명을 팀에 영입하면 당사자뿐만 아니라 그가 영향력을 발휘하는 모든 사람의 재능과 노력을 얻을 수 있다. 이것이 곱셈의 효과다.

평범한 리더와 뛰어난 리더의 차이점

리더를 이끄는 리더가 되려면 추종자들을 이끌 때와는 완전히 다른 태도와 집중력이 필요하다. 사고방식이 근본적으로 바뀌어야만 가능하다.

리더를 양성하는 리더가 되려면 구성원들을 이끌 때와는 완전히 다른 태도와 집중력이 필요하다. 사고방식이 근본적으로 바뀌어야만 가능하다. 구성원들만을 이끄는 리더와, 구성원들을 리더로 양성하는 리더의 차이점은 다음과 같다.

구성원들을 이끄는 리더 → 사람들에게 자신이 필요하기를 바란다
리더를 양성하는 리더 → 사람들이 자신의 비전을 이어가길 바란다

리더가 되는 것은 신나는 일일지도 모른다. 내가 말하면 사람들이 귀를 기울인다. 원하는 일이 있으면 도움을 받을 수도 있다. 나를 따르는 사람들에게 꼭 필요하고 중요한 사람이 된 것 같은 느낌을 받기도 한다. 하지만 당신이 리더십을 추구하는 동기가 그런 얄팍한 이유들이어서는 안 된다. 훌륭한 리더는 자신을 위해서가 아니라 타인을 위해 사람들을 이끈다. 그는 구성원들에게 보탬이 되기를 원하며 자신보다 더 중요하고 끝까지 살아남을 뭔가를 창조하길 바란다.

구성원들을 이끄는 리더 → 하위 20퍼센트에 집중한다
리더를 양성하는 리더 → 상위 20퍼센트에 집중한다

사람들을 이끌 때 주로 누구에게 시간과 관심을 쏟는가? 가장 도움이 필요한 이들은 대개 능력이 부족한 사람들이다. 아마 당신의 시간 80퍼센트는 그들에게 들어갈 것이다. 하지만 적극적으로 곱셈의 법칙을 실천하는 리더는 하위 20퍼센트에 많은 시간을 투자하지 않는다. 대신 조직에서 리더십이 뛰어난 상위 20퍼센트를 찾아내 그들을 양성하는 데 시간을 쓴다. 가장 뛰어난 사람들을 먼저 키워내면 그들이 다시 동료와 구성원들을 도울 거라는 사실을 알기 때문이다.

가장 뛰어난 사람들을 먼저 키워내면 그들이 동료와 구성원들을 도울 거라는 사실을 알아야 한다.

구성원들을 이끄는 리더 → 약점에 집중한다
리더를 양성하는 리더 → 강점에 집중한다

사람들이 잠재력을 최대한 발휘할 수 있도록 도울 방법은 무엇일까? 그들의 강점을 계발하는 데 집중하는 것이다. 약점에 집중해서 최고의 성과를 달성하는 사람은 아무도 없다. 훌륭한 리더는 조직에서 가장 뛰어난 구성원들을 찾아내 그들이 강점을 발휘하도록 돕고 탁월함을 끌어낸다. 하위 20퍼센트에 집중하면 그런 일을 이루기가 어렵다. 성과가 좋지 못한 사람들에게 시간 대부분을 투자하는 리더는 그들의 약점을 개선하는 일에 주력할 수밖에 없다. 아니면 그들의 기본기를 닦는 데 많은 시간을 들인다. 기본에 문제가 있으면 꾸준한 실적을 올릴 수 없기 때문이다. 하지만 가장 뛰어난 이들과 함께 일한다면 그들의 강점을 최대한 활용할 수 있고 그들을 통해 다른 사람들을 계발할 수 있다.

구성원들을 이끄는 리더 → 모든 사람을 똑같이 대한다
리더를 양성하는 리더 → 개개인을 각기 다르게 대한다

리더 중에는 모든 구성원을 똑같이 대해야 한다고 생각하는 사람이 있다. 그것이 사람들을 '공평하게' 이끄는 방법이라는 것이다. 하지만 이는 매우 잘못된 생각이다. 작가 마이크 딜레이니Mike Delany는 이렇게 말했다. "기업이나 산업 분야를 막론하고 열심히 일하는 직원과 빈둥대는 직원에게 똑같이 보상하는 조직이 있다면 조만간 그들은 빈둥대는 직원이 열심히 일하는 직원보다 더 많아졌다는 사실을 발견할 것이다."

> 기업이나 산업 분야를 막론하고 열심히 일하는 직원과 빈둥대는 직원에게 똑같이 보상하는 조직이 있다면 조만간 그들은 빈둥대는 직원이 열심히 일하는 직원보다 더 많아졌다는 사실을 발견할 것이다. 마이크 딜레이니

리더들을 이끄는 리더는 구성원들이 거둔 실적에 따라 보상과 자원, 책임을 차별적으로 제공한다. 그래야 그들이 자원을 최대한 활용해서 더 훌륭한 성과를 올릴 것이기 때문이다.

구성원들을 이끄는 리더 → 사람들과 시간을 보낸다
리더를 양성하는 리더 → 사람들에게 시간을 투자한다

리더가 구성원들을 끌어모으기만 하고 리더로 키워내지 않는다면 자신과 사람들의 삶에 가치를 더할 수 없다. 반면 자신을 따르는 사람들을 리더로 키워내기 위해 기꺼이 시간을 할애하는 리더는 그들에게 소중한 투자를 하는 것이다. 리더가 구성원들과 함께 보내는 매 순간은 그들의 능력과 영향력을 키우는 데 도움이 된다. 그리고 이렇게 투자된 시간은 그들 자신과 가족, 조직뿐 아니라 그들을 키워낸 리더에게 큰 배당금으로 돌아올 것이다.

구성원들을 이끄는 리더 → 더하기로 성장한다
리더를 양성하는 리더 → 곱하기로 성장한다

앞서도 말했지만 구성원만을 끌어모으는 리더는 조직에 1명을 영입할 때마다 조직을 1명씩 성장시킬 뿐이다. 1명의 구성원을 끌어들이면 그에게만 영향력을 미치기 때문에 그 1명분의 가치와 힘밖에 얻어내지 못한다. 하지만 리더들을 영입하고 계발하고 이끄는 리더는 조직을 몇 곱절씩 성장시킬 수 있다. 그 리더들의 영향력 아래 놓인 모든 사람의 가치를 얻을 수 있기 때문이다.

추종자 10명을 받아들이면 오직 10명분의 힘을 얻어내는 데 그친다. 하지만 리더 10명을 영입하면 10명의 힘에 그들이 이끄는 구성원의 힘을 곱한 것만큼의 힘을 얻을 수 있다. 그것이 덧셈과 곱셈의 차이다. 리더를 영입하면 조직을 한 사람씩 성장시키는 게 아니라 팀 단위로 확장하는 것 같은 효과를 얻는다.

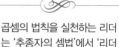

곱셈의 법칙을 실천하는 리더는 '추종자의 셈법'에서 '리더의 셈법'으로 계산법을 바꾼다.

구성원들을 이끄는 리더 → 직접 상대하는 사람들에게만 영향을 미친다
리더를 양성하는 리더 → 손이 닿지 않는 사람들에게도 영향을 미친다

구성원만을 끌어들일 뿐 리더를 양성하지 않는 리더는 결국 지치게 되어 있다. 왜 그럴까? 자신의 책임 아래 있는 모든 사람을 개별적으로 상대해야 하기 때문이다. 직접 접촉하는 사람들에게만 영향력을 행사한다면 그 힘은 매우 제한적일 수밖에 없다. 반면 리더들을 개발하는 리더는 자신의 손이 닿는 영역을 넘어 훨씬 멀리까지 영향력을 미칠 수 있다. 그가 양성하는 리더들의 자질이 우수할수록 그들을 따르는 구성원들도 우수해지고 영향력의 반경도 넓어진다. 당신이 리더들을 개발하고 리더십 역량을

강화하는 일을 도울 때마다 그들은 더 많은 사람에게 영향력을 행사할 것이다. 당신은 1명을 도움으로써 수많은 사람을 도울 수 있다.

왜 리더를 양성하기 어려울까

리더를 양성해서 그토록 큰 영향력을 발휘할 수 있다면 왜 모든 사람이 그렇게 하지 않는 걸까? 그 일이 어렵기 때문이다! 리더를 양성하는 것은 절대로 간단하지 않으며 많은 시간과 에너지, 자원이 필요하다. 그 이유는 다음과 같다.

1. 리더는 발굴하기 어렵다

당신이 아는 사람 중에 정말 뛰어난 리더는 몇 명이나 되는가? 훌륭한 리더는 영향력이 강하고 어떻게든 일을 성사시키는 능력이 있다. 그들은 기회를 발견하고 찾아낼 뿐만 아니라 사람들을 끌어들이고 협조를 얻어 탁월한 성과를 올린다. 그런 일을 계속해서 해낼 수 있는 사람은 많지 않다. 조직 구성원 대부분은 남을 따르는 일에 만족한다. 그중 일부는 뭔가를 생산하는 능력이 있지만 리더의 자질을 갖춘 사람은 그보다도 훨씬 적다. 리더는 마치 독수리처럼 남들과 잘 어울리지 않는다. 주위에서 진정한 리더를 찾아보기 어려운 이유는 그 때문이다.

2. 리더는 영입하기 어렵다

리더들을 찾아냈다고 하더라도 조직 내로 영입하기는 쉽지 않다. 그들은 창업가 성향을 지니고 있어 독자적인 길을 걷고자 하는 욕구가 강하다.

만일 당신이 그들을 채용하고자 하는 의사를 밝힌다면 그들은 당신의 목표가 무엇인지, 어떻게 달성할 계획인지, 당신이 영입하려는 또 다른 사람들은 누구인지, 향후 자신이 업무를 주도할 수 있는지 알고 싶어 할 것이다. 당신이 하려는 일은 그들이 이미 진행 중인 일에 비해 훨씬 매력적이어야 한다.

게다가 당신의 조직에도 그들을 끌어들일 만한 환경이 조성되어야 한다. 대부분 조직은 안정성을 추구하지만 리더는 흥분과 짜릿함을 원한다. 조직은 체계와 구조를 중시하지만 리더는 유연함을 선호한다. 기존의 조직들은 규칙을 지키는 데 가치를 부여하지만 리더는 틀에 박힌 생각과 업무 방식에서 벗어나고 싶어 한다. 그런 리더들을 모으고 싶다면 먼저 그들이 원하는 공간을 마련해주어야 한다.

3. 리더는 지키기 어렵다

훌륭한 리더들은 발견하기도, 영입하기도 어렵지만 지키기는 훨씬 더 어렵다. 리더들을 제대로 이끌 유일한 방법은 당신 자신이 그들보다 더 나은 리더가 되는 것이다. 당신이 꾸준히 성장해서 그들보다 앞서 나간다면 그들의 삶에 가치를 더할 수 있다. 당신의 목표는 리더들을 개발함으로써 그들의 잠재력을 끌어내는 것이어야 한다. 오직 리더만이 다른 리더에게 그런 일을 해줄 수 있다. 리더를 양성하는 데 필요한 것은 또 다른 리더뿐이다.

언젠가 리더십 세미나를 진행하면서 참석자들에게 리더가 되려는 동기에 대해 물은 적이 있다. 조사 결과 참석자의 10퍼센트만이 타고난 리더십으로 다른 리더의 도움 없이 스스로 리더로 성장할 수 있고 나머지는 먼저 이 여정을 밟은 다른 리더의 도움을 받아야 하는 것으로 나타났다.

리더가 된 이유	비율
타고난 소질	10%
위기	5%
다른 리더의 영향	85%

당신이 리더들의 삶에 꾸준히 가치를 더하면 그들은 기꺼이 당신 곁에 머물 것이다. 그리고 그 관계가 오래 지속되면 그들은 결코 당신을 떠나지 않을 것이다.

리더의 셈법을 따라 전진하라

이 장을 시작할 때 내가 아내와 대화를 나눈 뒤 이큅이라는 단체를 설립했고 그 후로 지금까지 35년간의 여정을 이어왔다고 이야기한 바 있다. 1990년 아내와 그 대화를 나눴을 때부터 2011년에 500만 리더를 양성한다는 목표를 달성하기까지 걸린 시간은 21년에 불과했다. 이제 그 뒤에 벌어진 일에 대해 이야기해보자.

2014년 UN이 승인한 전 세계 198개국에서 수백만 리더를 양성하겠다는 우리의 목표가 달성되고 나서 남아메리카의 두 나라 대통령이 우리에게 도움을 요청하는 편지를 각각 보냈다. 그중 한 나라는 과테말라였다. 이큅은 이미 지난 9년 동안 과테말라에서 리더를 양성해왔기 때문에 우리가 그들에게 어떤 도움을 줄 수 있을지 궁금해졌다. 그래서 일단 과테말라로 날아가 그곳에서 일어나고 있는 혁신의 움직임에 우리가 작은 힘이라도 보탤 수 있을지 타진해보기로 했다.

우리는 과테말라를 방문하기 전에 그동안 우리가 훈련한 리더들을 한자리에 초대하는 시간을 일정에 포함시키고 싶다는 의사를 밝혔다. 과테말라에서 양성한 리더의 수는 10만 명이 넘었기 때문에 그들이 이 나라에 변화를 불러일으킬 준비가 되어있으리라고 생각했다. 하지만 행사에 모습을 드러낸 사람은 겨우 275명에 불과했다. 게다가 그들은 아직 사람들을 이끌 준비가 되어 있지 않았다. 단지 교육을 더 받고 싶다는 생각으로 행사에 참석한 것이었다.

나는 경악을 금치 못했다. 리더는 모두 어디에 있을까? 왜 그런 착오가 빚어졌을까? 우리가 훈련한 리더들은 어디로 갔을까? 과테말라뿐 아니라 전 세계 수많은 도시와 국가에서 훈련받은 리더들에게 도대체 무슨 일이 생긴 걸까?

생각을 거듭할수록 불편한 느낌에 휩싸였다. 그러다 마침내 깨달았다. 사람들에게 리더십을 가르친다고 해서 그들이 모두 훌륭한 리더가 되는 것은 아니다. 훈련을 받는다고 사람이 근본적으로 변하는 것도 아니다. 만일 한 국가를 변화시키고 싶다면 먼저 변화된 리더들이 그 길을 이끌도록 해야 한다. 이는 1990년에 아내의 말에서 얻은 깨달음만큼이나 내 눈을 번쩍 뜨이게 하는 깨달음이었다.

그리고 눈앞에 빚어진 문제의 해결책을 찾아 나서면서 또 다른 깨달음을 얻었다. 일단 나를 도와줄 리더들을 접촉하는 것이 급선무였는데 바로 존 맥스웰 팀의 회원들이 필요했다. 그들은 리더십 훈련을 받았고 자격증도 보유하고 있었다. 나와 같은 가치관을 소유했고 강연과 코칭의 경험도 풍부했다. 그들을 초청해서 함께 일하는 것이 내가 해야 할 일이었다.

수백 명의 존 맥스웰 팀 코치가 과테말라로 날아갔다. 코치들은 그곳에서 수천 명의 리더를 훈련해서 '혁신 좌담회'Transformational Roundtable를 주재하도록 했다. 우리는 새롭게 과테말라의 리더가 된 모든 사람에게 즉시 좌담회를 열어 사람들을 이끌어달라고 요청했다. 과거 리더들을 훈련할 때는 그들에게 기대치를 높이 설정해서 다른 사람들을 훈련시킬 수 있을 만큼 크게 성장하기를 바랐다. 하지만 지금은 기대치를 좀 더 낮춰 잡고 리더들이 끝까지 훈련을 완료할 수 있도록 함께 시간을 보내면서 개발 과정을 적극적으로 이끌고 지원했다. 그러자 폭발적인 성장이 일어났다. 과테말라에서 진행된 혁신 좌담회를 통해 수십만 명이 삶의 변화를 경험했고 우리는 그 사실을 입증하는 사례들을 속속 수집했다.

이후 우리는 파라과이, 코스타리카, 도미니카공화국, 파푸아뉴기니 같은 곳에서도 리더들을 훈련하기 시작했다. 그리고 앞으로 더 많은 나라로 진출하기를 기대하고 있다. 리더들을 계속해서 양성하고 이끄는 한 혁신을 향한 도약은 계속될 것이다.

당신이 지금 리더십 개발 과정의 어느 단계에 와 있는지 나는 알 수 없다. 이미 뛰어난 기술과 경험을 보유한 리더가 됐을 수도 있고, 이제 막 리더로 향하는 여정을 시작했을 수도 있다. 그러나 당신이 어느 단계를 밟고 있든 하나만은 확실하다. 잠재력을 최대한 발휘하고 팀의 역량을 높이고 조직의 발전을 돕고 혁신을 이루기 위해서는 추종자들이 아니라 리더들을 이끌어야 한다는 것이다.

리더들을 이끄는 리더는 다른 방법으로는 절대 경험할 수 없는 '곱셈 효과'를 맛볼 수 있다. 자원을 늘리고 비용을 줄이고 수익을 증가시키고 시스템을 개선하고 고품질의 업무 절차를 구축하는 것만으로는 그런 효과가 나타나지 않는다. 폭발적인 성장을 경험할 유일한 길은 '리더의 셈법'을 따르는 것이다. 그것이 곱셈의 법칙이 발휘하는 위력이다.

곱셈의 법칙 실천 매뉴얼

1. 당신은 어떤 일에서 더 큰 만족감을 얻는가? 구성원들과 함께 일하고, 함께 문제를 해결하고 관계를 유지하는 데서 기쁨을 얻는가? 아니면 그들이 독립적으로 일할 수 있는 환경을 만들어주거나, 그들이 마음껏 실패하고 성공할 수 있는 공간을 제공해 당신 없이도 성공을 거둘 수 있는 기반이 마련될 때 보람을 느끼는가? 곱셈의 법칙을 활용하고자 한다면 당연히 후자를 선택해야 한다. 구성원들에게 필요한 사람이 되려고 노력하기보다는 그들이 당신의 뒤를 잇는 데서 만족감을 얻을 수 있도록 감정적으로 준비하라.

2. 리더들을 발굴하고 영입하기 위해 어떤 일을 하고 있는가? 예비 리더들이 있을 만한 장소를 방문하거나 행사에 참석하거나 네트워크에 가입해서 활동하고 있는가? 그렇지 않다면 지금이라도 시작해야 한다. 만일 이미 그렇게 하고 있다면 리더들과 관계를 맺고 조직, 부서, 팀에 이들을 영입하기 위해 어떤 조치를 취하고 있는가? 그 일과 관련된 역량을 어떻게 높일 수 있을까?

3. 조직 내에 훌륭한 리더들을 키우고 유지하는 방법은 그들에게 성공의 기반을 마련해주는 것이다. 리더를 개발하기 위해서는 다음 사항을 실천해야 한다.

  • 당신 자신이 리더로 계속 성장해서 사람들에게 제공할 가치를 끊임없이 창출하라

- 리더들이 도전할 수 있는 환경과 실패하고 성공하고 발전할 수 있는 환경을 구축하라
- 당신의 시간 대부분을 상위 20퍼센트에 해당하는 우수한 리더 그룹에 투자하라
- 리더의 강점을 계발하는 데 집중하라
- 모든 리더를 개별적으로 대하고 리더가 지닌 기술과 능력에 걸맞은 자원과 기회를 제공하라
- 우수한 리더가 역량이 부족한 동료를 위해 시간과 노력을 투자하도록 하라
- 당신이 양성해낸 리더가 성공하면 축하해주고 다음 단계로 나아가도록 독려하라

제 21장

유산의 법칙

The Law of Legacy

위대한 리더는
세상에 승계자를 남긴다

1997년 가을, 몇몇 동료와 함께 인도를 방문하고 있었던 나는 20세기의 위대한 리더 테레사 수녀의 선교회 본부에 들러보기로 했다. 현지인들이 '어머니의 집'Mother House 이라고 부르는 콜카타Kolkata 의 선교회 본부는 콘크리트 블록으로 지어진 수수한 건물이었다. 나는 건물의 문밖에 서서 이 평범한 장소가 그토록 위대한 리더의 활동 근거지였다는 사실을 알 수 있는 사람은 아무도 없으리라고 생각했다.

우리는 현관을 지나 하늘이 열려 있는 안뜰로 들어갔다. 이곳의 식당에 있다는 테레사 수녀의 묘소를 방문하는 것이 우리의 목적이었다. 하지만 우리가 도착했을 때는 다른 사람들이 이미 식당을 이용하고 있었기 때문에 행사가 끝날 때까지 입장이 불가능했다. 그곳에는 테레사 수녀가 생전에 즐겨 입던 복장을 한 수녀 40~45명 정도가 모여 있었다.

"무슨 행사인가요?"

나는 근처를 지나는 수녀에게 물었다. 그러자 그녀는 미소를 지으며 대답했다.

"오늘 이 수녀회에 새로운 회원 45명이 들어오거든요."

그녀는 건물의 다른 쪽을 향해 서둘러 발걸음을 옮겼다. 우리는 일정이 촉박했고 비행기에 오를 시간도 얼마 남지 않았기 때문에 그곳에 계속 머물 수는 없었다. 그래서 잠시 건물을 둘러본 뒤 그곳을 떠났다. 골목을 지나 인파에 휩싸이면서 이런 생각이 들었다. '테레사 수녀가 몹시 자랑스러워하겠군.'

그녀는 우리 곁을 떠났지만 그녀가 남긴 유산은 수많은 사람 안에서 살아 숨 쉬고 있다. 그녀는 세상에 큰 영향을 끼쳤고 그녀의 비전을 이어받을 리더들을 길러냈다. 그들은 앞으로도 여러 세대에 걸쳐 사람들에게 영향을 미칠 것이다. 테레사 수녀의 삶은 유산의 법칙The Law of Legacy을 생생하게 보여주는 훌륭한 사례라고 할 수 있다.

당신은 무엇으로 기억되기를 바라는가

당신은 당신의 장례식에 참석한 사람들이 무슨 말을 하기를 바라는가? 당신이 세상을 떠난 뒤에 어떤 일이 일어나기를 바라는가? 후세에 어떤 유산을 남기기를 바라는가? 뜬금없는 말처럼 들리겠지만 이는 리더가 스스로에게 던져야 할 가장 중요한 질문일지도 모른다. 사람들 대부분은 이런 질문을 좀처럼 하지 않지만 그런 태도는 바람직하지 않다. 그런 질문들을 염두에 두지 않는 사람은 삶과 리더십의 잠재력과 영향력을 극대화할 수 없다. 당신이 진정으로 의미 있는 리더십을 발휘하고자 한다면 유산의 법칙, 즉 무엇을 유산으로 남길 것인가를 고민해야 한다. 리더의 장기적인 가치는 승계로 측정되기 때문이다.

사회운동가이자 정치가인 엘리너 루스벨트Eleanor Roosevelt는 이런 유명한 말을 남겼다. "인생은 낙하산을 타고 하늘에서 뛰어내리는 것과 같다. 따라서 처음부터 낙하 장소를 제대로 선택해야 한다." 나는 우리가 세상에서 보내는 시간이 한정적이기 때문에 최대한 가치 있는 삶을 살아야 한다는 사실을 한순간도 잊은 적이 없다. 인생에는 연습이 없다. 아버지도 내게 그 이야기를 귀에 못이 박히도록 하곤 했다. 그 결과 나는 어떤 일에 임하든 최선을 다하고자 하는 동기와 욕구를 품고 평생을 살았다. 하지만 시간의 흐르면서 내 목표와 희망이 적지 않게 바뀌었고 그 변화가 내 리더십의 방향에도 영향을 미쳤던 건 사실이다.

작가이자 정치가 그리고 외교관으로 활동했던 클레어 부스 루스Clare Boothe Luce는 '인생 선언'Life Sentence이라는 개념을 유행시켰다. 이는 삶의 목표와 목적을 간략하게 요약하는 짧은 문장을 일컫는 말이다. 1960년대 말에 처음 경력을 시작했을 때의 내 인생 선언은 "나는 위대한 목사가 되고 싶다."라는 문장으로 요약될 수 있다. 그로부터 몇 년 후 내가 강연자로서 능력이 부족하다는 사실을 깨달은 뒤에는 "나는 위대한 커뮤니케이터가 되고 싶다."로 선언문의 내용을 바꿨다. 그리고 10년이 넘는 시간 동안 강의하는 능력을 끌어올리는 데 집중했다.

하지만 30대에 접어들면서 내가 하는 일이 오직 강의뿐이라면 세상에 미치는 영향력이 제한적일 수밖에 없음을 깨달았다. 1년에 강의를 할 수 있는 날도 정해져 있고 내 강의를 듣기 위해 행사장을 찾는 사람들도 제한적이었기 때문이다. 나는 더 많은 사람에게 내 목소리를 들려주고 싶었다. 그래서 "나는 위대한 저술가가 되고 싶다."로 인생 선언을 바꾸었다.

그로부터 3년 뒤 나는 첫 번째 책을 펴냈다. 분량이 128쪽밖에 되지 않는 얇은 책이었고 각 장의 길이는 서너 쪽에 불과했다. 내 세미나에 참석한 어떤 사람은 그토록 짧은 장들로 구성된 책을 쓴 게 매우 현명한 생각이었다고 칭찬했다. 하지만 그건 현명함과는 아무런 관계가 없었다. 책이 얇아진 이유는 별로 쓸 내용이 없었기 때문이다. 그 뒤 수많은 책을 펴냈고 글로 더 많은 사람과 소통할 수 있게 되어 감사했다.

하지만 40대가 되면서 목표가 다시 바뀌었다. 내 인생 선언은 "나는 위대한 리더가 되고 싶다."로 변경되었다. 나는 세상에 변화를 불러일으키는 조직을 세우고 사람들을 이끌고 싶었다.

단 하나의 인생 목표를 선언하라

돌이켜보면 삶의 여러 단계를 거치며 성장할 때마다 내 인생 선언도 바뀌었던 것 같다. 50대 후반으로 접어들면서는 그동안 내가 쓴 선언문들을 되돌아보기 시작했다. 그리고 그 문장들에 하나의 공통점이 있다는 사실을 깨달았다. 내가 살아가는 이유는 다른 사람들의 삶에 가치를 더하는 데 있었다. 내가 성공적인 목사, 커뮤니케이터, 저술가, 리더가 되고자 했던 것은 오직 다른 사람들을 돕기 위해서였다.

나는 60대가 되면서 마침내 삶의 마지막 순간까지 지침이 되어줄 인생 선언을 작성했다. "나는 리더들의 삶에 가치를 더함으로써 더 많은 사람들의 삶에 몇 곱절로 큰 가치를 더하길 바란다." 훗날 내 장례식에 참석한 사람들이 내가 세상에 다녀간 이유를 '추

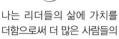

나는 리더들의 삶에 가치를 더함으로써 더 많은 사람들의 삶에 몇 곱절로 큰 가치를 더하길 바란다. 존 맥스웰

측'하지 않았으면 한다. 나는 그들이 이렇게 이야기할 수 있는 삶을 살고 싶다. "존이 우리의 삶에 큰 가치를 더해주었기 때문에 우리도 다른 사람들에게 가치를 더해줄 수 있는 거야."

인생 선언이 왜 그토록 중요할까? 이 선언문은 당신의 삶에 방향을 제시할 뿐만 아니라 삶이 끝난 뒤에 세상에 남길 유산을 결정하기 때문이다. 유산이란 사람들을 위해 물건을 남기는 게 아니라 사람들의 내면에 무언가를 남기는 것이다. 내가 이 진리를 깨닫는 데는 오랜 시간이 걸렸다. 여러분은 나보다 일찍 그 교훈을 배우길 바란다. 사람들의 내면에 뭔가를 남기지 못한다면 성공은 아무런 의미가 없다. 사람들의 내면에 뭔가를 남기기 위해선 리더십의 유산을 활용하는 것이 가장 좋은 방법이다.

유산이란 사람들의 내면에 무언가를 남기는 것이다.

유산을 이해하기 위한 3가지 그림

이제 나도 나이가 들다 보니 유산을 남기는 일의 가치를 갈수록 분명히 느끼고 있다. 그런 의미에서 75세 된 노인이 볼 때 유산이라는 개념을 이해하도록 도와주는 3가지 그림을 제시하고 싶다.

1. 시계: 당신은 무엇을 하고 있는가

대부분 리더는 낮 동안 자신이 제대로 일하고 있는지 확인하기 위해 시계를 사용한다. 시계는 리더의 현실 감각을 일깨우고 사람들을 이끄는 일의 중요성을 상기시킨다. 당신의 하루는 지나가면 다시 돌아오지 않는다. 자신이 어떤 유산을 남기고 싶어 하는지 분명히 안다면 시간이 있을 때 집중해서 유산을 남기는 일을 완수해야 한다.

나는 다음 세대 후배들의 마음속에 선한 가치를 불어넣고 싶다. 그것이 바로 내가 남기고 싶은 유산이다. 나는 날마다 최선을 다해 그 가치에 따라 살고 글을 쓰고 소통하기 위해 노력한다. 그 말은 내가 책을 읽고 아이디어를 가다듬고 글을 쓰면서 하루하루를 보낸다는 뜻이다. 그런 일을 계속하는 한 나는 꾸준히 성장할 것이며 사람들에게 들려줄 말을 생각하고 그들의 삶에 기여할 가치를 만들어낼 것이다.

2. 나침반: 당신은 어디로 가고 있는가

나침반은 만국 공통으로 '방향'을 의미한다. 나는 지금 어디를 향하고 있는가? 내 목표는 리더들의 삶에 가치를 더하고 그들을 통해 사람들에게 몇 곱절의 가치를 제공하는 것이다. 내가 왜 그래야 하는가? 사람들을 가르쳐 세상을 바꾸고 싶기 때문이다. 나와 우리 조직은 리더들을 훈련해 그들의 나라에 변화를 불러일으키고 있다. 더 구체적으로 말하면 리더들을 훈련해 각자의 나라에서 좌담회를 주재하게 하고 참석한 사람들에게 올바른 가치관을 심어주어 나라 전체를 변화시키는 것이 목표다.

사람들은 우리의 노력이 열매를 맺을지 늘 궁금해한다. 살아 있을 때 그 나라들이 변화되는 모습을 볼 수 있다고 믿는지 묻는다. 물론 내가 그렇게 오래 살지는 모르지만 그럴 수 있기를 바란다. 하지만 그건 문제의 본질과 아무런 관련이 없다. 우리가 하는 일에는 끝이 없다. 마치 리더십 컨설턴트 사이먼 시넥Simon Sinek 이 제창한 '무한 게임'Infinite Game 의 개념과도 같다.

우리가 그 나라들을 변화시키는 방법은 정당한 대의를 위해 싸우는 것이다. 우리는 선함을 추구하며 포용적인 방식으로 목표에 접근한다. 우리의 동기는 오직 사람들에게 봉사하는 데 있으며 환경이 바뀔 때마다 그 변화에 융통성 있게 대응하는 일을 가치 있게 여긴다. 우리의 목적은 숭고한 이상에 뿌리를 두고 있다. 나는 할 수 있을 때까지 세상에 기여할 것이다. 그리고 우리 조직은 내가 세상을 떠난 뒤에도 그 사명을 계속 이어갈 것이다.

3. 동반자: 당신은 누구와 함께 가는가

이 마지막 그림은 당신이 남길 유산을 오래도록 보존하는 가장 중요한 요소라고 할 수 있다. 유산을 남겨도 물려받을 사람이 없다면 유산으로서 존재 가치가 없다. GE의 회장이었던 잭 웰치Jack Welch는 이런 말을 남겼다. "유산을 남기려면 이를 물려받을 '상속자'가 필요하다." 나는 리더십의 여정을 늘 즐겨왔으며 그 여정에 초대할 사람을 찾기 위해 노력했다. 최근 몇 년간 더 적극적으로 동반자를 찾아 나선 이유는 나 없이도 내 일을 계속할 리더들을 발굴할 필요성을 느꼈기 때문이다. 뒤에서 그 이야기를 더 풀어놓을 예정이다.

어떻게 리더십 유산을 남길 것인가

리더로서 미래 세대에게 영향력을 미치고자 한다면 후세에 남길 유산을 신중하게 선택해야 한다. 모든 사람이 어떤 형태로든 유산을 남긴다. 개중에는 긍정적인 유산을 남기는 사람도 있고 부정적인 유산을 남기는 사람도 있다. 확실한 사실은 어떤 유산을 남길 것인가는 오롯이 자신의 몫이라는 것이다. 유산을 남기려면 성실하고 신중한 자세를 취해야 한다. 그 방법은 다음과 같다.

1. 자신이 남기고 싶은 유산이 무엇인지 안다

사람들 대부분은 삶을 스스로 이끌지 못하고 수동적으로 받아들인다. 우리는 보다 주도적인 방식으로 삶을 살아갈 필요가 있다. 특히 리더는 더 그렇다. 그렌빌 클레이저Grenville Kleiser는 자기계발서의 고전인《힘과 리더십을 위한 훈련》Training for Power and Leadership에서 이렇게 썼다.

> 당신의 삶은 1권의 책과도 같다. 책 제목은 당신의 이름이며 서문은 당신을 세상에 소개하는 글이다. 본문의 페이지들은 당신의 노력, 도전, 기쁨, 실망, 성취 등에 대한 하루하루의 기록이다. 당신이 날마다 생각하고 행동하는 것은 삶이라는 이름의 책에 빠짐없이 기록된다. 기록은 시시각각 이루어지고 영원히 살아남는다. 책의 마지막 부분에 '완결'이라는 단어가 적히는 순간 세상 사람들이 당신의 책을 고결한 목적, 너그러운 봉사, 훌륭한 업적의 기록으로 부를 수 있도록 하라.[1]

먼 훗날 사람들은 당신의 삶을 1줄의 문장으로 표현할 것이다. 내가 들려주고 싶은 조언은 그 문장을 당신이 지금 선택하라는 것이다.

> 사람들 대부분은 삶을 스스로 이끌지 못하고 수동적으로 받아들인다.

2. 자신이 남기고 싶은 유산처럼 살아라

리더로서 사람들에게 신뢰를 얻기 위해서는 신념에 따라 살아가야 한다(이 주제에 관해서는 제6장 '신뢰의 법칙'과 제13장 '모범의 법칙'에서 이미 이야기했다). 내가 남길 유산은 리더들에게 영향을 미치며 그들의 삶에 가치를 더하는 일과 관련이 깊다. 그래서 나는 지금까지 리더들에게 관심을 쏟고 이끌어왔다. 우리 사회에 가장 중요한 영향력을 미치는 분야는 정부, 교육, 기먼 훗날 사람들은 당신의 삶을 한 줄의 문장으로 표현할 것이다. 그 문장을 지금 선택하라.

업, 종교, 미디어, 예술, 스포츠, 의료까지 8가지 영역이라고 생각한다. 내가 경력을 시작한 초기에는 그중 한 분야에서만 영향력을 발휘했을 뿐이었다. 나는 더 많은 분야에서 영향력과 신뢰를 쌓기 위해 지금도 노력 중이다. 폭넓은 인간관계를 맺고 사람들에게 받은 것보다 더 많은 것을 돌려주면서 말이다.

후세에 유산을 남기고 싶다면 먼저 당신 자신이 그 유산의 취지에 맞게 살아가야 한다. 당신이 남들에게 바라는 모습이 있다면 먼저 당신 자신이 그 모습을 갖춘 사람이 되어야 한다.

3. 자신의 유산을 승계할 사람을 선택한다

이 주제에 관해서는 앞에서 이미 이야기한 바 있지만 다시 강조하고 싶다. 유산은 물건의 형태로 존재하는 것이 아니라 사람들 마음속에서 살아남는 것이다. 저자 맥스 드 프리는 《리더십은 예술이다》를 통해 "승계는 리더의 가장 큰 책무 중 하나다."라고 말했다. 하지만 유산의 법칙을 실천하는 리더는 드물다. 그들이 주로 에너지를 쏟는 것은 조직, 건물, 시스템 등을 비롯해 생명이 없는 것들이다. 그러나 우리가 이 세상을 뜬 뒤에 살아남는 것은 오직 사람뿐이다. 그 밖에 모든 것은 일시적으로 존재할 따름이다.

리더가 유산을 개발하는 작업은 다음과 같은 과정을 거치며 자연스럽게 진행된다. 그 출발점은 성취에 대한 욕구를 갖는 것이다.

- 스스로 큰일을 해낼 때 성취감을 느낀다
- 구성원들에게 권한을 위임해서 큰일을 할 때 성공이 찾아온다

- 리더들을 양성해서 그들과 함께 큰일을 해낼 때 삶의 의미를 발견 한다
- 자신이 없어도 리더들이 큰일을 해낼 수 있을 때 그것이 바로 유산 이 된다

내 친구 크리스 머스그로브Chris Musgrove 는 이렇게 말했다. "성공은 당신이 어디로 떠나는가가 아니라 당신이 떠난 뒤에 무엇을 남기는가에 따라 측정된다."

자신이 없어도 리더들이 큰일을 해낼 수 있을 때 그것이 바로 유산이 된다.

2011년 존 맥스웰 팀을 공동 설립했을 때 나는 내 유산을 물려줄 사람을 선택할 기회라고 생각했다. 강연자와 코치들을 훈련하고 그들에게 인증서를 발부하면서 그들이 내 상속자가 되어주기를 기대했다. 그리고 그 희망을 훨씬 넘어서는 성과가 나왔다. 오늘날 존 맥스웰 팀의 코치들은 내 정신적 DNA를 물려받은 4만여 명의 군단으로 성장했다. 그들은 내 가치관을 받아들이고 내가 수립한 원칙을 지키면서 전 세계 150개국 사람들의 삶에 가치를 더하고 있다. 게다가 군단의 규모는 날이 갈수록 불어나는 중이다. 그들은 지금, 이 순간에도 세상을 바꾸고 있으며 내가 세상을 떠난 뒤에도 100퍼센트 그 일을 지속할 것이다.

4. 확실하게 유산을 남겨라

뛰어난 리더이자 미식축구 감독 출신으로 이큅의 이사회에서 활동 중인 톰 멀린스Tom Mullins 는 릴레이 경주에서 가장 중요한 구간은 선수들이 동료에게 배턴을 넘겨주는 '익스체인지 존'Exchange Zone 이라고 말한 적이 있다. 세상에서 가장 빠른 선수들로 구성된 팀도 배턴을 주고받는 일에 실패하

면 경주에서 이길 수 없다. 유산의 법칙도 마찬가지다. 아무리 사람들을 잘 이끌고 좋은 후계자를 고른다고 해도 배턴을 제대로 넘겨주지 않으면 원하는 유산을 남길 수 없다.

그 사실을 누구보다 잘 알고 있는 톰은 오래전부터 승계 계획을 구상해 왔다. 그는 자기 못지않게 우수한 리더인 아들 토드Todd에게 배턴을 넘겨주기 위해 일찌감치 그를 훈련했다. 시간이 지날수록 그는 아들에게 더 많은 책임을 위임했고 이 과정은 토드가 아버지의 자리를 완전히 물려받을 때까지 계속됐다. 톰은 토드를 비롯한 리더들이 한 걸음씩 성장하면서 자기보다 더 훌륭하게 사람들을 이끄는 모습을 보는 것이 가장 큰 기쁨이라고 말한다.

새로운 프로그램이나 제품을 출시하고, 화려한 행사를 열어 청중을 끌어들이고, 예산을 대폭 줄여 수익을 증가시키는 등 조직을 성장시키는 일은 누구나 할 수 있다. 하지만 후세에 훌륭한 유산을 남기는 리더들의 접근 방식은 다르다. 그들은 더 먼 미래, 그들의 후손이 살아갈 시대를 내다본다. 작가이자 교육자이며 신학자인 엘튼 트루블러드Elton Trueblood는 이런 글을 썼다. "생전에 나무 그늘에서 쉬어볼 기회가 없을 거라는 사실을 잘 알면서도 굳이 나무를 심으려는 사람들의 뜻을 우리는 이제야 이해하기 시작했다."

> 생전에 나무 그늘에서 쉬어볼 기회가 없을 거라는 사실을 잘 알면서도 굳이 나무를 심으려는 사람들의 뜻을 우리는 이제야 이해하기 시작했다.
> 엘튼 트루블러드

최고의 리더는 오늘 사람들을 이끌면서도 항상 내일을 염두에 두고, 자신의 유산을 물려받아 더욱 발전시킬 리더들에게 투자한다. 왜 그래야 할까? 리더의 장기적 가치는 승계로 측정되기 때문이다. 그것이 바로 유산의 법칙이다.

리더의 가치는 승계로 측정된다

　나는《존 맥스웰 리더십 불변의 법칙》초판을 쓸 때부터 이미 유산의 법칙이 얼마나 중요한지 알고 있었으며 이를 실천하기 위해 노력했다. 그리고 수십 년의 경력을 거치며 리더들을 훈련하면서 언젠가 그들에게 내 자리를 물려주고 일에서 손을 떼겠다는 꿈을 품었다. 그러다 글을 쓰고 강연하는 일을 전업으로 삼게 되면서 이제는 리더들에게 투자하는 데 거의 모든 역량을 집중하고 있다.

　앞서 설명한 대로 내 삶의 목표는 리더들의 삶에 가치를 더하고 이로써 더 많은 사람에게 몇 곱절의 가치를 안겨주는 것이다. 그런 의미에서 나는 오래전부터 유산에 관한 작업을 진행해왔던 셈이다. 그리고 70대에 접어들면서는 내가 죽은 뒤 우리 조직을 이끌고 기존의 과업을 이어갈 후계자를 선택하는 일을 더욱 신중히 하게 됐다.

　후계자를 물색하는 작업을 시작하면서 자연스럽게 유력한 후보자로 떠오른 사람은 바로 마크 콜이었다. 마크는 지난 20년간 나와 내가 남길 유산을 위해 누구보다 헌신적으로 일했다. 나는 삶 전체를 통틀어 가장 많은 시간을 들여 그를 지도했고 마치 내 아들처럼 사랑했다. 그러나 내가 그에게 아무리 강력한 끌림을 느낀다고 해도 내 역할을 이어받을 적임자가 바로 그라는 사실을 입증해야 하는 사람은 마크 자신이었다. 나는 마크와 마주 앉아 내가 죽고 난 뒤 나를 계승해서 내가 운영하는 모든 조직을 이끌 사람에게 어떤 자질이 필요한지 논의하기 시작했다. 그 자질들을 몇 가지로 정리하면 다음과 같다.

　1. 훌륭한 리더십: 내 후계자는 내가 세상을 떠나 더 이상 사람들에게 조

언을 제공하지 못하게 됐을 때도 우리 조직들을 성공적으로 이끌 수 있어야 한다.

2. **비전**: 나는 내가 운영하는 조직들을 위해 항상 비전을 수립해왔으며 이는 리더로서 당연히 해야 하는 일이었다. 하지만 내가 죽은 뒤에는 어떻게 해야 할까? 나는 내 후계자가 우리 조직을 위해 나보다 훨씬 훌륭한 비전을 제시하기를 바란다.

3. **효과적인 소통**: 내 후계자가 될 사람은 소통 능력이 탁월해야 한다. 꼭 나처럼 전문적인 커뮤니케이터가 될 필요는 없지만 적어도 나를 대신해서 비전을 전달하고 사람들과 소통하는 역할을 할 수 있어야 한다.

4. **기회를 발견하고 포착하는 능력**: 내가 타고난 재능 중 하나가 기회를 포착하는 능력이다. 나는 말로 설명하기 곤란할 때도 뭔가 기회가 다가왔다는 사실을 느끼곤 한다. 내 후계자 역시 이런 능력을 바탕으로 우리 조직을 이끌기를 바란다.

5. **높은 수준의 인간관계**: 내 뒤를 잇는 사람은 고위급 리더나 지식인들과 관계를 맺고 유지할 능력이 있어야 한다. 내가 우리 조직의 구성원들에게 항상 하는 말도 그런 사람들과의 자리를 마련해줄 수는 있지만 관계를 유지하는 것은 본인의 몫이라는 것이다.

나는 마크 콜이 이 5가지 영역에서 모두 적합한 자질을 갖추고 있으며 지금, 이 순간에도 성장과 발전을 거듭하고 있다고 말할 수 있어 기쁘다. 비록 일에서 당장 손을 뗄 계획은 없지만 언젠가 시간이 다했을 때 평생에 걸쳐 쌓아 올린 모든 것이 훌륭한 사람의 손에 인계되리라는 사실을 잘 알고 있다.

리더로서 우리가 발휘하는 역량은 우리가 세운 건물이나 설립한 단체 또는 우리가 이끄는 팀이 달성한 실적 같은 것으로 측정되지 않는다. 당신과 나에 대한 평가는 우리가 세상을 떠난 뒤에 후계자들이 우리를 얼마나 잘 이어받는가에 달렸다. 위대한 야구 선수 재키 로빈슨Jackie Robinson은 "사람들의 삶에 영향을 미치지 못하는 인생은 가치가 없다."라고 말했다. 결국 사람들이 우리를 궁극적으로 평가하는 잣대는 유산의 법칙일 것이다. 리더의 장기적 가치는 승계에 따라 측정된다. 당신과 내가 앞으로도 이 기준에 따라 삶을 살아가고 사람들을 이끌 수 있기를 바란다.

유산의 법칙 실천 매뉴얼

1. 당신은 어떤 유산을 남기길 원하는가? 리더십 여정의 초기 단계를 밟고 있는 사람은 아직 그 질문에 답변하기 어려울 것이다. 하지만 자신의 삶을 한마디로 표현하는 것이 무엇인지 생각해보는 일도 충분히 가치 있는 일이다. 잠시 시간을 내어 당신이 남기고 싶은 유산에 대해 생각해보자. 이는 삶의 목적과 밀접한 관계가 있다. 당신의 유산은 타고난 재능이나 기술에 따라 달라질 것이며 자신에게 주어진 기회와 환경의 영향을 받을 것이다. 당신이 영향력을 발휘할 수 있는 사람들은 누구인가? 당신이 세상을 떠난 뒤에는 어떻게 그 사람들을 도울 생각인가?

2. 당신이 생각하는 유산의 취지에 맞춰 여생을 살아가고 싶다면 지금 하는 행동을 어떻게 바꿔야 할까? 그 목록을 만들어보자. 이 목록에는 행동 변화, 인성 개발, 교육, 업무 방법 개선, 인간관계 구축 등이 포함될 수 있다. 당신이 삶을 살아가는 방식은 당신이 원하는 유산을 창조하는 능력에 영향을 미칠 것이다.

3. 당신은 어떤 사람에게 투자해서 유산을 물려줄 계획인가? 당신이 선택할 수 있는 가장 이상적인 후보자는 당신보다 더 큰 잠재력이 있으며 '당신의 어깨를 딛고 올라서서' 당신보다 더 큰 업적을 달성할 능력이 있는 사람이다. 오늘부터라도 당장 그들에게 투자하라.

성공과 실패는 오직 리더십에 달렸다

지금까지 누구도 부정할 수 없는 21가지의 리더십 법칙을 이야기했다. 독자 여러분이 이 법칙들을 배우고 마음속 깊이 받아들여 삶에 적용하기를 바란다. 당신이 이 법칙들을 따른다면 사람들도 당신을 따를 것이다.

　나는 지난 50년 동안 리더십을 가르치면서 사람들에게 "세상의 모든 것은 리더십에 따라 상승하고 추락한다."라고 강조해서 말했다. 인생에서 더 많은 일을 하기 위해 노력할수록 성과의 차이를 만드는 것은 바로 훌륭한 리더십이라는 사실을 절실히 깨달을 것이다. 사람들과 조금이라도 관련이 있는 모든 일의 성공과 실패는 오직 리더십에 달렸다. 조직을 이끌기 위해 노력하고 있는 사람은 다음 사항들을 기억해야 한다.

- 인사가 조직의 잠재력을 결정한다
- 인간관계가 조직의 사기를 결정한다

- 구조가 조직의 규모를 결정한다
- 비전이 조직의 방향을 결정한다
- 리더십이 조직의 성공 여부를 결정한다

리더십의 법칙들을 깨닫고 이해했다면 이를 팀 구성원들과 공유하라. 그리고 이어서 소개하는 부록에 실린 진단표로 각각의 법칙에 대한 자신의 역량을 파악해보자. 이 책의 서두에서도 이야기했지만 21가지 법칙 모두를 완벽하게 구사하는 사람은 아무도 없다. 우리가 팀을 만들어야 하는 이유다.

독자 여러분이 리더십에서 큰 성공을 거두기를 바란다. 꿈을 추구하고 탁월함을 이루기 위해 노력하라. 당신이 태어난 이유를 세상에 설득하는 사람이 되어라. 세상을 바꿔라. 당신에게 부여된 사명을 달성하라. 리더십이 그 일을 도울 것이다. 당신 자신뿐만 아니라 당신을 따르는 사람들을 위해 리더십을 배워라. 그리고 리더십의 최고 수준에 이르렀다면 미래의 리더들을 함께 데려가는 일을 잊지 마라.

리더십 불변의 법칙 진단표

각 질문을 읽고 아래의 기준에 따라 점수를 매기고 각 문항의 점수를 더합니다. 그 값에 1을 더해 법칙마다 당신의 점수가 10점 만점 중 몇 점인지 확인하세요.

> 0점: 전혀 그렇지 않다　　　　　1점: 거의 그렇지 않다
> 2점: 가끔 그렇다　　　　　　　3점: 항상 그렇다

01 한계의 법칙 The Law of the Lid
리더십 역량이 성공의 한계를 결정한다

① 어려운 문제에 부딪혔을 때 가장 먼저 떠오르는 생각은 '내가 이 일을 어떻게 처리할까?'가 아니라 '누구의 도움을 받을 수 있을까?'다. (　　점)

② 조직이 목표 달성에 실패하면 리더십이 원인이라고 생각한다. (　　점)

③ 리더십 역량을 계발하면 조직의 성공 가능성이 커진다고 믿는다. (　　점)

합계 _____ 점 + 1 = 당신의 점수 _____ 점

02 영향력의 법칙 The Law of Influence
리더십의 진정한 척도는 영향력이다

① 나는 직위나 직급보다는 영향력을 통해 사람들이 나를 따라 일하도록 한다. (　　점)

② 조직 구성원들이 토론이나 브레인스토밍을 할 때 내 조언을 구한다. (　　점)

③ 체계나 절차보다는 구성원들과의 관계에 의지해서 업무를 완수한다. (　　점)

합계 _____ 점 + 1 = 당신의 점수 _____ 점

03 과정의 법칙 The Law of Process
리더십은 하루아침에 계발되지 않는다

① 개인적 성장을 위한 계획을 매주 구체적으로 수립한다. (점)

② 내 삶의 중요한 부분에 도움을 줄 수 있는 전문가나 멘토를 찾아 그들과 정기적으로 소통한다. (점)

③ 직업적 역량을 높이기 위해 지난 3년간 매년 평균 6권 이상의 책을 읽었다(혹은 1번 이상 세미나에 참석했거나 12회 이상 오디오 수업을 들었다). (점)

합계 _____ 점 + 1 = 당신의 점수 _____ 점

04 항해의 법칙 The Law of Navigation
오직 리더만이 항로를 정할 수 있다

① 나는 조직이 실행하고 있는 전략에 영향을 미치는 문제, 장애물, 트렌드 등을 포착하는 능력이 있다. (점)

② 나는 비전 달성에 필요한 실행 과정뿐 아니라 필요한 사람과 자원도 알고 있다. (점)

③ 우리 조직은 나를 전략 수립 과정에 참여시킨다. (점)

합계 _____ 점 + 1 = 당신의 점수 _____ 점

05 덧셈의 법칙 The Law of Addition
리더는 봉사로 사람들에게 가치를 더한다

① 구성원들이 업무를 수행하다 문제가 생겼을 때 화를 내기보다는 그들에게 봉사하고 지도할 기회로 삼는다. (점)

② 구성원들 앞에 놓인 장애물을 제거하는 일을 돕고 그들의 삶을 더 낫게 만들 방법을 궁리한다. (점)

③ 사람들이 더 성공적인 삶을 살 수 있도록 돕는 데서 만족감을 느낀다. (점)

합계 _____ 점 + 1 = 당신의 점수 _____ 점

06 신뢰의 법칙 The Law of Solid Ground
리더십의 기본 토대는 신뢰다

① 함께 일하는 사람들이 민감한 문제나 미래의 계획 등을 내게 털어놓는다. (점)

② 구성원들에게 어떤 일을 하겠다고 말하면 그들은 내가 그 일을 해낼 때까지 나를 믿고 의지한다. (점)

③ 사람들 뒤에서 험담하거나 깎아내리지 않는다. (점)

합계 _____ 점 + 1 = 당신의 점수 _____ 점

07 존경의 법칙 The Law of Respect
사람들은 자신보다 더 강한 리더를 따른다

① 사람들은 나와 함께 일하고 시간을 보내기를 좋아한다. (점)

② 사람들은 내 제안을 흔쾌히 받아들인다. 그리고 내가 제시하는 방향을 따라 움직인다. (점)

③ 나는 내게 아무런 도움이 되지 않아도 구성원들에게 도움이 되는 일이라면 기꺼이 위험을 감수할 수 있다. (점)

합계 _____ 점 + 1 = 당신의 점수 _____ 점

08 직관의 법칙 The Law of Intuition
리더는 직관으로 성공의 기회를 포착한다

① 방 안에 모인 사람들의 분위기나 조직의 사기를 쉽게 파악할 수 있다. (점)

② 말로 설명하기 어렵지만 리더로서 직감적으로 올바른 의사결정을 내릴 때가 종종 있다. (점)

③ 구체적인 데이터 없이도 상황을 파악하고 트렌드를 읽을 수 있다. (점)

합계 _____ 점 + 1 = 당신의 점수 _____ 점

09 끌어당김의 법칙 The Law of Magnetism
리더십이 리더 주위에 모이는 사람을 결정한다

① 부하직원들의 역량에 만족한다. (점)

② 나는 내가 이끄는 사람들이 가치관, 능력, 리더십 역량이 나와 비슷할 것이라고 기대한다. (점)

③ 구성원들의 역량을 높이려면 먼저 나 자신이 성장해야 한다고 생각한다. (점)

합계 _____ 점 + 1 = 당신의 점수 _____ 점

10 관계의 법칙 The Law of Connection
리더는 사람들의 마음을 먼저 움직여야 한다

① 새롭게 리더가 되었을 때 가장 먼저 하는 일은 모든 구성원과 개인적인 관계를 맺는 것이다. (점)

② 구성원들의 개인적 이야기나 꿈과 희망에 대해 잘 알고 있다. (점)

③ 구성원들과 업무 관계를 넘어 끈끈한 인간관계를 쌓기 전까지는 내 비전을 달성하도록 도와달라고 요청하지 않는다. (점)

합계 _____ 점 + 1 = 당신의 점수 _____ 점

11 이너서클의 법칙 The Law of Inner Circle
리더의 힘은 곁에 있는 사람들로부터 온다

① 개인적·직업적으로 가깝게 지낼 사람들을 신중하게 선택한다. (점)

② 나는 목표 달성에 도움을 받기 위해서 내 삶에서 핵심적인 역할을 하는 사람들과 정기적으로 만난다. (점)

③ 내가 이룬 성취의 50퍼센트는 당연히 우리 팀 구성원들에게 돌아가야 한다고 생각한다. (점)

합계 _____ 점 + 1 = 당신의 점수 _____ 점

12 권한위임의 법칙 The Law of Empowerment
자존감 있는 리더만이 권한을 위임한다

① 부하직원들의 재능이 아무리 뛰어나도 위협을 느끼지 않는다. (　점)

② 구성원들에게 직접 의사결정을 내리고 모험을 감수할 권한을 부여한다. (　점)

③ 우리 팀 구성원들이 다른 사람들에게 인정받거나 더 높은 자리로 승진하면 진심으로 축하해준다. (　점)

합계 _____ 점 + 1 = 당신의 점수 _____ 점

13 모범의 법칙 The Law of the Picture
사람들은 닮고 싶은 리더의 뒤를 따른다

① 팀 구성원들의 행동이나 업무 역량에 문제가 있을 때 이를 지적하기 전에 먼저 나 자신에게 허물이 없는지 돌아본다. (　점)

② 내 말과 행동이 내가 내세우는 가치관과 일치하는지 수시로 확인한다. (　점)

③ 나는 하고 싶은 일보다 해야 하는 일을 한다. 구성원들이 내 행동을 보고 닮아가기 때문이다. (　점)

합계 _____ 점 + 1 = 당신의 점수 _____ 점

14 수용의 법칙 The Law of Buy-In
사람들은 비전보다 리더를 먼저 받아들인다

① 신뢰의 결여가 비전의 결여만큼 조직에 해롭다는 것을 안다. (　점)

② 구성원들이 내가 제시하는 방향을 따르지 않을 때 먼저 나 자신에게 신뢰의 문제가 없는지 살펴본다. (　점)

③ 우리 팀 구성원들은 내 아이디어가 마음에 들지 않아도 나를 지지한다. (　점)

합계 _____ 점 + 1 = 당신의 점수 _____ 점

15 승리의 법칙 The Law of Victory
리더는 무조건 조직을 승리로 이끈다

① 어떤 팀을 이끌든 반드시 팀의 목표를 달성해야 한다는 책임감을 느낀다. (점)

② 나는 구성원들의 승리를 도울 방법을 계속해서 찾아 나선다. (점)

③ 나는 팀, 부서, 조직에 승리를 안겨주기 위해 개인적 희생을 감수한다. (점)

합계 _____ 점 + 1 = 당신의 점수 _____ 점

16 모멘텀의 법칙 The Law of the Big Mo
모멘텀은 리더의 성공과 실패를 가르는 분기점이다

① 우리 팀의 사기가 어떤지 알고 있으며 사기를 높이 유지할 책임감을 느낀다. (점)

② 중요한 리더십 의사결정을 내릴 때마다 그 결정이 팀, 부서, 조직의 모멘텀에 어떤 영향을 미칠지 생각한다. (점)

③ 나는 새롭고 논쟁이 될 만한 일을 시작할 때 모멘텀을 만들어내기 위한 행동을 한다. (점)

합계 _____ 점 + 1 = 당신의 점수 _____ 점

17 우선순위의 법칙 The Law of Priorities
훌륭한 리더는 무엇이 더 중요한지를 안다

① 내 리더십에 도움이 되지 않는 일, 뚜렷한 이익이 없는 일, 개인적으로 도움이 되지 않는 일은 피한다. (점)

② 나는 우선순위에 따라 매일, 매달, 매년 일정을 짜고 활동 계획을 세운다. (점)

③ 구성원이 내가 직접할 때의 80퍼센트 수준으로 업무를 처리할 수 있다면 그 일을 위임한다. (점)

합계 _____ 점 + 1 = 당신의 점수 _____ 점

18 희생의 법칙 The Law of Sacrifice
희생을 감내하는 리더만이 정상에 오른다

① 하나를 얻으려면 하나를 포기하는 것이 리더십의 성장 과정이라고 믿기 때문에 가치관에 위배되지 않는 한 기꺼이 희생을 감내하고 훌륭한 리더가 되기 위해 노력한다. (　　점)

② 비전을 달성하기 위해서 구성원들보다 더 많이 희생할 것이다. (　　점)

③ 리더로서 역량을 최대한 발휘하기 위해서 의무에 집중하고 권리를 포기할 수 있다. (　　점)

합계 _____ 점 + 1 = 당신의 점수 _____ 점

19 타이밍의 법칙 The Law of Timing
리더는 리더십을 발휘할 때를 정확히 알아야 한다

① 전략을 세우는 일 못지않게 실행에 옮길 타이밍을 찾는 일에도 노력을 기울인다. (　　점)

② 타이밍이 적절할 경우 전략이 약간 마음에 들지 않더라도 곧바로 실행하는 편이다. (　　점)

③ 나는 구성원들이 새로운 아이디어를 받아들일 준비가 되었는지 직관적으로 알 수 있다. (　　점)

합계 _____ 점 + 1 = 당신의 점수 _____ 점

20 곱셈의 법칙 The Law of Explosive Growth
조직을 성장시키려는 리더는 다른 리더를 양성해야 한다

① 조직을 성장시키기 위해서는 리더들을 양성하는 것만큼 빠른 방법이 없다고 믿는다. (　　점)

② 매주 시간의 대부분을 상위 20퍼센트에 해당하는 리더들을 양성하는 데 투자하고 있다. (　　점)

③ 리더들을 곁에 두고 조언해주기보다는 그들이 스스로 성장하는 모습을 지켜보고 싶다. (　　점)

합계 ＿＿＿ 점 + 1 = 당신의 점수 ＿＿＿ 점

21 유산의 법칙 The Law of Legacy
위대한 리더는 세상에 승계자를 남긴다

① 내가 왜 이 일을 하고 있는지, 왜 사람들을 이끌고 있는지 인지하고 있다. (　　점)
② 내가 현재의 자리를 떠난 후 그 자리를 이을 사람을 찾아두었고 그 사람에게 투자하고 있다. (　　점)
③ 내게 있어서 가장 큰 동기부여 요인 중 하나는 내가 처음 팀을 맡았을 때보다 떠날 때 팀이 더 발전해 있는 것이다. (　　점)

합계 ＿＿＿ 점 + 1 = 당신의 점수 ＿＿＿ 점

모든 평가를 마쳤다면 이제 다음 쪽의 표에 각각의 법칙에서 얻은 점수를 기록하고 아래 설명에 따라 자신의 강점과 약점을 확인해보기 바란다.

- 8~10점: 당신은 이 법칙에 강점이 있다. 이 기술을 최대한 활용하고 다른 사람들도 돕도록 하라.
- 6~7점: 당신은 이 법칙에서 다소의 개선이 필요하다. 하지만 노력하면 강점으로 만들 수 있다.
- 1~5점: 이 법칙은 당신의 약점이다. 이 분야에 강점을 보이는 직원들을 채용하거나 다른 사람들과 파트너 관계를 맺을 필요가 있다.

21가지 리더십 법칙	점수
1. 한계의 법칙 The Law of the Lid	
2. 영향력의 법칙 The Law of Influence	
3. 과정의 법칙 The Law of Process	
4. 항해의 법칙 The Law of Navigation	
5. 덧셈의 법칙 The Law of Addition	
6. 신뢰의 법칙 The Law of Solid Ground	
7. 존경의 법칙 The Law of Respect	
8. 직관의 법칙 The Law of Intuition	
9. 끌어당김의 법칙 The Law of Magnetism	
10. 관계의 법칙 The Law of Connection	
11. 이너서클의 법칙 The Law of Inner Circle	
12. 권한위임의 법칙 The Law of Empowerment	
13. 모범의 법칙 The Law of the Picture	
14. 수용의 법칙 The Law of Buy-In	
15. 승리의 법칙 The Law of Victory	
16. 모멘텀의 법칙 The Law of the Big Mo	
17. 우선순위의 법칙 The Law of Priorities	
18. 희생의 법칙 The Law of Sacrifice	
19. 타이밍의 법칙 The Law of Timing	
20. 곱셈의 법칙 The Law of Explosive Growth	
21. 유산의 법칙 The Law of Legacy	

각 법칙의 하단 왼쪽 빈칸에 적힌 합계를 모두 더해 21로 나누면 당신의 '평균 리더십 점수'가 나온다. 리더십 역량을 1점부터 10점까지의 수치로 확인하고 싶다면 이 평균 리더십 점수를 보면 된다. 아래에 당신의 점수를 적어보자.

당신의 평균 리더십 점수: _____ 점

제1장 한계의 법칙

1. "All McDonald's Statistics and Interesting Facts in 2021," National Tech Center, https://www.nationaltechcenter.org/mcdonalds−statistics−and−interesting− facts/center/, accessed July 8, 2021.

제2장 영향력의 법칙

1. Peggy Noonan, "A Combatant in the World," *Time*, September 15, 1997.

2. Paul F. Boller Jr., *Presidential Anecdotes* (New York: Penguin Books, 1981), 129.

제3장 과정의 법칙

1. Sharon E. Epperson, "Death and the Maven," *Time*, December 18, 1995.

2. James K. Glassman, "An Old Lady's Lesson: Patience Usually Pays," *Washington Post*, December 17, 1995, H01.

3. "The Champ," *Reader's Digest*, January 1972, 109.

4. Milton Meltzer, *Theodore Roosevelt and His America* (New York: Franklin Watts, 1994).

제4장 항해의 법칙

1. Andy Rudd, "'We Shall Die Like Gentlemen': Captain Scott's Bravery in the Face of Death Revealed in Farewell Letter Set to Fetch £150,000," *Mirror*, March 30, 2012, https://www.mirror.co.uk/news/uk-news/captain-scotts-bravery-in-the-face-of-death-776656.

2. C. S. 루이스, 《현안: 시대 논평》, 홍종락 옮김, 홍성사, 2021.

3. Tom Morris, *Plato's Lemonade Stand* (Wisdom/Works, 2020), Kindle, 307.

4. 존 맥스웰, 《생각의 법칙 10+1》, 조영희 옮김, 청림출판, 2003.

5. 짐 콜린스, 《좋은 기업을 넘어 위대한 기업으로》, 이무열 옮김, 김영사, 2021.

제5장 덧셈의 법칙

1. "Costco," Ranking the Brands, https://www.rankingthebrands.com/Brand-detail.aspx?brandID=547, accessed September 23, 2021.

2. Taylor Nicole Rogers, "Meet Costco's multimillionaire cofounder Jim Sinegal, a Democrat megadonor who was only paid a third of the average CEO's salary during his time leading the wholesale retailer," Insider, September 16, 2020, https://www.businessinsider.com/meet-costco-cofounder-jim-sinegal-net-worth-house-philanthropy-2020-9?op=1.

3. Julie Schmit, "Costco Wins Loyalty with Bulky Bargains," *USA Today*, September 24, 2004, https://usatoday30.usatoday.com/money/industries/retail/2004-09-23-costco_x.htm, accessed August 24, 2006.

4. Alan B. Goldberg and Bill Ritter, "Costco CEO Finds Pro-Worker Means Profitability," ABC News, August 2, 2006, http://abcnews.go.com/2020/Business/story?id=1362779, accessed August 16, 2006.

5. Steven Greenhouse, "How Costco Became the Anti-Wal-Mart," *New York Times*, July 17, 2005, https://www.nytimes.com/2005/07/17/business/yourmoney/how-costco-became-the-antiwalmart.html, accessed August 22, 2006.

6. Barbara Mackoff and Gary Wenet, *The Inner Work of Leaders: Leadership as a Habit of Mind* (New York: AMACOM, 2001), 5.

7. Greenhouse, "How Costco Became the Anti-Wal-Mart,"

8. 마태복음 25장 31-40절.

제6장 신뢰의 법칙

1. Bill Bishop, "It Was 1965 When We Lost Our Trust in Government," *Houston Chronicle*, August 28, 2015, https://www.chron.com/opinion/outlook/article/Bishop-It-was-1965-when-we-lost-our-trust-in-6472797.php.

2. "Public Trust in Government: 1958 – 2021," Pew Research Center, May 17, 2021, https://www.pewresearch.org/politics/2021/05/17/public-trust-in-government-1958 – 2021/.

3. "Honesty/Ethics in Professions," Gallup, https://news.gallup.com/poll/1654/Honesty-Ethics-Professions.aspx, accessed August 17, 2021.

4. Steve Balestrieri, "JFK Sends 400 Green Beret 'Special Advisors' in May 1961 to Begin Vietnam Involvement," SOFREP, May 25, 2017, https://sofrep.com/specialoperations/jfk-sends-400-green-beret-special-advisors-may-1961-begin-vietnam-involvement/.

5. C. N. Trueman, "John F. Kennedy and Vietnam," The History Learning Site, March 27, 2015, https://www.historylearningsite.co.uk/vietnam-war/john-f-kennedy-and-vietnam.

6. C. N. Trueman, "America and Vietnam (to 1965)," The History Learning Site, March 27, 2015, https://www.historylearningsite.co.uk/vietnam-war/

america−and−vietnam−to−1965.

7. "The Vietnam War," The History Place, https://www.historyplace.com/ unitedstates/vietnam/index−1961.html, accessed August 17, 2012.

8. Robert S. McNamara with Brian VanDeMark, *In Retrospect: The Tragedy and Lessons of Vietnam* (New York: Times Books, 1995), 105.

9. 같은 책, xvi.

10. Robert Shaw, "Tough Trust," *Leader to Leader*, Winter 1997, 46−54.

11. Russell Duncan, *Where Death and Glory Meet: Colonel Robert Gould Shaw and the 54th Massachusetts Infantry* (Athens: University of Georgia Press, 1999), 112.

12. Russell Duncan, *Blue-Eyed Child of Fortune* (Athens: University of Georgia Press, 1992), 52−54.

13. "Rick Hendrick, Owner, Hendrick Motorsports," Dupont Motorsports [archived document], https://web.archive.org/web/20110715111225/http://www. pprplus.com/PPRPLUS/DuPont/MediaGuide/Rick%20Hendrick%20III%20 Biography.pdf, accessed August 18, 2021.

14. Terrin Waack, " 'Best It's Ever Been for Us:' Hendrick Motorsports Celebrates Milestone Win, Eyes All−Time Record," NASCAR, May 24, 2021, https://www. nascar.com/news−media/2021/05/24/best−its−ever−been−for−us−hendrick− motorsports−celebrates−milestone−win−eyes−all−time−record.

15. Tom Jensen, "Hendrick Motorsports Sets Win Record," NASCAR Hall of Fame, May 31, 2021, https://www.nascarhall.com/blog/hendrick−motorsports−sets− win−record.

16. "Rick Hendrick, NASCAR Hall of Famer, Asks: Are You Valuing Your People Over Profits?" Don Yaeger [podcast], episode 27, https://donyaeger.com/ corporate−competitor−podcast/episode−27, accessed August 18, 2021.

제7장 존경의 법칙

1. CPI Inflation Calculator, https://www.officialdata.org/us/inflation/1850?amount=12000, accessed July 29, 2021.

2. M. W. Taylor, *Harriet Tubman* (New York: Chelsea House Publishers, 1991).

3. Based on the Bureau of Labor Statistics, quoted in "Principal," Careers By the People, http://www.careersbythepeople.com/index/do/bio/, accessed August 31, 2006.

4. National Collegiate Athletic Association, "All-Division Coaching Records: Coaches with at Least 500 Career Wins" [archived document], http://web.archive.org/web/20070307130558/http://www.ncaa.org/stats/m_basketball/coaching/d1_500_coaching_records.pdf, accessed August 31, 2006.

5. Alexander Wolff, "Tales Out of School," *Sports Illustrated*, October 20, 1997, 64.

6. "Dean Smith Wills Money to Former Players," *Wall Street Journal*, March 26, 2015, https://www.wsj.com/articles/dean-smith-wills-money-to-former-players-1427418675.

7. Mitchell Krugel, *Jordan: The Man, His Words, His Life* (New York: St. Martin's Press, 1994), 39.

제8장 직관의 법칙

1. 제이미 컨 리마, 《빌리브 잇》, 한원희 옮김, 유노북스, 2021.

2. 같은 책.

3. 같은 책.

4. 같은 책.

5. Cathy Booth, "Steve's Job: Restart Apple," *Time*, August 18, 1997, 28-34.

6. Leander Kahney, "Inside Look at Birth of the iPod," *Wired*, July 21, 2004, https://www.wired.com/2004/07/inside-look-at-birth-of-the-ipod/, accessed September 1, 2006.

7. "iPod Helps Apple Quadruple Profit," BBC News, December 10, 2005, http://news.bbc.co.uk/1/hi/business/4332680.stm, accessed September 1, 2006.

8. Annie Palmer, "Apple Named the Most Valuable Brand in the World, Adding to Its Luster," The Street, September 25, 2017, https://www.thestreet.com/investing/stocks/apple-most-valuable-brand-14317912.

9. Lionel Sujay Vailshery, "Smartwatch Market Share By Vendor Worldwide 2014-2020," Statista [archived document], January 22, 2021, http://web.archive.org/web/20210618092533/https://www.statista.com/statistics/524830/global-smartwatch-vendors-market-share/.

제9장 끌어당김의 법칙

1. Reid Hoffman, "How to Unite a Team: Angela Ahrendts, Apple, Burberry," Masters of Scale, https://mastersofscale.com/angela-ahrendts/.

2. "Our History," Burberry, https://uk.burberry.com/our-history/, accessed August 12, 2021.

3. Hoffman, "How to Unite a Team,"

4. Angela Ahrendts, "Burberry's CEO on Turning an Aging British Icon into a Global Luxury Brand," *Harvard Business Review*, January-February 2013, https://hbr.org/2013/01/burberrys-ceo-on-turning-an-aging-british-icon-into-a-global-luxury-brand.

5. 같은 자료.

6. Hoffman, "How to Unite a Team,"

7. Angela Ahrendts, "Global Luxury Brand,"

8. 같은 자료.

제10장 관계의 법칙

1. "Bush Visits 'Ground Zero' in New York," September 15, 2001, CBS News

Canada, https://www.cbc.ca/news/world/bush-visits-ground-zero-in-new-york-1.263318.

2. Sheryl Gay Stolberg, "Year After Katrina, Bush Still Fights for 9/11 Image," *New York Times*, August 28, 2006, http://www.nytimes.com/2006/08/28/us/nationalspecial/28bush.html.

3. H. Norman Schwarzkopf and Peter Petre, *It Doesn't Take a Hero* (New York: Bantam Books, 1992).

4. 케빈&재키 프라이버그, 《너츠 사우스웨스트 효과를 기억하라》, 이종인 옮김, 동아일 보사, 2008.

제11장 이너서클의 법칙

1. Warren Bennis and Patricia Ward Biederman, *Organizing Genius: The Secrets of Creative Collaboration* (New York: Perseus Books, 1997).

2. As quoted in Judith M. Bardwick, *In Praise of Good Business* (New York: John Wiley and Sons, 1988).

3. "Which Are You?" Ella Wheeler Wilcox, originally published in *Harper's Weekly* and reprinted in *Dunn County News*, June 28, 1895, Rebekah Palmer, "Lifter or Leaner? Old Poem Still Inspires," *Chippewa Herald*, January 7, 2012, https://chippewa.com/dunnconnect/news/opinion/letters/lifter-or-leaner-old-poem-still-inspires/article_c81f7158-3978-11e1-9b56-001871e3ce6c.html.

4. 잠언 27장 17절.

제12장 권한위임의 법칙

1. Bob Casey, "Henry Ford: Case Study of an Innovator," The Henry Ford, July 21, 2021, https://www.thehenryford.org/explore/blog/henry-ford-case-study-of-an-innovator.

2. Peter Collier and David Horowitz, *The Fords: An American Epic* (New York: Summit Books, 1987).

3. 리 아이아코카, 윌리엄 노백, 《아이아코카》, 황정연 옮김, 황소자리, 2005.

4. Acton Institute, "Lord Acton Quote Archive," https://www.acton.org/research/lord-acton-quote-archive, accessed February 23, 2022.

5. Lynne Joy McFarland, Larry E. Senn, and John R. Childress, *21st Century Leadership: Dialogues with 100 Top Leaders* (Los Angeles: Leadership Press, 1993), 64.

6. John Steinbeck, *Travels with Charley in Search of America* (New York: Penguin, 1986), Kindle, 55.

7. John Peers, Gordon Bennett, and George Booth, *1,001 Logical Laws* (New York: Doubleday, 1979), http://www.generationterrorists.com/quotes/1001l.html.

8. Erik Sherman, "23 Battle-Tested Leadership Quotes That Can Transform Your Life," *Inc*, May 25, 2015, https://www.inc.com/erik-sherman/23-battle-tested-leadership-quotes-that-can-transform-your-life.html.

9. Benjamin P. Thomas, *Abraham Lincoln: A Biography* (New York: Modern Library, 1968), 235.

10. Richard Wheeler, *Witness to Gettysburg* (New York: Harper and Row, 1987).

11. Donald T. Phillips, *Lincoln on Leadership: Executive Strategies for Tough Times* (New York: Warner Books, 1992), 103-4.

제13장 모범의 법칙

1. Stephen E. Ambrose, *Band of Brothers* (New York: Simon and Schuster, 2001), 36.

2. Dick Winters with Cole C. Kingseed, *Beyond Band of Brothers: The War Memoirs of Major Dick Winters* (New York: Penguin, 2006), front flap copy.

3. Ambrose, Band of Brothers, 38.

4. 같은 책, 95-96.

5. Winters, Beyond Band of Brothers, 283.

6. About.com, U.S. Military, "Historian Stephen E. Ambrose, Author of 'Band of Brothers': The Story of Easy Company" [archived document], http://web.archive.org/web/20060208003920/http://usmilitary.about.com/library/milinfo/bandofbrothers/blbbambrose.htm, accessed September 26, 2006.

7. 한스 핀젤, 《리더가 저지르기 쉬운 10가지 실수》, 조기현 옮김, 프리셉트, 2009.

8. Author unknown, quoted in John Wooden with Steve Jamison, *Wooden: A Lifetime of Observations and Reflections On and Off the Court* (Chicago: Contemporary Books, 1997).

9. Oren Harari, *The Powell Principles: 24 Lessons from Colin Powell, Battle-Proven Leader* (New York: McGraw-Hill, 2005), 19.

10. "Trouble Finding the Perfect Gift for Your Boss—How About a Little Respect?" Ajilon Office [archived document], October 14, 2003, http://web.archive.org/web/20050428025434/http://www.ajilonoffice.com/articles/af_bossday_101403.asp.

11. "Albert Schweitzer Quotes," Brainyquote.com, https://www.brainyquote.com/authors/albert-schweitzer-quotes, accessed October 21, 2021.

제14장 수용의 법칙

1. "Mahatma Gandhi: The Greatest Force at the Disposal of Mankind," Bartleby Research, https://www.bartleby.com/essay/Mahatma-Gandhi-The-Greatest-Force-At-The-F3ZNN2VYAEFF, accessed August 20, 2021.

2. Otis Port, "Love Among the Digerati," *Business Week*, August 25, 1997, 102.

3. Ed Bastian (@edbastian), "After the most challenging year...", Instagram photo, June 14, 2021, https://www.instagram.com/p/CQGqldUhKcv/.

4. Corinne Reichert, "Over 80% of Workers Don't Want to Go Back to the Office Full Time, Survey Finds," CNET, March 25, 2021, https://www.cnet.com/health/over-80-of-workers-dont-want-to-go-back-to-the-office-full-

time-survey-finds.

5. Kate Duffy, "Nearly 40% of Workers Would Consider Quitting if Their Bosses Make Them Return to the Office Full Time, a New Survey Shows," *Business Insider*, June 2, 2021, https://markets.businessinsider.com/news/stocks/quit-job-flexible-remote-working-from-home-return-to-office-2021-6.

6. Lee Clifford, "Delta Used This 'Negative Incentive' Strategy to Get Employees Vaccinated," *Fortune*, September 10, 2021, https://fortune.com/2021/09/10/delta-getting-employees-vaccinated-covid-vaccinations-airlines.

7. Kelly Yamanouchi, "5 Things to Know About Delta CEO Ed Bastian," *Atlanta Journal Constitution*, June 20, 2016, https://www.ajc.com/blog/airport/things-know-about-delta-ceo-bastian/fJiR1xE49lSCTPpgyv5STO.

8. "Delta: The World's Most-Awarded Airline," Delta.com, https://news.delta.com/delta-worlds-most-awarded-airline, accessed August 23, 2021.

9. "Delta Named the World's Most Admired Airline by Fortune Magazine for the 10th Time," February 1, 2021, Delta.com, https://news.delta.com/delta-named-worlds-most-admired-airline-fortune-magazine-10th-time.

10. "Ed Bastian, Chief Executive Officer," Delta.com, June 25, 2021, https://news.delta.com/leader-bio-ed-bastian-chief-executive-officer.

11. "Edward Bastian Restructures Delta into the 'Winningest' Airline," Chief Executive, January 2, 2018, https://chiefexecutive.net/ceo1000-edward-bastian-restructures-delta-into-the-winningest-airline.

제15장 승리의 법칙

1. James C. Humes, *The Wit and Wisdom of Winston Churchill* (New York: Harper Perennial, 1994), 113.

2. 같은 책, 117.

3. Arthur Schlesinger Jr., "Franklin Delano Roosevelt," *Time*, April 13, 1998.

4. 같은 자료.

5. Andre Brink, "Nelson Mandela," *Time*, April 13, 1998.

6. Mitchell Krugel, *Jordan: The Man, His Words, His Life* (New York: St. Martin's Press, 1994), 41.

7. "Episode X," *The Last Dance*, Netflix, May 17, 2020.

8. "LeBron James," Basketball Reference, https://www.basketball-reference.com/players/j/jamesle01.html, accessed August 16, 2021.

9. Travis Yoesting, "Players with the Most Champions League Titles," September 2, 2021, https://the18.com/soccer-news/players-with-the-most-champions-league-titles.

10. "Peyton Manning," Pro Football Reference, https://www.pro-football-reference.com/players/M/MannPe00.htm, accessed August 16, 2021.

11. "Tom Brady," Pro Football Reference, https://www.pro-football-reference.com/players/B/BradTo00.htm, accessed August 16, 2021.

제16장 모멘텀의 법칙

1. "Our Story," Pixar, https://www.pixar.com/our-story-pixar, accessed August 23, 2021.

2. "Regus London Film Festival Interviews 2001: John Lasseter," *Guardian Unlimited*, November 19, 2001, https://www.theguardian.com/film/2001/nov/19/londonfilmfestival2001.londonfilmfestival1.

3. Michael P. McHugh, "An Interview with Edwin Catmull," *Networker* [archived document], September/October 1997, http://web.archive.org/web/20060615164105/http://www.usc.edu/isd/pubarchives/networker/97-98/Sep_Oct_97/innerview-catmull.html.

4. Catherine Crane, Will Johnson, Kitty Neumark, and Christopher Perrigo, "Pixar 1996" (case study, archived document), University of Michigan Business School,

https://web.archive.org/web/20061026193848/http://www-personal.umich.edu/~afuah/cases/case14.html, accessed October 27, 2006.

5. Brent Schlender, "Pixar's Magic Man," *Fortune*, May 17, 2006, CNNMoney.com, https://money.cnn.com/2006/05/15/magazines/fortune/pixar_futureof_fortune_052906/index.htm.

6. Catherine et. al., "Pixar 1996."

7. "Toy Story (1995)," IMDbPro.com, https://pro.imdb.com/title/tt0114709/boxoffice, accessed August 23, 2021.

8. "A Bug's Life (1998)," IMDbPro.com, https://pro.imdb.com/title/tt0120623?ref_=dsc_tt_res_pri_tt_view_1, August 23, 2021.

9. "Toy Story 2 (1999)," IMDbPro.com, https://pro.imdb.com/title/tt0120363/?ref_=recent_view_3.

10. "Box Office History for Disney-Pixar Movies," The Numbers, https://www.the-numbers.com/movies/production-company/Pixar, accessed August 24, 2021.

11. "Academy Awards," Fandom.com, https://pixar.fandom.com/wiki/Academy_Awards, accessed August 23, 2021.

12. Austin Bunn, "Welcome to Planet Pixar," *Wired*, http://www.wired.com/wired/archive/12.06/pixar_pr.html, accessed October 25, 2006.

13. "Our Story," Pixar, https://www.pixar.com/our-story-pixar, accessed August 23, 2021.

14. Jay Mathews, *Escalante: The Best Teacher in America* (New York: Henry Holt, 1988).

제17장 우선순위의 법칙

1. John Wooden and Jack Tobin, *They Call Me Coach* (Chicago: Contemporary Books, 1988).

제18장 희생의 법칙

1. "Montgomery Improvement Association," King Encyclopedia [archived document], http://web.archive.org/web/20060320124556/http://www.stanford.edu/group/King/about_king/encyclopedia/MIA.html.

2. "Chronology of Dr. Martin Luther King, Jr.," The King Center [archived document], http://web.archive.org/web/20061116042808/http://www.thekingcenter.org/mlk/chronology.html.

3. David Wallechinsky, *The Twentieth Century* (Boston: Little, Brown, 1995), 155.

4. Hillary Margolis, "A Whole New Set of Glitches for Digital's Robert Palmer," *Fortune*, August 19, 1996, 193–94.

5. Antonia Felix, *Condi: The Condoleezza Rice Story* (New York: Newmarket Press, 2005), 48.

6. 같은 책, 34.

7. 같은 책, 67.

8. 같은 책, 72.

9. 같은 책, 127.

10. "Condoleezza Rice," Hoover Institute, https://www.hoover.org/profiles/condoleezza-rice, accessed August 3, 2021.

11. Felix, 152.

제19장 타이밍의 법칙

1. David Oshinsky, "Hell and High Water," *New York Times*, July 9, 2006, https://www.nytimes.com/2006/07/09/books/review/hell-and-high-water.html.

2. "New Orleans Mayor, Louisiana Governor Hold Press Conference" (transcript), CNN, aired August 28, 2005, 10:00 a.m. ET, http://transcripts.cnn.com/TRANSCRIPTS/0508/28/bn.04.html, accessed November 6, 2006.

3. Jonathan S. Landay, Alison Young, and Shannon McCaffrey, "Chertoff Delayed

Federal Response, Memo Shows," McClatchy Washington Bureau [archived document], September 13, 2005, http://web.archive.org/web/20061118234406/ http://www.realcities.com/mld/krwashington/12637172.htm.

4. "Red Cross: State Rebuffed Relief Efforts: Aid Organization Never Got into New Orleans, Officials Say," CNN, September 9, 2005, http://www.cnn. com/2005/US/09/08/katrina.redcross/index.html.

5. Madeline Vann, "Search and Rescue," *Tulanian* [archived document], Summer 2006, http://web.archive.org/web/20060906111334/http://www2.tulane.edu/ article_news_details.cfm?ArticleID=6752.

6. "Hurricane Katrina," Answers.com [archived document], http://web.archive. org/web/20070111051450/http://www.answers.com/topic/hurricane-katrina.

7. Coleman Warner and Robert Travis Scott, "Where They Died," *Times-Picayune*, October 23, 2005, http://vendomeplace.org/press102305b.html.

8. Douglas Southall Freeman, *Lee: An Abridgement in One Volume* (New York: Charles Scribner's Sons, 1961), 319.

9. Samuel P. Bates, *The Battle of Gettysburg* (Philadelphia: T. H. Davis and Company, 1875), 198-99.

10. 같은 책, 198-99.

11. Richard Wheeler, *Witness to Gettysburg* (New York: Harper and Row, 1987).

제21장 유산의 법칙

1. Grenville Kleiser, *Training for Power and Leadership* (Garden City, New York: Garden City Publishing, 1929).